上海并购金融集聚区
Shanghai M&A Financial Agglomeration District

蓝发钦　龙 欣　编著

中国证券市场典型并购
2016

上海遠東出版社

图书在版编目(CIP)数据

中国证券市场典型并购. 2016/蓝发钦，龙欣编著. —上海：上海远东出版社，2017

ISBN 978-7-5476-1293-4

Ⅰ. ①中… Ⅱ. ①蓝…②龙… Ⅲ. ①证券公司-企业合并-案例-中国 Ⅳ. ①F832.39

中国版本图书馆 CIP 数据核字(2017)第 145074 号

中国证券市场典型并购(2016)

蓝发钦　龙欣　编著

责任编辑/程云琦　装帧设计/李廉

出版：上海世纪出版股份有限公司远东出版社
地址：中国上海市钦州南路 81 号
邮编：200235
网址：www.ydbook.com
发行：新华书店　上海远东出版社
　　　上海世纪出版股份有限公司发行中心
制版：南京前锦排版服务有限公司
印刷：上海市印刷二厂有限公司
装订：上海市印刷二厂有限公司

开本：710×1000　1/16　印张：18.75　插页：1　字数：297 千字
2017 年 8 月第 1 版　2017 年 8 月第 1 次印刷
ISBN 978-7-5476-1293-4/F·605
定价：56.00 元

前言

收购兼并作为企业较高层次的经营方式，其意义不仅体现在企业规模的迅速扩张上，而且体现在企业资产质量的快速提升上，这在海内外跨国企业的发展史中得到了充分的印证。中国企业此轮并购重组浪潮开始于2013年，主阵地在中国证券市场。当时无论是因为中国上市公司出于自身资产重组的需要，还是因为中国IPO进程受阻，许多准上市企业要变相实现上市的目标，或是因为满足众多PE/VC实现套现的诉求，很明显，此轮并购重组的浪潮一开始体现出典型的两大特征：其一是自发性，上市公司自发的纯市场行为；其二是市值管理的痕迹明显——通过并购重组，尤其是跨界并购互联网资产、文化传媒资产、健康医疗资产等进军热门概念行业，实现公司市值的快速提高。

不过，进入2014年，随着中国经济发展进入新常态，中央政府顺势而为，为中国企业收购兼并给予了更重要的注释。尤其是2015年底中央经济工作会议明确提出："积极稳妥化解产能过剩。资本市场要配合企业兼并重组。要尽可能多兼并重组、少破产清算。"在中国，并购重组势必将进入一个伟大的战略发展机遇期。

本书选取2016年发生在中国证券市场的36宗典型并购案例，分成国企重组并购、混合所有制改革并购、借壳上市并购、中概股回归并购、跨境并购和其他典型并购等六个部分呈现，每一个案例的写作充分体现两个特点：第一，尽量还原案例本身，每一个案例通过收购相关方简介、事件一览和收购方案等三个方面全景式描述。第二，挖掘每个案例的特点，通过案例点评，把每一个案例引起市场关注、业界讨论的特点层层剖析。为了让读者对2016年中国证券市场并购重组有一个整体的理解，本书在36宗案例之前先提供了一份《中国证券市场2016年并购市场报告》，该报告根据对2016年中国证券市场围绕上市公司并购交易活动的统计，从并购交易的规模、行业分布、地区分布、并购溢价率、并购融资方式、并购主体性质等各个维度，系统全面地展示中国证券市场并购交易的特点。

本书作为华东师范大学与上海市普陀区人民政府联合成立的上海并购金融研究院的研究成果之一，编写工作得到了上海并购金融集聚区、普陀区金融办的大力支持，在此深表感谢！同时，华东师范大学金融专业硕士研究生郭全毓、陈萌、邱天、谭琳琳、廖鹏然，本科生陈思佳、赖敏娴等参与了案例的编写工作，在此一并感谢！

目录 contents

第三辑　借壳上市并购 / 107

第四辑　中概股回归并购 / 173

第五辑　跨境并购 / 189

导论

2016 年，中国证券市场并购延续了近三年来新一轮并购重组的浪潮，同时呈现出其特有的特征。课题组通过手工检索 2016 年全年中国上市公司所有并购交易活动的案例，从上市公司并购交易的规模、行业分布、地区分布、并购溢价率、并购融资方式、并购主体性质、并购热点等各个维度，系统全面地展示中国上市公司并购交易的特点，并对 2017 年的并购市场发展趋势作出展望。

一、2016 年并购市场整体有所回落，大型交易占据主导

2016 年，中国股票市场的大起大落使得并购市场迎来了"最严"监管时代，对并购重组的信息披露、借壳重组的审核都全面从严。受此影响，中国上市公司的并购活动从案例数上看有所回落，但并购交易规模却不降反升。如表 a 所示，2016 年中国证券市场围绕上市公司发生了 926 宗并购交易，较 2015 年的 1 209宗下降了 23.41%；但从规模上看，2016 年的并购共涉及交易金额 14 029.10亿元人民币，较 2015 年的 12 690.37 亿元提高了 10.55%；平均每宗交易金额 15.15 亿元人民币，较 2015 年的 10.05 亿元更是增长了 50.75%。

表 a　2015 年和 2016 年中国证券市场并购总体对比

	并购宗数	并购金额(亿元)	平均并购金额(亿元)
2016 年	926	14 029.10	15.15
2015 年	1 209	12 690.37	10.05
增长率	−23.41%	10.55%	50.75%

分月份看，4 月、6 月、9 月与 12 月的并购交易发生最为活跃，平均每月成交 96 宗。并购交易金额则在 12 月达到最高，当月并购交易成交总额为 3 715.95

亿元。12 月,超百亿元的大型并购交易共计发生 10 宗,如中油资本 755 亿元资产注入 * ST 济柴(000617. SZ),顺丰控股 433 亿元借壳鼎泰新材(002352. SZ),美的集团(000333. SZ)292 亿元收购德国 KUKA 集团,宝钢股份(600019. SH)与武钢股份 260 亿元的换股合并案等,每一宗交易都受到了市场的广泛关注。

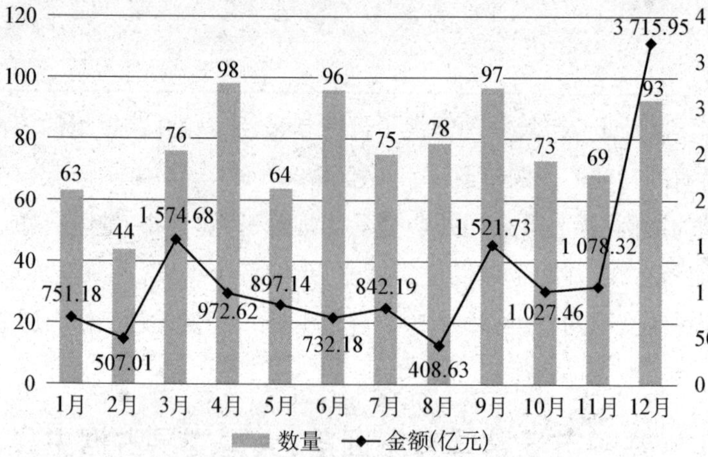

图 a　2016 年中国证券市场并购总体统计

分板块来看,2016 年,主板市场的上市公司无论从并购交易宗数还是从交易金额来看仍然保持了绝对优势。2016 年全年主板上市公司共成功实施了 448 宗并购交易,占全年并购总数的 48. 38%;中小板上市公司成功进行了 225 宗并购交易,占全年并购总数的 24. 30%;创业板上市公司共发生了 253 宗并购交易,占全年并购总数的 27. 32%。从并购规模金额占比情况来看,主板上市公司贡献了全年并购交易总量的 72. 45%,中小板和创业板的这一数字分别为 20. 71%和 6. 84%。主板上市公司并购数量占据半壁江山,并购规模更是占了全年交易总金额的近 3/4。可以说,2016 年的并购市场已出现了由主板市场的大额交易占据主导的态势。

究其原因,可以归结为以下几点。第一,借力于国企重组、加快兼并收购的政策力量,2016 年主板上市公司以政府为主导的大额交易频现。例如, * ST 济柴(000617. SZ)755 亿元的超级重组,将集团金融业务资产注入上市公司,成为中国证券市场有史以来最大的并购重组案之一;北方创业(600697. SH)77 亿元收购一机集团装甲车等优质军工资产,进一步加强军民融合,通过并购重组实

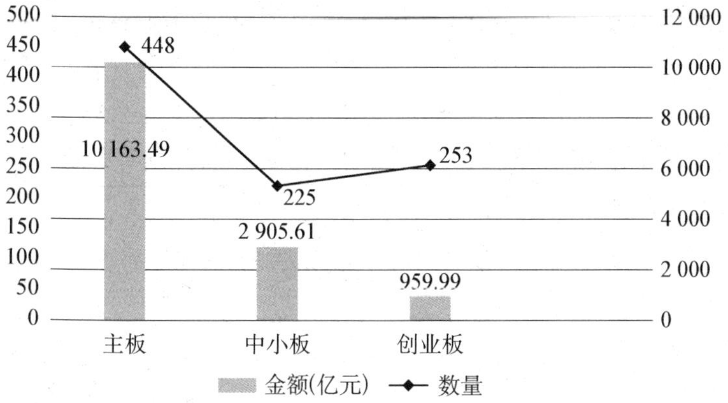

图 b 2016 年中国证券市场并购交易板块分布

现集团优质资产上市。中海集运(601866. SH)、中国远洋(601919. SH)的并购重组,涉及金额 600 亿元,涉及资产 70 多项,被称为史上最复杂的并购交易案。重组后的中海集运(601866. SH)将专注于提供专业化的综合航运金融服务,而中国远洋(601919. SH)将专注于集装箱航运服务。通过并购重组理顺国有资产的结构关系,强化上市公司核心资产,增强竞争力。第二,我国经济发展进入新常态,经济结构需要转型,产业结构需要升级,并购重组成为上市公司进行产业升级的重要路径,使上市公司快速进入新兴领域,获得新的竞争力和增长点。例如,美的集团(000333. SZ)292 亿元收购德国 KUKA 集团,进入智能机器人领域,提高企业产品附加值,获得创新驱动力。第三,企业发展到一定程度,必然有进一步做大做强的想法,并购重组是实现企业扩大规模、整合产业链的快捷途径。例如,洛阳钼业(603993. SZ)斥资 270 亿元收购海外铜钴铌磷矿,以期成就矿业霸主。

表 b 2015 年和 2016 年主板、中小板、创业板上市公司并购概况对比

		主板	中小板	创业板
宗数	2016 年	448	225	253
	2015 年	609	351	249
	增长率	−26. 44%	−35. 90%	1. 61%
金额(亿元)	2016 年	10 163. 49	2 905. 61	959. 99
	2015 年	8 371. 81	3 367. 65	950. 92
	增长率	21. 40%	−13. 72%	0. 95%

二、并购类型：横向并购占据主导，混合并购持续上升

在本轮并购浪潮中，中国上市公司进行并购重组主要是以扩大规模、提高边际效益为目的的横向并购(图c)。2014至2016年，横向并购交易案例宗数占总数之比均保持在50%以上，可见横向并购占据了主导地位。混合并购呈持续上升趋势，并购交易案例数量占比从2014年的21.48%上升到2016年的31.64%。

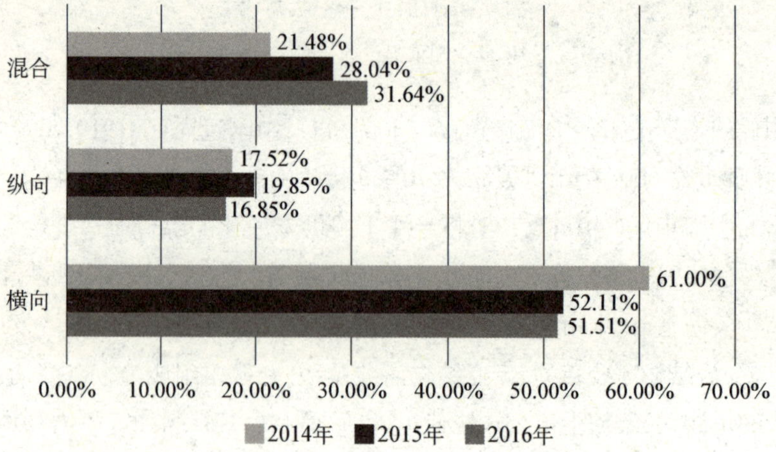

图c 2014、2015、2016年中国证券市场并购类型分布(数量)

2016年全年共发生477宗横向并购交易，涉及金额6 238.47亿元；纵向并购156宗，涉及金额722.03亿元；混合并购293宗，涉及金额7 068.60亿元(图d)。

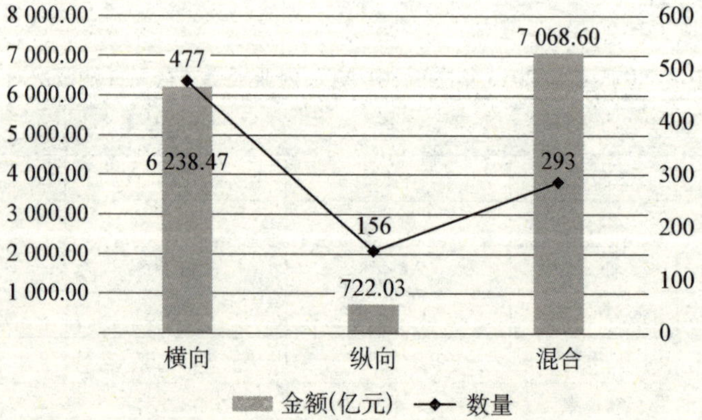

图d 2016年中国证券市场并购类型分布

在对比2014—2016年不同并购目的的单笔交易金额后发现了一个有趣的现象,即横向并购和混合并购的单笔交易规模都出现了持续增长的趋势,而纵向并购的单笔交易金额则维持在一定水平之上(图e)。其中,混合并购单笔交易金额从2014年的7.84亿元上升到2016年的24.12亿元,增长了2倍;横向并购单笔交易金额从2014年的4.96亿元增长到2016年的13.08亿元,上涨了1.63倍。这两种类型的并购在2016年的大型并购案中都足够吸引眼球。例如,鼎泰新材(002352.SZ)433亿元混合并购顺丰,顺丰成功借壳;长江电力(600900.SH)797亿元横向收购了川云公司,拿下中国第二、三大水电站,吹响了国企在电力行业改革的号角。这从另一方面也反映出,中国证券市场的并购市场出现了以大型并购交易为主导的趋势。

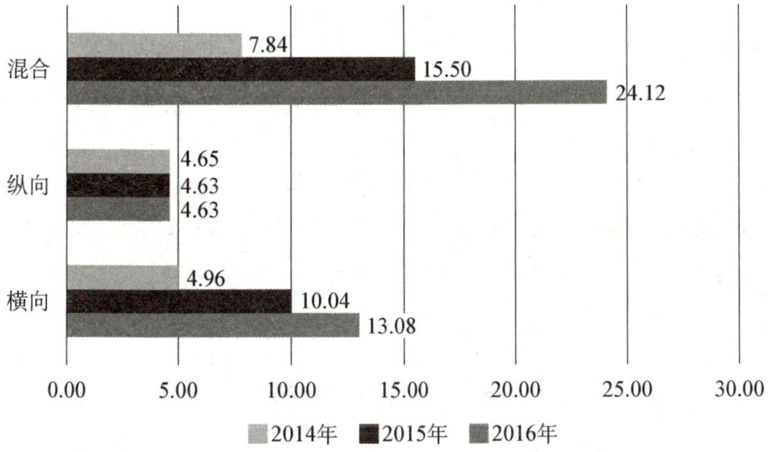

图e 2014、2015、2016年中国证券市场不同并购类型单笔交易金额对比(亿元)

从混合并购具体的标的行业分布来看(图f),制造业下不同行业之间的混合并购是投资的焦点,共成交97宗,占混合并购总数的33.11%,这与中国是制造业大国,制造业企业数量众多是分不开的。紧随其后的软件信息技术业仍是混合并购的重点行业,全年共成交66宗,占混合并购总数的22.53%。信息技术的快速发展使得传统行业的经营业态发生了巨大的变化,同时信息技术特有的大数据优势及其触角的外延性,可以帮助企业进行精准营销或实现业务迅速转型。排第三位的是金融业,共成交23宗,占混合并购总数的7.85%。2016年,标的资产为金融业的大额并购交易频发,如中石油金融资产755亿元注入

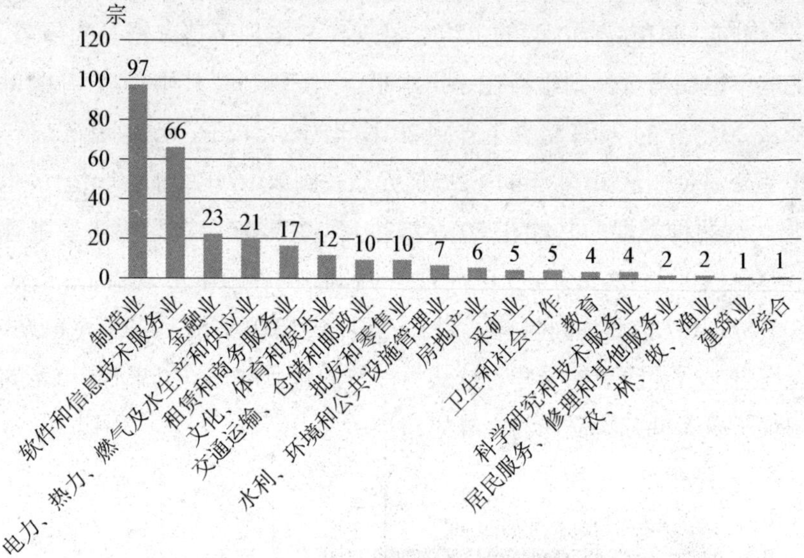

图f　2016年中国上市公司混合并购标的资产行业分布

＊ST济柴(000617.SZ)，＊ST舜船(002608.SZ)83亿元收购江苏信托81.49%股权，＊ST金瑞(600390.SH)178亿元收购五矿资本100%股权，且这几笔大手笔交易均为国企改革下的产物，让集团优质资产上市，使上市公司实现业务转型、扭亏为盈。

三、并购主体：市场主导并购愈发重要

民营经济参与并购，使中国并购市场长期以来的行政主导局面得以改变。近年来，随着民营主体并购交易数的井喷式增长，中国并购市场迎来了民营经济的时代，市场自主性并购扮演着愈加重要的角色。

从交易宗数上来看，民营主体参与并购的活跃度相较国有主体而言更高。2016年全年，以国有企业为主体的并购交易共计202宗，同比2015年的325宗减少了37.85%；以民营企业为主体的并购交易合计725宗，较2015年的884宗出现了17.99%的下降。虽然两个主体的并购交易宗数均有所降低，但市场自主性并购的主导地位得以进一步提高，具体体现为2016年以民营企业为主体的市场自主性并购交易宗数占全年并购交易宗数总量的比重较2015年进一步提高。2016年市场自主性并购数量占比78.21%，比2015年增长了5.09%。

分月份看,国有主体并购交易数呈现较平稳的态势,于 12 月达到最大值 30 宗,出现年底小高峰;而民营主体并购交易数波动较大,9 月修订版《上市公司重大资产重组管理办法》正式实施后,市场自主性并购宗数出现了明显下降,体现了监管加强起到的抑制作用。结合并购交易涉及金额进行分析,国企主体并购交易的宗数和金额全年变化趋势大体一致,仅在 9 月出现背离。这是由于该月发生了两宗大额并购。一是中铁二局(600528. SH)作价 116. 9 亿元置换入中国中铁(601390. SH)持有的工业制造板块资产,二是长城电脑(000006. SZ)为实现优质军工资产证券化而进行的价格达 229. 34 亿元的一系列并购交易。以民营企业为主体的并购交易方面,5 月青岛海尔(600690. SH)以 55. 8 亿美元霸气收购通用电气家电业务资产,7 月海航基础(600515. SH)作价 260 亿元收购基础产业集团,两起大型并购使得 6 月、7 月的并购交易宗数和总规模变化方向相反。同时,得益于 12 月中国证监会批准顺丰 433 亿元借壳鼎泰新材(002352. SZ)、美国监管部门通过美的集团(000333. SZ)292 亿元要约收购德国库卡、艾派克(002180. SZ)39 亿美元(约 260 亿元)收购美国利盟交易的完成,民营主体并购交易总金额于 12 月达到年内最大值。

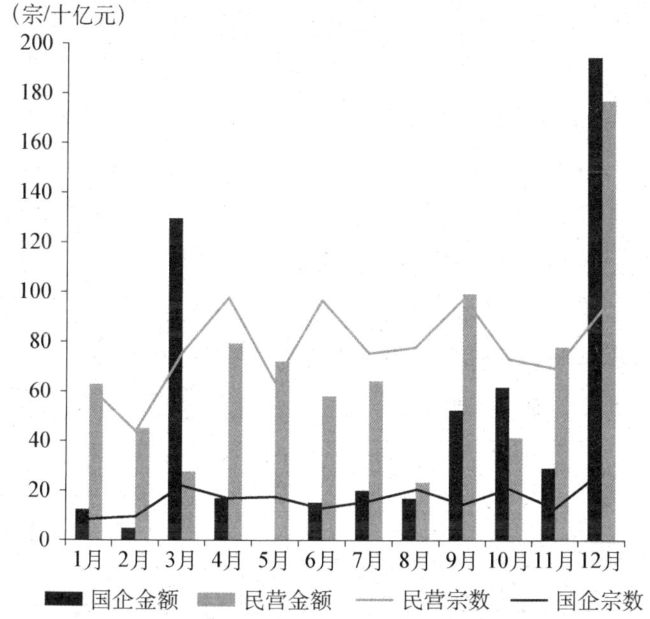

图 g　2016 年各主体并购交易宗数和金额走势

四、国企并购：供给侧改革是主流

2016年是“十三五”规划开局之年，也是全面深化改革进入落实阶段的关键一年。在经济结构调整、去产能、去库存的压力之下，国企改革文件体系基本形成。并购重组作为国企改革的中心枢纽，在供给侧改革背景下被大力推动。为响应中共中央关于国企改革的号召，国企兼并重组案例持续涌现，重组路径遵循着以下几类思路：

第一，推进集团层面的兼并重组。通过集团层面的强强联合，对行业产业进行调整优化的同时淘汰了过剩产能、实现了转型升级。在数量上做“减法”，提高了国有资本配置效率，打造出一个又一个的行业巨型“航母”。如中国国旅(601888.SH)集团不再是国资委监管企业，被整体并入港中旅集团，合并后的集团成为央企中最大的旅游集团；中远集团和中海集团重组成立了中国远洋海运集团，旗下将拥有6家A股上市公司，变成国际航运巨头；中国五矿集团吸收合并中冶集团，新的中国五矿体量将超过三大矿业巨头，同时拥有9个上市平台，成为全球金属矿产行业名副其实的“航空母舰”；作为国内的前两大建材集团，中国建材与中材集团的合并使5 000亿元水泥“巨无霸”横空出世；在国家大力推进供给侧改革的背景下，宝钢股份(600019.SH)换股吸收合并武钢股份(600005.SH)，宝武集团一举成为中国最大、全球第二的特大型钢铁企业，加快了淘汰钢铁行业过剩产能的进度。

第二，推动集团公司整体或部分主业资产上市。2016年国企改革整体提速，混合所有制是此轮改革的亮点，而稳妥发展混改的主要路径就是坚持推进企业集团的整体上市或核心业务上市。如上海临港集团旗下的上海临港(600848.SH)成功借壳上市后，为继续遵照“加快深化国资国企改革”的战略部署，注入临港集团下属浦江高科技园相关资产，进一步推进了集团核心业务资产证券化，优化了国有资本整体效率。中国重工集团以144亿元的作价，将持有的包括5家军工科研所在内的16家公司一并注入旗下上市平台风帆股份(600482.SH)，旨在打造中国“动力业务第一股”，推动了集团主业资产的上市，为军工资产证券化打开了空间。

第三，通过资产置换实现重组与清退。站在国企改革的风口上，业务范围重叠较大的国企上市公司通过资产置换，实现各业务专业化经营，使得优质资产单独上市。其中,起到示范作用的案例为中国中铁(601390.SH)与中铁二局(600528.SH)的资产整合。作为中铁二局的间接控股股东,中国中铁将自身115亿元的工业制造板块业务资产与中铁二局的全部资产和负债进行等值置换,实现了中铁二局主营业务的转变,解决了两者间的同业竞争问题。同时,在宏观经济下行的压力下,一些传统行业的上市公司经营受到较大冲击,甚至出现了连年亏损,面临着退市风险。通过资产置换将盈利能力较弱的资产剥离,置入盈利能力较强的优质资产,改善上市公司的经营状况。如*ST济柴(000617.SZ)通过资产置换置入母公司中石油集团的优质金融资产中油资本,实现全面转型,在彻底扭转业绩颓势的同时成功保壳。

五、并购定价:"中国式"溢价创新高

并购溢价是并购活动中最为重要的技术指标,反映了并购交易中的直接成本。中国并购市场的并购溢价水平一直处于较高水平,2016年更是再创新高。平均而言,2016年国内并购市场(标的资产位于境内)的溢价倍数为11.38倍,而2015年仅为1.94倍。近两年,国内并购市场如火如荼,大部分优质资产已被收购,国内的优质并购标的难以寻觅,奇货可居,使得国内并购市场的溢价出现大幅攀升。而从收购方而言,面临着国内资产荒的情形,一旦选中理想的并购标的,将不惜重金收入囊中。

从并购主体所处的板块来看,主板上市公司平均愿意支付的溢价倍数最低,为8.96倍,其次是创业板上市公司的9.59倍,中小板上市公司愿意支付的溢价倍数最高,为11.41倍(图h)。整体而言,三大板块的并购溢价水平均远高于2014年和2015年。2016年的并购交易呈现一个典型特征,即"短小精悍"的并购溢价倍数特别高。如延华智能(002178.SZ)800万元收购北京美迪希兰数据有限公司51%股权,标的方净资产18.91万元,并购溢价82.97倍。这些交易直接带动2016年国内并购市场并购溢价的飙升。

并购重组的目的无外乎扩大规模、整合产业链或者进入新兴领域,不同的并购目的所要求的并购代价也不尽相同。从并购溢价倍数所反映的直接并购成本来看,2016年,跨界混合并购的溢价倍数最高,为10.56倍,其次是横向并购的10.49倍,而纵向并购的溢价倍数最低,为6.01倍(图i)。

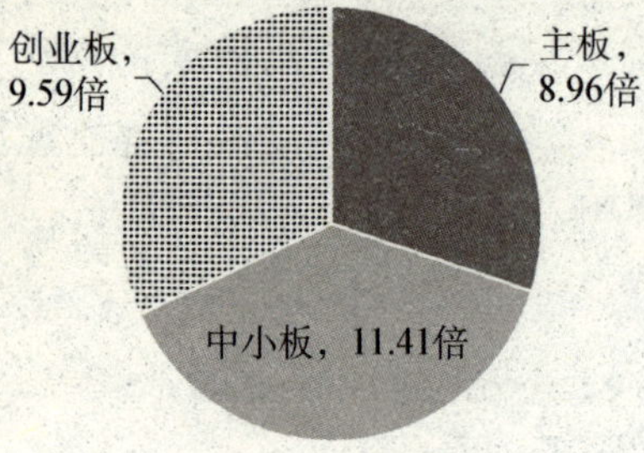

图 h　不同板块的并购主体愿意支付的溢价倍数

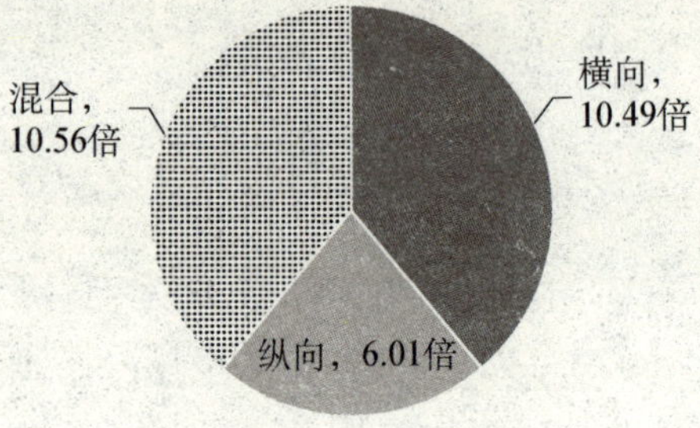

图 i　不同并购目的下的溢价倍数

标的资产所处行业也是并购溢价的重要影响因素。从图 j 中可以看到，2016 年并购溢价倍数排名前三的标的资产行业分别是房地产业、教育业、软件和信息技术服务业，分别是 35.63 倍、34.71 倍和 16.23 倍。房地产行业普遍净资产较少，而其主要资产土地或房产的市场价值较高，因而估值水平普遍较高。如阳光城(000671.SZ)4.2 亿元收购广州广晟海韵房地产有限公司 49%股权，溢价 206 倍；泰禾集团(000732.SZ)3.5 亿元收购金泽置业 80%股权，溢价 217 倍；陆家嘴 85 亿元收购苏州绿岸房地产开发有限公司 95%股权，溢价 195 倍。

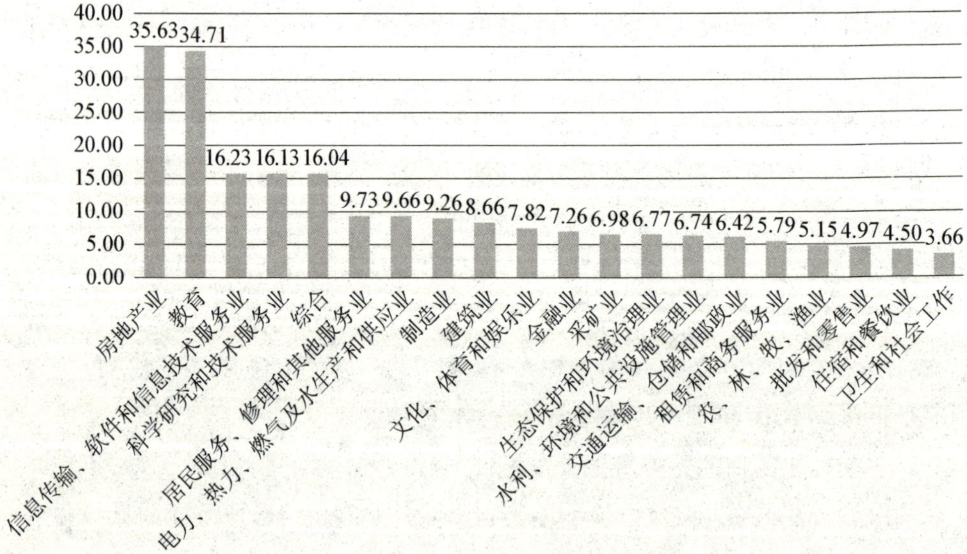

图 j　不同行业标的资产的溢价倍数

软件和信息技术业属于新兴产业，轻资产但产品附加值高，市场未来增长潜力巨大，因而一直属于估值较高的行业。如完美世界（002624. SZ）120 亿元收购上海完美世界网络技术有限公司，溢价 411 倍；智度股份（000676. SZ）15 亿元收购美国 IT 公司 Spigot, Inc. ，溢价 79 倍。2016 年，标的资产属于教育行业的仅有 4 例，其中华媒控股（000607. SZ）5. 22 亿元收购中教未来国际教育科技（北京）有限公司 60%股权，溢价 78 倍，直接拉高了溢价倍数的平均水平。

六、并购支付方式：现金支付比例上升，融资结构与支付工具更加多元化

2016 年中国股票市场出现的大幅波动使得监管机构加强了对并购活动的监管，“监管从严”成为 2016 年并购市场的主旋律。在此背景下，上市公司在选择并购支付方式时尽量避免触碰监管“红线”。

（一）全现金支付比重增大

从支付手段来看，受监管收紧的影响，2016 年共有 688 宗并购交易选择现金支付方式，涉及金额达 5 522. 20 亿元；其余 238 宗并购交易采用股权支付等创新支付方式，交易总规模为 8 506. 90 亿元。2016 年现金支付宗数占总体交易数量的比例为 74. 30%，相较 2015 年的 62. 30%增长了 12. 0%。可见，现金支付在“监管从严”的背景下更加具有吸引力。究其原因，一方面定增并购大爆发留下的“后遗症”开始显现，并购重组监管加强，证监会对涉及发行股份购买资产类的重组方案否决率上升。而现金收购速度快、灵活性高，无须通过证监会审核，仅需经过公司股东大会审议等内部程序，绕开了相关监管要求，加快了重组进程，因而更加受上市公司的青睐。纵观 2016 年中国并购市场，部分上市公司放弃发行股份改道现金收购，“财大气粗”的上市公司频频出现，以全现金支付的方式完成了资产收购。如华谊嘉信（300071. SZ）以 5. 81 亿元现金收购凯铭风尚 69. 76%股权，陆家嘴（600663. SH）豪掷 94. 89 亿元现金将陆金发 88. 2%的股权纳入囊中。另一方面，在“一带一路”战略的新形势下，通过并购获取海外技术与市场成为众多上市公司发展的常态化途径，2016 年的境外收购案例中超九成采用了现金支付方式。如美的集团（000333. SZ）以全现金对价

292亿元与机器人巨头德国库卡成功牵手。

(二) 资金来源更加丰富,多层次融资结构助力并购

上市公司在选择全现金支付并购价款时,资金来源主要分为三类:自有资金、银行贷款和定增融资。"创新"作为2016年并购市场的一个关键词,在上市公司进行并购融资时得到了充分体现。

境内并购方面,久其软件(002279. SZ)通过公开发行可转换债券,将募得资金中的2.05亿元作为现金对价购买瑞意恒动100%股权。境外并购方面,私募可交换债、"上市公司+PE"等多层融资结构陆续登上并购大舞台。艾派克(002180. SZ)联合太盟投资和君联资本以27亿美元现金收购Lexmark的并购方案中便隐现私募可交换债的身影:艾派克的控股股东赛纳科技向艾派克提供的10.82亿美元借款中,约合7.98亿美元是由其通过质押上市公司股份,发行私募可交换债而得。同时,艾派克通过引入SPV,两家PE机构现金出资超过11亿美元,最终实现"自有资金+PE+银行贷款+发行私募可交换债"的多层融资结构,完成了资产体量规模相差近8倍的"蛇吞象"并购。

(三) 多元化的创新支付工具

在并购对价支付方面,除了全现金支付,上市公司往往也会选择非公开发行股票、资产置换或多种形式结合的方式进行支付。虽然总体而言,现金支付占据主导地位,但从交易金额的不同区间来看,现金是中小额并购交易的首选支付方式。随着交易金额的增大,创新支付所占比重不断上升,且在规模超过100亿元的巨额并购中被更多地采用。面对大额收购,"土豪"公司是少数,绝大多数上市公司需要通过银行等渠道进行融资来实现全现金收购,而能从银行贷到款的公司一般是大型国企和绩优企业,因此并购涉及金额较大时,大部分上市公司倾向于选择创新支付方式。

第一,无论从交易宗数还是交易金额角度来分析,现金和股权结合在创新支付工具中仍占主导地位。2016年全年,使用现金和发行股份相结合购买资产的案例共138宗,占创新支付交易总数的57.74%;涉及金额3 622.65亿元,占创新支付总规模的42.39%。同时,发行股份购买资产在创新支付工具中也备受青睐,其交易数占创新支付总宗数的26.78%,涉及金额占创新支付总金额的

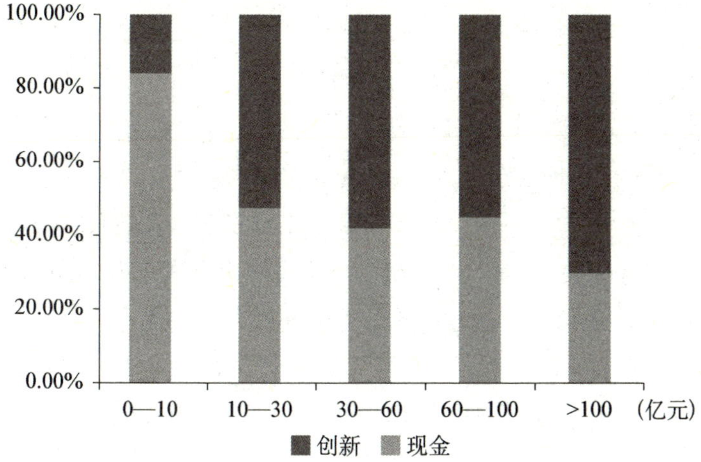

图 k 不同金额区间支付方式占比情况

32.36%。由此可见,中国上市公司在创新支付工具的选择上集中度较高,支付工具的创新具有很大的发展空间。

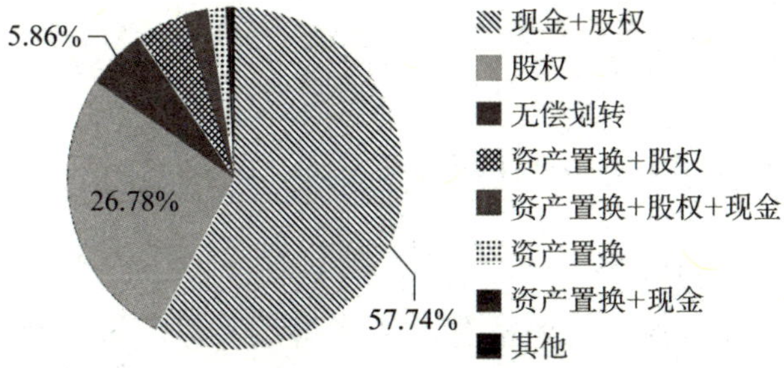

图 l 创新支付工具使用案例占比情况

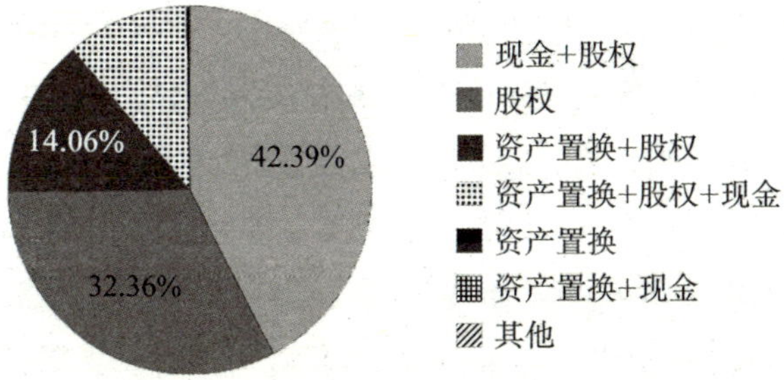

图 m 创新支付工具涉及金额占比情况

第二，支付工具再创新，股权支付有亮点。2016年的并购市场上出现了跨境换股这一新工具。跨境换股是指外国投资者以其境外公司股权作为支付手段。在政府严格限制外汇换汇出境的环境下，跨境换股在一定程度上降低了企业现金收购的资金成本。如首旅酒店(600258.SH)收购如家集团的交易就创新性地使用了跨境换股这一方式。除了跨境换股，其他创新性支付工具也在部分交易中有所运用。如金亚科技(300028.SZ)通过定向减资及往来款项冲抵方式受让银创圣地60%股权和戎瀚文化49%股权。当代东方(000673.SZ)与华彩天地签订《债转股协议》，通过持有的可转债对目标公司进行增资从而达到控股地位。

第三，无偿划转密集出现。无偿划转是国有资产管理领域的专有名词，具有浓厚的行政色彩，但也有着其内在的市场经济规律。在国企改革的大浪潮下，2016年共有14宗并购交易采用无偿划转完成。股权划转起到分散股权、实现股权多元化、改善公司治理结构的作用，符合国资委改革的战略规划，也与上市公司发展的内在需求相契合。如中远集团将旗下的上市公司无偿划转给中国远洋海运集团等，这体现出在新一轮的改革下，国有主体的并购重组正走向更加市场化的道路。

七、并购产业：制造业继续领跑

按交易数量统计，2016年第一产业仅发生7宗并购交易，同比减少56.25%；第二产业的并购活动最为活跃，全年合计发生613宗，较2015年的815宗下降了24.80%，占全年交易总数的66.20%；归属于第三产业的并购共306宗，同比下降了19.05%，占全年总宗数的33.05%。按交易金额统计，第二产业以9 549.04亿元的总规模排名第一，实现了17.41%的增长；第三产业的交易总金额为4 456.37亿元，较2015年减少0.93%；第一产业量价齐减，涉及金额同比减少了59.94%。由此可见，从产业分布来看，2016年的并购市场中第二产业的交易宗数和总金额均处于领跑位，其次是第三产业，最末是第一产业，这也与中国国民经济的产业结构相契合。按平均交易价格统计，虽然三个产业的交易宗数较2015年都有所减少，但受部分大额并购的影响，第二、三产业的平均单笔价格出现明显的上升。

表 c 2016 年和 2015 年中国上市公司并购交易产业分布情况

板块	2016 年并购情况			2015 年并购情况		
	宗数	金额(亿元)	平均金额(亿元)	宗数	金额(亿元)	平均金额(亿元)
第一产业	7	23.68	3.38	16	59.14	3.70
第二产业	613	9 549.04	15.58	815	8 133.02	9.98
第三产业	306	4 456.37	14.56	378	4 498.22	11.90
合计	926	14 029.10		1 209	12 690.37	

对各大产业中的行业进行分类统计，2016 年并购最活跃的第二产业共涉及四大类行业，其中制造业合计发生 528 宗并购交易、总金额达 7 652.32 亿元，分别占比 86.13%、80.13%，稳居二产首位。其次是宗数占比为 5.22%、5.06%的建筑业与电力、热力、燃气及水生产和供应业。交易金额方面，电力、热力、燃气及水生产和供应业以 12.15%的比重超过建筑业，排名第二。可见 2016 年中国制造业的整合依然进行得如火如荼。中国是制造业大国，“底盘不稳”使中国经济在快速扩张和发展时出现产能过剩等日益突出的问题，制造业“去库存”、“去产能”的压力加速聚积。通过并购重组，制造业企业可缓解产能过剩压力，实现转型升级。如宝钢与武钢的换股吸并反映了中国钢铁行业产能转移的需要，在化解过剩产能的同时推进了供给侧结构性改革。

表 d 三大产业细分行业并购交易情况

板块	大类行业	宗数	比例	金额(亿元)	比例
第一产业	农、林、牧、渔	7		23.69	
第二产业	采矿业	22	3.59%	446.44	4.68%
	电力、热力、燃气及水生产和供应业	31	5.06%	1 160.05	12.15%
	建筑业	32	5.22%	290.23	3.04%
	制造业	528	86.13%	7 652.32	80.13%
	合计	613		9 549.04	
第三产业	房地产业	66	21.57%	784.72	17.61%
	交通运输、仓储和邮政业	36	11.76%	1 027.37	23.05%
	金融业	16	5.23%	410.19	9.20%

续表

板块	大类行业	宗数	比例	金额(亿元)	比例
	科学研究和技术服务业	10	3.27%	62.58	1.40%
	批发和零售业	38	12.42%	985.16	22.11%
	水利、环境和公共设施管理业	6	1.96%	6.77	0.15%
	卫生和社会工作	9	2.94%	24.8	0.56%
	文化、体育和娱乐业	5	1.63%	29.99	0.67%
	信息传输、软件和信息技术服务业	85	27.78%	777.75	17.45%
	住宿和餐饮业	2	0.65%	18.18	0.41%
	综合	9	2.94%	137.17	3.08%
	租赁和商务服务业	24	7.84%	191.7	4.31%
	合计	306		4 456.38	

从第三产业并购的行业分布来看，该产业的并购活动共涉及12个大类行业。交易宗数方面，信息传输、软件和信息技术服务业以85宗、占比27.78%的成绩排名第一，其次是房地产业以及批发和零售业，第三产业的并购宗数行业占比如图n所示。

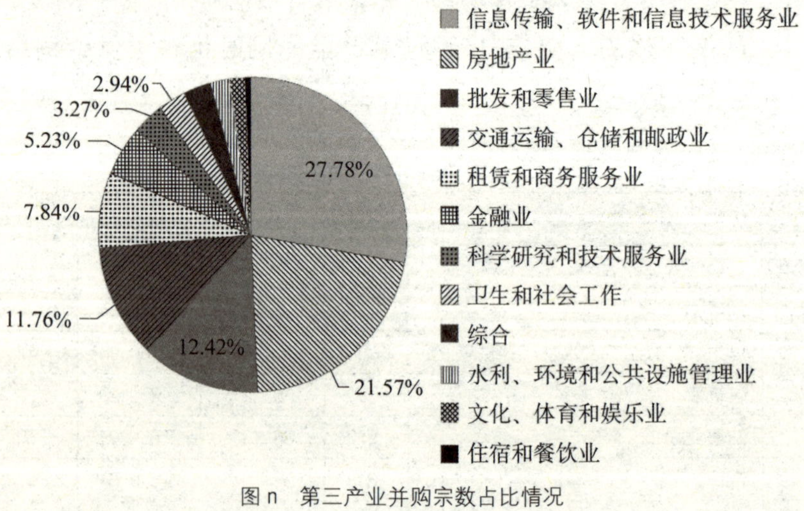

图n 第三产业并购宗数占比情况

交易金额方面，交通运输、仓储和邮政业以1 027.37亿元、占比23.05%位居首位。中国经济的快速增长激发了对物流和交通运输的巨大需求，交通运输和现代物流已经成为国民经济发展的重要产业和新的经济增长点。而交通运输是规模优势显著的行业,通过行业整合,能够更好地发挥规模效应、提升自身的竞争力。2016年,交通运输、仓储和邮政业的国企混改十分耀眼,36宗该行业的并购交易中,国企主体成交了36宗,占比72.22%。中海集运(601866.SH)的系列并购案无疑是交运行业国企改革的亮点。批发和零售业以985.16亿元紧随其后,2016年批发和零售业发生多起单笔金额超百亿元的并购,如西安民生(000564.SZ)以268亿元收购海南供销大集控股有限公司100%股权,海航基础(600515.SH)以260亿元收购基础产业集团100%股权。信息传输、软件和信息技术行业一直是民营上市公司的并购热点,2016全年并购规模为777.75亿元,落后于批发和零售业。

八、并购地区:国内东部地区继续领跑;海外并购如火如荼

受中国经济发展历史的影响,中国东、中、西三个地区中,东部经济最为发达,上市公司也集中于东部地区,而且东部地区投资环境优越且国际化程度更高。因此,中国上市公司并购交易主力军集中于东部地区,地域集中性明显。此外,随着“走出去”、“一带一路”战略的持续稳步推进,海外并购迅猛发展,以此推动产业结构升级,适应新的经济发展形势。

(一)国内并购市场:地域集中性明显,东部持续强势

2016年,中国上市公司的并购交易在区域分布上继续呈现明显的地域集中性。东部地区延续2015年的强势格局,全年共计发生698宗并购活动,交易总规模达10 060亿元,宗数和金额分别占比75.30%和71.71%,宗数占比同比增长4.0%。东部地区并购主要集中在北上广与江浙五个省份,19宗百亿元级并购在东部地区发生。其中注册地位于北京的长江电力(600900.SH)作价797.35亿元收购川云股份一例成为2016年并购金额之最,注册地位于山东的*ST济柴(000617.SZ)置入755.09亿元中石油金融资产,注册地位于广东的美的集团(000333.SZ)以292亿元现金收购德国库卡等,使得东部地区并购金额直线上升。

2016年中部地区的并购交易主要集中在安徽省和湖北省。据统计,中部

地区 2016 年全年并购交易合计 145 宗，同比减少 37.77%，涉及金额 2 347.61 亿元，同比增长 92.50%。其中，顺丰控股 433 亿元成功借壳注册地位于安徽省的鼎泰新材（002352.SZ）对金额增长作出了极大贡献。而西部地区的并购活动趋势与中部地区相似，全年累计发生并购活动 83 宗，同比减少 27.19%，交易总规模 1 621.61 亿元，同比增长 34.01%。总体来看，西部地区的并购主要发生在川、渝、陕西三地，其中不乏部分大额并购。如注册地位于陕西的西安民生（000564.SZ）以 268 亿元股权为对价收购海南供销，注册地为重庆的世纪游轮（002558.SZ）以 131.24 亿元收购巨人网络等。

表 e　2016 年和 2015 年并购交易地区分布情况

地区	2016 年并购情况		2015 年并购情况	
	宗数	金额（亿元）	宗数	金额（亿元）
东部	698	10 059.88	862	10 260.79
中部	145	2 347.61	233	1 219.53
西部	83	1 621.61	114	1 210.05
合计	926	14 029.1	1 209	12 690.37

（二）海外并购如火如荼

近两年，中国并购市场如火如荼，伴随其中，部分优秀企业将眼光瞄准了海外市场，纷纷到海外购买资产、收购股权。2016 年，中国上市公司成功实施境外并购交易案例共计 126 宗，占全年交易总数的 13.61%，共涉及交易金额 2 884.59亿元，占全年交易总规模的 20.56%（表 f）。与 2015 年的 91 宗海外交易相比，2016 年的海外并购数量增长了 38.46%，可以说，2016 年中国资本市场的海外并购交易如火如荼。海外并购数量的大幅上升有国内经济发展阶段的宏观原因，也有企业自身发展的微观原因。就宏观层面而言，一方面，中国经济在高速发展后渐渐进入了下行通道，市场竞争趋于饱和，实体经济利润率下降，企业需要对外投资，打开海外市场，寻找新的利润增长点；另一方面，近两年的并购浪潮并购了大量国内的优质资产，国内缺乏良好的并购标的，企业逐渐将目光瞄准海外。就微观层面而言，企业为了谋求更好的发展，出于自身战略需要，抓准时机进行海外并购，做大做强。

表 f 2016 年并购市场类型分布

并购类型	数量	数量占比	并购金额(亿元)	金额占比	平均并购金额(亿元)
国内并购	800	86.39%	11 144.51	79.44%	13.93
海外并购	126	13.61%	2 884.59	20.56%	22.89

从并购主体的性质来看,民营企业绝对是本轮境外并购热潮的主力军。在已披露的成功交易案例中,101 宗海外并购交易都是由民营企业发起的,超过交易总数的 80%;国有企业发起的海外并购交易共计 25 宗,占总数的 19.84%。如果说 2009 年之前的境外并购是由央企、国企支撑的,那么现在民营企业才是最具活力的一支队伍。经过多年的发展沉淀,加上资本市场上投资者的热情,羽翼渐丰的民营上市公司已经具备了良好的经营基础、开阔的国际视野及充足的资金,为企业“走出去”提供了充足的条件。

从并购目的来看,中国上市公司进行境外并购的主要目的是扩大规模,拓展海外市场,2016 年全年共发生 81 宗境外横向并购交易,占总数的 64.29%;混合并购交易 24 宗,占总数的 19.05%;纵向并购交易共计发生 21 宗,占总数的 16.67%。可以看出,在本轮海外并购浪潮中,上市公司的“出海”目的主要是扩大规模,获得协同效应。一方面,收购与自身从事行业一致或高度相关的行业,可以降低并购的难度,增加企业境外并购的成功率;另一方面,选择并购自身相关行业从某种程度上反映了企业实施海外并购的理性投资逻辑,是在整个宏观背景下出于企业自身发展的战略考虑。面临国内行业产能过剩、产业结构调整、消费乏力的状况,企业通过实施横向并购可以拓展境外市场,消化过剩产能,引入先进技术,促进产业结构升级。这在某种程度上也表明本轮海外并购浪潮中,“走出去”的上市公司的出发点已经开始发生转变,不再是选择概念资产,进行“概念式”的重组,进行商业炒作,抬高股价,而是关注实施并购带来的产业协同效应。

从并购标的所处产业来看,中国企业进行海外并购的产业以第二产业为主,2016 年全年共发生了 80 宗以制造业为主的第二产业的并购交易,占全部交易总数的 63%;第三产业的交易总数为 44 宗,占比 35%。具体到行业而言,标的资产所属行业则分布较广。第二产业中(图 o),传统制造业如化工、食品、纺织等仍占据着重要的地位,交易数量占第二产业交易总数的 43%;新兴行业,如医疗、计算机、通信、智能电子设备等比重合计超过 32%;资源类如电力、石油、

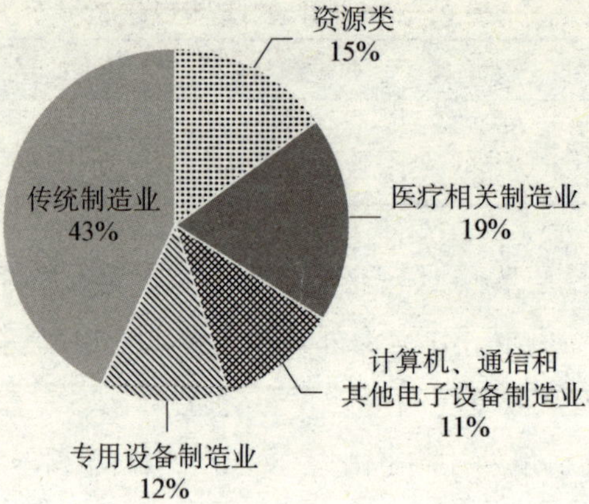

图 o　海外并购标的资产在第二产业中的分布

矿藏等占总数的比重为 15%。

第三产业中(图 p),互联网与信息技术、金融及商务服务是 2016 年上市公司海外并购的热点行业。这三类行业的交易数量分别占第三产业交易数量总数的 20%、18%和 14%。中企海外并购行业的多样化体现出海外并购的结构正在不断优化,从传统产能过剩的行业向新兴领域过渡。

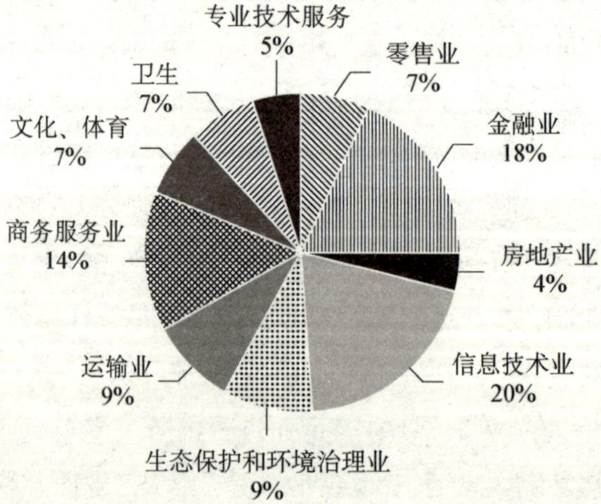

图 p　海外并购标的资产在第三产业中的分布

值得一提的是,过去由国企、央企热衷的矿业、石油等资源型资产,在本轮热潮中也由民营企业扛起了大旗,如烟台新潮实业(600777. SH)收购专注海外油气能源生产管理的蓝鲸能源北美有限公司；洛阳钼业(603993. SH)以 252 亿元收购刚果铜钴矿及巴西铌磷矿，成为国际矿业巨头。央企、国企海外并购的触角则从资源型行业转向金融、商务服务等多个领域，例如华泰证券(601688. SH)斥资 52 亿元收购美国 AssetMark Financial；首旅酒店(600258. SH)以 72 亿元收购如家酒店集团 65. 13%股权。

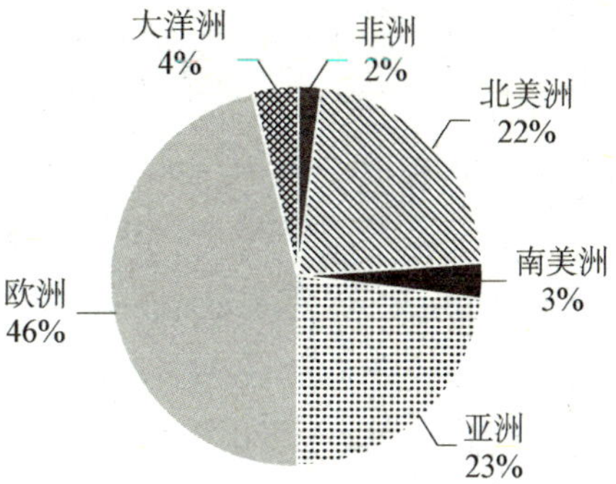

图 q 海外并购标的资产所处大洲分布

从并购标的所处地区来看，目前中国“走出去”企业的足迹已经遍布全球各地。一方面国内近两年并购市场火爆，不少优质资产已被收购，剩下的资产良莠不齐，另一方面国内市场竞争趋于饱和，资产荒、投资回报率低等各方因素汇总使得企业将眼光放在了更加广阔的海外市场。从海外并购的标的资产所处地区分布中可以看到(图 q)，2016 年超过 40%的海外并购交易发生在欧洲，共计 59 宗。欧洲已然成为上市公司“走出去”的主要投资地，而其中德国是 2016 年欧洲并购的热门投资地，共计 15 宗并购交易领衔第一。德国是传统技术强国，又正值经济复苏之际，通过并购，有实力的中企能获得先进的技术，打通海外市场；而德国企业亦能打通中国市场，并获得资金助力研发升级。美的集团(000333. SZ)以 292 亿元收购德国智能机器人生产商 KUKA 集团无疑是这一波对德并购浪潮中最闪亮的一朵浪花。亚洲、北美洲则紧跟其后，平分秋色，在亚洲和北美洲的海外并购分别为 29 宗和 28 宗，占交易总数的 23%和 22%。

从并购支付方式来看，海外并购交易几乎全部使用现金进行交易。现金支付具有灵活便捷的特点，可以规避国内的诸多审批环节，加快交易进程，提高并购成功率。现金支付也反映出国内优秀企业的融资环境相对比较宽松，可以通过债权融资、定向增发等多种方式获得企业并购所需的大量资金。例如，新奥股份(600803. SH)通过定向增发募集 33 亿资金，联合企业自有资金合计共 49 亿元收购联信创投 100%股权。

从并购方式来看，几乎所有的海外并购都是直接收购标的方的股权，仅有几宗交易是购买标的方的资产。值得一提的是，现在的并购交易不仅是单独由上市公司发起，与并购基金等合作共同实施海外并购的案例也在增加。并购基金等资本通过提供债务融资、专业咨询、尽职调查，共同进行股权投资等方式积极参与海外并购交易，发挥其专业优势，提高并购成功率。例如，北京昆仑万维(300418.SZ)联合奇虎、金砖丝路基金管理共同收购位于挪威的世界知名浏览器品牌 Opera，交易对价 12 亿美元，以配合企业实施成为全球领先互联网综合服务商的战略。

2016 年的海外并购值得关注的另一大特点是大额交易频频发生，例如天海投资(600751.SH)以 392 亿元收购美国 IMI 公司 100%股权，布局全球 IT 供应链服务；青岛海尔(600690.SH)整合通用电气下属家电业务相关资产，涉及金额达 351 亿元，打造家电行业全球领导者；美的集团(000333.SZ)斥资 292 亿元收购德国 KUKA 公司 94.55%股权，进入智能机器人领域。中国企业已俨然成为全球跨境并购交易中的一股重要力量。

海外并购固然是获得境外优质资产及渠道等资源的一条捷径，但是海外并购并非灵丹妙药，并非屡试不爽。海外并购要整合的除了企业文化、人员、管理、业务等，还需要整合不同国家之间的政治、法律、习俗等因素。因此，海外并购更需要做好前期尽职调查，寻找适合的标的，提高并购成功率。

九、并购热点：总体回落，“互联网＋”持续受关注

2016 年 9 月中国证监会实施《上市公司重大资产重组管理办法》新规，严防“借壳”等资本炒作，对互联网金融、游戏、影视、虚拟现实四个行业实施“一事一议”监管原则。2016 年概念式跨界并购大幅较少，这种变化将有利于国内实体经济的发展。

与 2015 年相比，并购标的无论处于“互联网＋”、健康医疗还是文化传媒等，交易宗数相比 2015 年都出现了下滑。2016 年并购标的为“互联网＋”行业的交易共发生了 132 宗，较 2015 年的 191 宗下滑了 30.89%；健康医疗行业下降了 12.68%，而文化传媒行业则减少了近 55%。其余几个热点行业中，金融业全年成交 39 笔，较 2015 年下降了 49.35%，房地产业下滑了 23 个百分点，环保业则减少了 31 个百分点。虽然 2016 年这些并购热点行业的交易从宗数上不占优势，然而从交易金额上却比 2015 年更胜一筹。“互联网＋”、金融业以及

环保业的并购交易金额较2015年都大幅上升，分别增长了59.32%、107.22%和139.25%。从另一方面也体现了2016年证券市场并购特点之大额交易逐渐占据主导。例如，天海投资（600751.SH）以392亿元收购英迈、世纪游轮（002558.SZ）斥资131亿元收购上海巨人网络、中石油资本755亿元资产注入＊ST济柴（000617.SZ）、江苏信托以260亿元借壳＊ST舜船（002608.SZ）、新光圆成（002147.SZ）以111亿元收购浙江万厦房地产开发有限公司。

表g 2016年和2015年中国上市公司并购市场热点行业

热点行业	宗数	占总宗数之比	金额（万元）	占总金额之比	宗数	占总宗数之比	金额（万元）	占总金额之比
	2016年				2015年			
互联网＋	132	14.25%	1 735.05	12.37%	191	15.80%	1 089.03	8.41%
健康医疗	62	6.70%	502.33	3.58%	71	5.87%	506.60	3.91%
文化传媒	25	2.70%	184.82	1.32%	55	4.54%	1 023.63	7.90%
金融业	39	4.21%	2 068.70	14.75%	77	6.37%	998.30	7.71%
房地产业	48	5.18%	621.93	4.43%	58	4.80%	1 710.38	13.21%
环保	33	3.56%	399.36	2.85%	43	3.56%	166.92	1.29%

尽管2016年并购交易宗数整体上出现下滑，但如表g所示，以“互联网＋”为代表的信息技术行业仍然是并购资本热烈追捧的对象，总成交132宗，占全年并购交易总宗数的14.25%，并购交易金额1 735亿元则贡献了全年交易总量的12.37%。以“互联网＋”为代表的信息技术行业本身利用其平台运营技术以及大数据资源的优势，可以突破传统经营的瓶颈，将经营触角延伸至各个领域，为上市公司找到利润持续增长点。

十、2017年并购市场展望

面临并购重组史上的“最严”监管，2016年中国证券市场的并购交易出现了回落，但单笔并购金额却屡创新高，大型并购交易逐渐占据主导。在去库存、调结构、新一轮国企改革的经济形势下，中国俨然掀起了一轮并购重组的浪潮。2017年中央经济工作会议提出着力振兴实体经济，面对国内经济形势持续下行的压力，并购重组将继续担当起其产业整合的责任，成为中国上市公司优化资源配置、获得创新驱动力、实现产业升级的重要途径。

（一）境内并购持续回温

面对国内从严的监管环境，以及境内优质资产的缺乏，2017 年中国境内并购将持续回温。2016 年 9 月证监会的最严重组新规实施后，国内并购交易已出现“脱虚向实”的苗头。2017 年，这种趋势将延续，并购重组将会更多地服务于实体经济，成为国内经济结构转型、产业结构升级的重要平台。目前，国内并购交易第一产业占比较低，2017 年中央经济工作会议提出推进农业供给侧改革，增加绿色优质农产品供给，农业行业的并购交易在 2017 年将有所增加。

（二）境外并购稳中求进

2016 年的海外并购浪潮中，上市公司实施海外并购是出于企业自身发展需要而作出的战略决策。经济持续下行，上市公司面临着产业升级发展需要，依旧存在着海外并购的需求。但是受人民币贬值压力的影响，以及资金出境受到严格管控，2017 年的海外并购将稳中求进。总的来说，未来一段时间内中国企业进行海外并购可能会表现出以下特征：第一，纯粹的概念式并购重组，即单纯通过并购互联网、影视等行业企业进行炒作的现象会逐渐减少；第二，从海外并购标的的选择来看，“走出去”的企业会选择境外与自身发展战略相匹配的资产进行并购，且从传统行业逐渐向新兴领域转变，为实现产业升级服务。

（三）并购主体：国企继续大放异彩

2017 年是实施“十三五”规划的重要一年，也是供给侧结构性改革的深化之年，国有企业改革也将持续深入。国企改革的政策春风已经吹到垄断领域和地方重点国企。目前，国内多个省市已制定国企混改试点实施方案。可以预见，2017 年国企借助并购重组进行混改将继续大放异彩，使国有企业成为真正的市场主体，增强国企活力，提高国企盈利能力。2016 年，国有上市公司在电力行业的并购频繁发生；2017 新年伊始，中国兵器工业集团开启了国企混改之旅，电力、石油、铁路、民航、军工等垄断型行业都将成为 2017 年国企混改的重点行业，而这些行业的并购交易也会迎来一波小高潮。

（四）并购手法：并购基金积极参与，多层次融资方式继续发力

目前国内并购重组的监管环境虽说严格，但监管部门支持拓宽融资渠道，支持财务顾问提供并购融资，支持并购基金发展；支持并购重组创新，研究并购重组支付创新方式，引入优先股和定向可转债等。首先，并购基金等资本通过提供债务融资、专业咨询、尽职调查，共同进行股权投资等方式参与并购交易，提高并购成功率。2016 年各路并购基金积极参与并购交易，北京昆仑万维（300418. SZ）联合奇虎、金砖丝路基金管理共同发起收购位于挪威的世界知名浏览器品牌 Opera，2017 年并购基金仍将是并购市场的主要参与者，扮演好实体经济转型升级的重要推动者。其次，2016 年并购交易的融资方式进一步丰富，可转换债券等支付方式出现在人们的视野，2017 年多渠道的并购融资方式将更加活跃，多层次的融资结构也将更加频繁地出现，让并购交易更加丰富多彩。

第一辑　国企重组并购

000065

北方国际：
“一带一路”战略下的集团整体上市

一、收购相关方简介

（一）收购方：北方国际

北方国际合作股份有限公司于1986年在北京成立，是中国北方工业公司的国际经济技术合作业务板块，2001年经改制在中国深圳证券交易所挂牌上市，股票代码为000065。

北方国际是中国北方工业公司所属上市公司，主要从事轨道交通、电力工程、石油矿产设施建设、工业农业、市政房建、房地产开发等国际经济技术合作业务。经过在国际市场多年的经营，公司已经发展成为具有从项目融资、设计、采购、施工、运营到系统集成能力的综合型国际工程总承包商。多年来，北方国际积极贯彻实施国家“走出去”战略，与世界许多国家和地区建立了广泛的经济技术合作和业务往来关系，在市场开拓、工程建设、项目运营、公司治理等方面取得了丰硕成果，建设并投资了一批具有重要经济政治意义和国际影响的重大工程，取得了良好的经济社会效益。

（二）标的公司

1. 北方车辆

中国北方车辆有限公司成立于1988年，其前身为中国北方车辆公司，系经原机械电子工业部、中国兵器工业总公司批准设立、出资人为北方公司的全民所有制企业，于 2004 年改制为有限责任公司。北方车辆的控股股东为北方科技，实际控制人为北方公司。公司专注于从事重型装备出口业务，主要经营出口的产品领域包括商用车及零配件、石油装备、工程机械等，市场主要分布于非洲、拉丁美洲、东南亚等多个地区。

2. 北方物流

北方万邦物流有限公司成立于 1991 年，其控股股东为北方科技，实际控制人为北方公司。公司主要提供以跨境综合物流为主的综合国际货运代理以及贸易物流服务，属于现代物流业。凭借多年丰富的项目物流管理和运作经验，北方物流打造了一批专业、精干、富有活力的项目团队，并在矿山、石油、化工、轨道交通、新能源等行业的国际项目物流领域形成了国内领先的专业优势，先后为国内大型央企、国企、民企和著名外企等客户提供专业化、个性化项目物流服务。根据中国国际货运代理协会公布的全国货代物流企业百强排名，北方物流于 2012 年、2013 年、2014 年连续三年在全国 16 万多家货代企业里位列百强。

3. 北方机电

广州北方机电发展有限公司成立于 2004 年，注册资金为 1 800. 00 万元，北方机电的控股股东为北方科技，实际控制人为北方公司。公司的主营业务是空港物流自动化系统与矿山、码头自动化装卸系统设备，摩托车消音器，户外用品以及其他轻工产品的出口业务。其中，空港物流自动化系统与矿山、码头自动化装卸系统已经发展成为北方机电的核心主业，具有较强的竞争优势。

4. 北方新能源

广州北方新能源技术有限公司原名为“广州诺莱特照明电器发展有限公司”，是根据国务院国资委“主辅分离、辅业改制”政策，在北方公司下属北方光电的贸易部门基础上改制设立，并由经营层及骨干员工持股的国有控股股权多元化的专业外贸公司，成立于 2004 年 12 月 29 日。公司控股股东为北方科技，实际控制人为北方公司。公司主要从事新能源技术应用开发和推广，目前业务主要集中在两大板块，分别是太阳能照明灯具板块和新能源工程项目板块。

5. 深圳华特

深圳华特容器股份有限公司成立于 1985 年，其控股股东为北方科技，实际控制人为北方公司。公司主要从事各类马口铁包装容器的生产和销售，产品包括马口铁喷雾罐、化工罐、奶粉罐、杂品罐四大系列，产品广泛应用于食品、工业化工、日用化工等包装。自1985年成立以来，公司主营业务未发生重大变化，经过三十多年的发展，已经成长为一家集马口铁印刷、制罐及生产各类罐用配件为一体的专业化、综合性马口铁容器制造企业。

本次交易股权结构如图1所示。

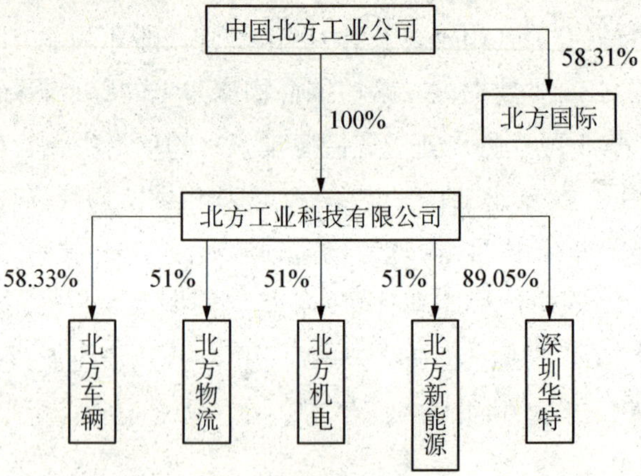

图1 交易股权结构图

二、收购事件一览

- 2015年10月21日，公司因筹划重大事项停牌。
- 2015年12月14日，北方公司召开总裁办公会作出决议，同意实施北方国际重大资产重组及配套融资方案。
- 2016年1月11日，兵器集团召开总经理办公会作出决议，同意北方公司关于北方国际资产重组及配套融资的请示。
- 2016年6月27日，北方国际2016年第六届第十九次董事会审议通过了本次交易正式方案。
- 2016年7月12日，国务院国资委出具《关于北方国际合作股份有限公司资产重组及配套融资有关问题的批复》(国资产权〔2016〕693号)，批准本次交易的正式方案。
- 2016年7月15日，北方国际2016年第三次临时股东大会审议通过了本次交易正式方案。

- 2016 年 11 月 29 日,中国证监会核准上市公司本次发行股份及支付现金购买资产并募集配套资金事宜。
- 2016 年 12 月 7 日,本次交易公司拟购买的标的资产北方车辆 100%股权、北方物流 51%股权、北方机电 51%股权、北方新能源 51%股权和深圳华特 99%股份已经完成相应的工商变更登记或备案手续。

三、收购方案

本次交易方案主要分为以下两个步骤:

(一)发行股份及支付现金购买资产

本次交易的标的资产为北方车辆 100.00%股权、北方物流 51.00%股权、北方机电 51.00%股权、北方新能源 51.00%股权、深圳华特 99.00%股权。本次重组交易中,北方国际向北方科技、江苏悦达、天津中辰 3 家交易对方采取发行股份及支付现金方式购买 5 家标的公司股权,其中向江苏悦达、天津中辰仅支付股份对价,向北方科技支付股份对价和现金对价。

根据相关资产评估公司出具的评估结果,标的资产的总评估值为 164 557.09 万元,标的资产交易作价 164 557.09 万元。其中,向北方科技支付的现金对价为 13 500.00 万元,其余对价按照 16.12 元/股的发行价格通过发行股份方式支付,本次向交易对方北方科技、江苏悦达、天津中辰分别发行股份数量为 64 282 391 股、26 891 843 股和 2 533 635 股。

表 1　标的资产的评估值明细表

交易对方	标的资产	评估值(万元)	现金支付(万元)	股份支付(股)
北方科技	北方车辆 58.33%股权	60 681.19	2 924.48	35 829 224
	北方物流 51%股权	8 484.49	1 272.67	4 473 832
	北方机电 51%股权	8 768.27	1 315.24	4 623 465
	北方新能源 51%股权	2 636.52	2 504.70	81 777
	深圳华特 89.05%股权	36 552.75	5 482.91	19 274 090
北方科技小计		117 123.22	13 500.00	64 282 391

续表

交易对方	标的资产	评估值(万元)	现金支付(万元)	股份支付(股)
江苏悦达	北方车辆41.67%股权	43 349.65	—	26 891 843
天津中辰	深圳华特9.95%股权	4 084.22	—	2 533 635
合计		164 557.09	13 500	93 707 869

注：标的资产的评估以2015年9月30日为评估基准日

（二）募集配套资金

上市公司在本次发行股份及支付现金购买资产的同时，通过询价方式面向符合中国证监会规定的证券投资基金管理公司、证券公司、信托投资公司、财务公司、资产管理公司、保险机构投资者、其他境内法人投资者及自然人等不超过10名特定投资者非公开发行股份募集配套资金。本次募集配套资金总额为19 500.00万元，按照募集配套资金发行底价16.12元/股计算，本次向不超过10名的特定投资者发行股份数量不超过12 096 774股。

募集的配套资金计划用于以深圳华特为实施主体的生产基地土地厂房购置项目以及支付现金对价，其中支付现金对价的金额为13 500.00万元。

交易完成前后上市公司的股权结构变化如表2所示。

表2　交易完成前后北方国际股权变化结构图　单位：万股

股东	本次交易前		本次交易后			
			募集配套资金前		募集配套资金后	
	持股数量	占比	持股数量	占比	持股数量	占比
北方公司	22 147.29	53.81%	22 147.29	43.83%	22 147.29	43.83%
北方科技	—	—	6 428.24	12.72%	6 428.24	12.43%
北方公司及其关联方	22 147.29	53.81%	28 575.53		28 575.53	55.23%
西安惠安	2 591.10	6.30%	2 591.10		2 591.10	5.01%
江苏悦达	—	—	2 689.18		2 689.18	5.20%
天津中辰	—	—	253.36		253.36	0.49%
配套融资发行对象	—	—	—	—	1 209.68	2.34%
其他股东	16 417.38	39.89%	16 417.38		16 417.38	31.73%
总股本	41 155.76	100.00%	50 526.55		51 736.23	100.00%

四、案例评论

本次重组交易中北方国际与其收购的北方车辆、北方物流、北方机电、北方新能源以及深圳华特五家公司同为中国北方工业公司控制下的控股子公司，最终控制人为中国兵器工业集团公司及中国兵器装备集团公司。此次收购是央企内部资源的整合，反映了在“一带一路”战略推动下的中国制造业的强劲发展。

（一）国家政策推动，资源整合有利于发挥协同效应

中共十八届三中全会的召开，拉开了新一轮国资国企改革的序幕。发挥国有经济主导作用，不断增强国有经济活力、控制力、影响力，推动国有企业完善现代企业制度等，成为本轮国资国企改革的目标和要求。近年来，国务院国资委大力推进央企改制上市，积极支持资产或主营业务资产优良的企业实现整体上市，鼓励国有控股公司通过增资扩股、收购资产等方式，把优质主营业务资产注入下属上市公司，提高上市公司经营质量和发展潜力，实现多方共赢。

本次重组选取的北方车辆、北方物流、北方机电、北方新能源、深圳华特五家公司均为北方公司下属企业中以民品国际化经营业务为主的子公司，业绩成长性较好、未来发展空间较大，与北方国际市场协同、业务协同效应强。将上述五家公司与北方国际进行资源整合，可以充分利用上市公司与标的公司在市场渠道、客户资源、经营能力等方面的协同效应， 方面丰富上市公司业务范围，满足市场更多需求，进而更有利于市场的经营；另一方面，民品国际化业务从单一产品贸易向贸易与技术合作和海外投资并举的模式转型升级，可以通过投资驱动带动产品和技术输出从而进行产能转移。这一新的商业模式对创新投融资方式提出了新要求。

本次重组交易将北方车辆、北方物流、北方机电、北方新能源及深圳华特旗下的重型装备出口、国际货运物流、空港物流自动化与码头自动化装卸、新能源技术应用开发和推广，以及马口铁包装容器的生产和销售等主营业务注入上市公司平台，能够进一步整合北方公司内部国际工程和民品国际化经营业务，为公司未来的发展提供更有利的契机。

（二）响应“一带一路”战略号召，通过“走出去”化解过剩产能

近年来，中国钢铁、水泥、焦炭、合金等行业产能过剩矛盾突出，可能会造成产业组织恶化、利润下降、亏损增加、金融风险加大、资源浪费严重等问题，进而影响国民经济的持续、健康和协调发展。在内需无法提升的情况下，“走出去”是化解过剩产能的有效途径。

北方公司作为肩负国家使命、践行国家战略的重要企业，在履行好军贸业务核心使命的基础上，充分发挥军贸溢出优势。以国际工程为主体的“一带一路”建设是推动资本输出、带动有效产能输出的战略载体，力图通过企业“走出去”的途径有效化解中国宏观经济体制下不可忽略的产能过剩。

截至目前，北方公司已与“一带一路”沿线55个国家开展了相关业务，已经发展成为践行国家“一带一路”战略的先锋力量，这为具有市场优势、品牌优势、先行优势的北方公司国际工程及相关民品国际化业务的发展提供了良好的契机，有利于实现民品国际化经营向贸易与工程项目和海外投资并举的经营模式转型升级，更好地对接国家“一带一路”战略的实施。

本次重组交易通过将北方公司旗下具有协同效应的公司合并，为企业对外投资提供了便利条件，可以提高过剩产能向外输送的效率。

（三）借助上市公司平台，增强国有资产流动性

本次重组将民品国际化业务的相关资产注入上市公司平台，在推动各下属企业建立现代产权制度的基础上形成资本纽带，借助上市公司资本市场的融资功能，通过资本市场来解决民品国际化业务发展的资金瓶颈问题，有助于实现民品国际化业务的转型发展。

增强国有资产的流动性作为促进国有资产保值增值的重要手段，在国有企业资本改革中具有重大的意义。国有股权证券化是运用技术手段主动赋予国有资产流动性的方式之一，通过资本运作可以有效地增加国有资产的流动性。

此次交易意在利用上市公司的资本平台，将北方公司整体民品国际化业务注入上市公司，使国有股权证券化，不但可以充分利用资本市场的融资功能，也为实现产权结构多元化、创新管理体制、深化专业化整合和能力建设、形成专业化产业集群提供了平台和契机，从而有效地提高了国有资产流动性，为促进国有资产的保值增值奠定坚实的基础。

但是值得注意的是，据收购报告书显示，2015 年度五家标的公司的总负债为 13. 15 亿元人民币，而到 2016 年 6 月 30 日，这一数值攀升到了 14. 59 亿元人民币，在资金链已然十分紧张的情况下，北方国际仍要拿出 16. 5 亿元资金收购自家兄弟，可能会对其短期资金流量造成影响。同时，结合北方国际以及其标的公司的主营业务特点，其主要承建海外大型基建类工程项目，普遍存在工期长、回款慢的特点。如果现金流量净额难以覆盖流动负债，那么上市公司短期内可能会面临没有资金投建新项目的问题。

五、市场表现(000065)

北方国际交易前后股价变动情况如图 2 所示。

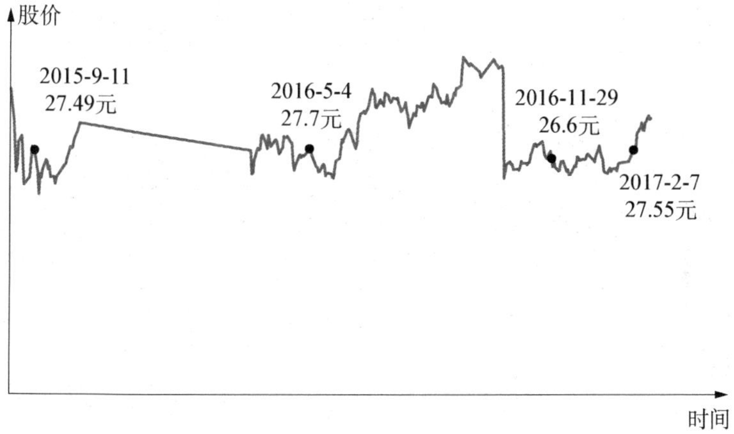

图 2　北方国际交易前后股价走势

000066
长城电脑：
“股权并购+军工”概念，王者归来将腾飞

一、收购相关方简介

（一）收购方：长城电脑

中国长城计算机深圳股份有限公司于1997年在深圳成立，同年在深圳证券交易所挂牌交易。长城电脑是国内领先的信息安全系统、服务及云计算解决方案提供商，其主要业务涵盖云计算与数据存储、信息安全系统与服务、新兴能源设备与系统、电子制造服务，目前已形成了一个较为完整的信息安全产业链，包括集硬件、软件与服务于一体，已初步形成自主可控云产业链体系，是党政军关键领域及金融、能源、交通、医疗等行业中重要的可信安全系统及安全云解决方案提供商。

中国电子通过长城科技间接持有长城电脑53.92%的股份，直接持有长城电脑0.85%的股份，为长城电脑的间接控股股东和实际控制人，国务院国资委是长城电脑的最终控制人。

（二）标的公司

1. 长城信息

长城信息产业股份有限公司成立于1997年6月，并于同年7月在深圳证

券交易所上市，其注册资本为 81 481.86 万元。自成立以来，公司始终专注于电子信息技术的创新和整合，主营业务按行业应用领域划分主要包括高新电子、金融电子、医疗电子等业务。长城信息的实际控制人为中国电子，最终控制人为国务院国资委。其旗下主要控股企业 4 家，主要参股企业 3 家，是我国最大的计算机终端设备制造商之一，同时也是国家重点支持的软件骨干企业。

2. 中原电子

武汉中原电子集团有限公司的前身系武汉国营中原无线电厂，于 1999 年 1 月取得《企业法人营业执照》，分别于 2004 年和 2014 年两次进行增资，现有注册资本为 13 789.1 万元。公司实际控制人为国务院国资委。

中原电子主要从事军事电子领域的研发、制造与服务，包括通信系统、自主可控通信装备、网络设备、信息对抗及防护等软硬件产品及解决方案。中原电子是中国军用通信、导航及信息化领域整机和系统的重要供应商，拥有军工信息安全整体系统研发、制造能力，为国内各大军种提供通信设备和通信系统解决方案，其自主开发的核心技术具备覆盖全频段产品线的战术通信系统及设备关键基础技术和前沿技术研究能力，超短波战术通信整体技术水平在国内处于领先水平，在国防信息安全领域具有独特优势。

3. 圣非凡

北京圣非凡电子系统技术开发有限公司于 1999 年在北京成立，实际控制人为国务院国资委。公司以军用通信系统和自动化控制系统为核心业务，主要从事水下与远程通信、危爆品拆解领域相关系统和设备的设计、开发、生产和服务，是我军水下通信、远程战略通信系统和装备的重要供应商，为部队提供水下特种通信技术体制及其主要通信装备，整体技术水平国内领先。

本次交易前后上市公司的股权结构图如图 3、图 4 所示。

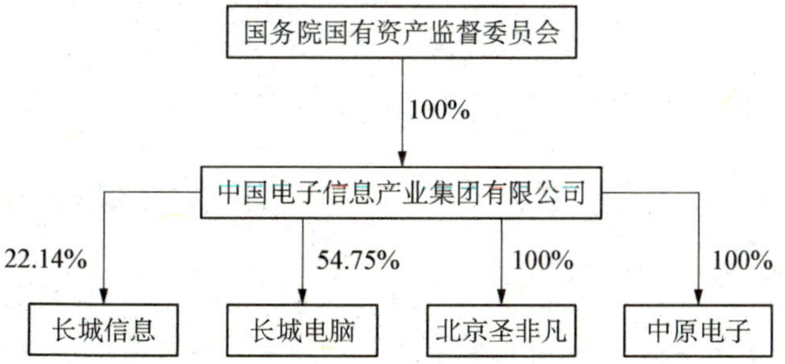

图 3　交易前上市公司股权结构

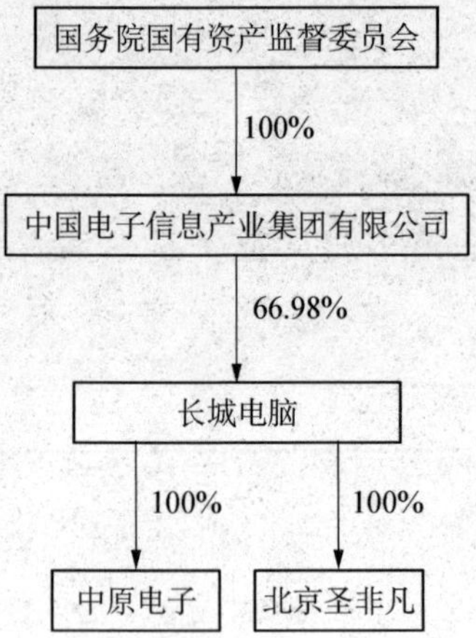

图4　交易后上市公司股权结构

二、收购事件一览

● 2015年6月18日，公司因筹划重大事项停牌。

● 2016年3月18日，公司第六届董事会第八次会议及第六届监事会第八次会议审议通过了本次重大资产重组预案及其他相关议案。

● 2016年3月25日，国务院国资委原则同意长城电脑本次换股吸收合并长城信息并进行资产重组及募集配套资金的总体方案。

● 2016年9月2日，中国证监会核准上市公司本次吸收合并长城信息产业股份有限公司及向中国电子信息产业集团有限公司发行股份购买资产并募集配套资金事宜。

● 2017年1月3日，中国电子持有的武汉中原电子集团有限公司100%的股权过户至公司名下的工商变更登记手续已办理完成。

● 2017年1月5日，中国电子持有的北京圣非凡电子系统技术开发有限公司100%的股权过户至公司名下的工商变更登记手续已办理完成。

● 2017年1月18日，深圳证券交易所对长城信息股票予以摘牌，长城信息股票终止上市。

三、收购方案

本次交易方案主要分为如下四步：

(一)换股合并

换股合并双方为长城电脑与长城信息。依据中国电子的产业规划,以“对等合并、协同发展”为合并原则,技术上采取长城电脑以新增股份换股吸收合并长城信息。本次交易完成后,长城电脑作为存续方,长城信息注销法人资格。合并后的公司同时承继及承接长城电脑与长城信息的全部资产、负债、权益以及业务和人员。

长城电脑的换股价格为 13.04 元,长城信息的换股价格为 24.24 元。由此确定长城信息与长城电脑的换股比例为 0.542 4∶1,即每 1 股长城电脑新增发行股份换取 0.542 4 股长城信息股份。本次换股合并中,长城电脑向长城信息全体股东发行股份的数量=长城信息股份总数/长城信息与长城电脑的换股比例,即 1 502 165 589 股。

(二)重大资产置换

长城电脑以其持有的冠捷科技 24.32%的股权等值置换中国电子持有的中原电子 64.94%的股权。冠捷科技 24.32%的股权作价为 159 726.00 万元。

(三)发行股份购买资产

长城电脑以非公开发行股份的方式购买中原电子剩余 35.06%的股权、圣非凡 100%的股权和中国电子因国有资本金确权对长城电脑形成的 1.65 亿元债权。

中原电子 100%股权、圣非凡 100%股权的评估值分别为 245 961.60 万元和 68 040.62 万元。中国电子因国有资本金确权对长城电脑形成的 1.65 亿元债权已经得到确认。本次发行股份购买资产发行价格为 13.04 元/股。根据评估值测算,发行股份购买资产发行数量为 130 982 323 股。

(四)募集配套资金

长城电脑采用询价方式向不超过 10 名特定对象定向发行股份的方式募集配套资金,募集配套资金不超过 80 亿元,本次交易中购买资产的交易价格为 229.34 亿元(拟购买资产交易价格=长城信息全部资产及负债+置入资产价格)。

本次募集配套资金的发行底价为 18.99 元/股。2016 年 6 月 15 日,调整发行价格为 13.08 元/股,同时配套募集资金由不超过 80 亿元调整至不超过 73.58 亿元,发行数量由不超过 421 274 354 股调整至不超过 564 263 803 股。

募集配套资金将用于新上市公司的 7 个项目投资和补充流动资金,支持其主营业务发展。

并购重组前后长城电脑的股权变化情况如表 3 所示。

表 3 交易完成前后长城电脑的股权结构变化

股东	重组前		重组后		
	原持股数	原持股比例	本次认购股份数	重组后持股数	重组后持股比例
长城科技股份有限公司	71 364.79	53.92%	—	71 364.79	53.92%
中国电子产业信息集团有限公司	1 123.99	0.85%	44 689.01	45 813.01	13.06%
湖南计算机厂有限公司	—	—	612.77	612.77	0.17%
其他配套融资者	—	—	56 426.38	56 426.38	16.08%
长城电脑其他中小股东	59 870.60	45.23%	—	59 870.60	17.07%
长城信息其他中小股东	—	—	116 745.77	116 745.77	33.28%
合计	132 359.39	100%	218 473.94	350 833.33	100%

四、案例评论

本次重组并购交易是中国电子旗下优质资产的业务整合,是国企重组并购浪潮下的又一典型案例。

(一) 中国电子“二号工程”战略整合,大幅提升上市公司盈利能力

本次拟整合的长城电脑、长城信息、中原电子、圣非凡 4 家公司均属于其控股股东中国电子“二号工程”的核心企业。4 家公司业务覆盖自主可控计算、军工信息化系统及装备、云计算、行业解决方案、海洋信息安全产业等领域,相关业务水平多处于国内领先地位,掌握着众多自主可控和信息安全的核心技术;同时这 4 家公司在军队国防、党政等关键领域和重要行业,具有深厚的行业理解、丰富的服务经验、稳定良好的合作关系。此次 4 家公司通过业务深度整合,实施募投项目,并依托中国电子,可以在相关业务领域实现优势互补,协同促进,深度融合,良好发展。

本次重组是中国电子“二号工程”战略的重大举措，不仅实现了长城电脑、长城信息两家公司的合并，同时也成功地把优质军工资产注入上市公司，置出亏损资产。本次整合以及相关募投项目达成后，上市公司的盈利能力将得到显著提升。预计整合后公司的军工业务收入占比将大幅提高，业务亦着重于关键领域和重要行业的信息安全解决方案。未来整合后上市公司可以通过深入实施重组整合和募投项目的达产增效，实现信息安全和自主可控业务的跨越式升级发展。并且，上市公司可使投资者分享信息安全和军民融合发展所带来的投资收益，提升其作为信息安全和军工股的内涵和价值。

（二）资产整合有利于避免同业竞争和减少关联交易，增强上市公司的独立性

鉴于公司开展日常生产运营的实际需要，以及中国电子信息产业集团有限公司及其下属企业采购商品、原材料等情况，集团内部的关联交易逐渐增多，可能会造成利益输送等诸多问题，从而损害到公司及股东利益。虽然本次资产重组为关联交易，但是在重组完成之后，有利于整合中国电子旗下子公司，优化集团内部资产结构，提高信息传递效率，大幅减少关联交易。

此外，在长城电脑、长城信息换股合并的同时，其实际控制人中国电子向长城电脑注入了国防军工行业的标的公司中原电子和圣非凡，不会对上市公司产生新的同业竞争，也使得上市公司与集团内部的利益更加一致。

（三）响应国家战略，实现信息安全产业下的中国电子军民融合信息安全重要平台

信息技术的无孔不入带来了人类生产生活和思维方式的改变，同时也引发了人们对信息安全问题的担忧。“斯诺登事件”后，信息安全问题更是成为影响全球的重大课题。习近平总书记指出，网络安全和信息化是事关国家安全和国家发展、事关广大人民群众工作生活的重大战略问题，没有网络安全就没有国家安全，没有信息化就没有现代化。在互联网时代，国家主权已经从传统的领土、领海、领空、太空四大疆域延伸到网络空间。维护国家网络主权，关键在于保障国家网络安全。中共十八大报告首次明确了网络安全的战略地位，提出要高度关注网络空间安全。

本次重组将长城电脑与长城信息合并，注入优质军工企业中原电子、圣非凡，同时置出不符合整合后公司定位要求且亏损的资产冠捷科技，并通过募集资金实现相关产业的聚合快速发展，有助于全面重塑原有上市公司的业务领域。中国电子作为电子信息产业国家队，在信息安全领域具有长期的技术积累以及高效的产业竞争力，本次中国电子旗下的资产重组，有助于推动企业全面深化改革，促进信息安全软硬件及服务的全面发展，同时，有利于实现资产及业务的深度整合，优化资产和业务结构，大幅提升公司的盈利能力，显著提高上市公司质量。

更为重要的是，本次重组后，上市公司拟成为中国电子自主可控计算的重要载体，中国电子军民融合的信息安全重要平台；以"保障国家网络空间安全，打造信息安全长城"为指引，依托中国电子总体战略，抓住信息安全产业的发展趋势和军民融合深度发展的机会，持续打造和发展该载体和平台。中国电子定位于以保障国家第五疆域（网络空间）安全为目标，成为面向军队国防、国家关键领域及重要行业的，自主可控网络安全和信息化关键基础设施及解决方案供应商、服务运营商。

五、市场表现（000066）

长城电脑交易前后股价变动情况如图 5 所示。

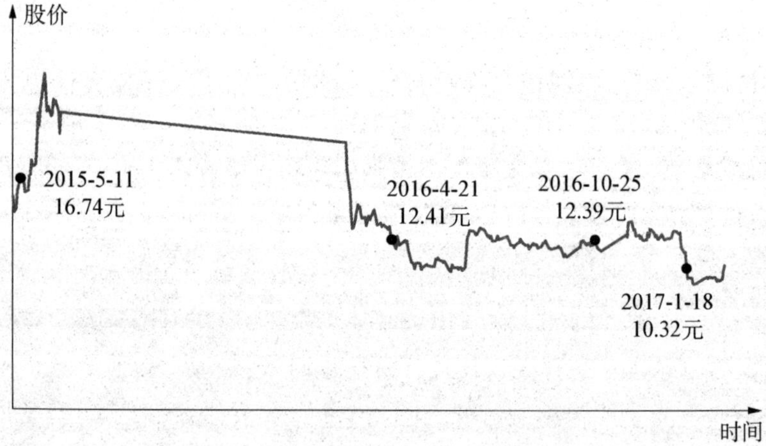

图 5　长城电脑交易完成前后股价走势

300123
太阳鸟：
太股东资金过桥，造船业并购整合

一、收购相关方简介

（一）收购方：太阳鸟游艇股份有限公司

太阳鸟创立于2003年，是中国游艇第一股，也是国内制造规模最大、设计和研究技术水平最高、品种结构最齐全的多混材料船艇企业。公司致力于复合材料船艇的设计、研发、生产、销售及服务，为客户提供从方案设计、产品制造到维修服务等全方位的个性化解决方案，目前已拥有湖南益阳、广东佛山和珠海三个生产基地，长沙太阳鸟、上海兰波湾、香港普兰帝、美国普兰帝、意大利拉斐尔五家子公司。太阳鸟以游艇为主导共有三大系列产品：游艇20种规格，30种型号；商务艇20种规格，50种型号；特种艇10种规格，20种型号。公司产品销售覆盖全国32个省，为华为公司、万达集团、格力集团等知名企业提供游艇与服务。太阳鸟的自主品牌已成功进入国际市场，出口至美国、英国、意大利、西班牙、澳大利亚、东南亚以及非洲与美洲等国家和地区。

（二）被收购方：益阳中海船舶有限责任公司

益阳中海前身为湖南省益阳船舶厂，2005年破产后实行公司制改造，移交益阳市交通局投资组建为国有独资企业，2006年12月重组，控股股东变更为益阳橡胶塑料机械集团有限公司，益阳中海成为中国化工集团下属国有企业。

益阳中海专注于甲级一般钢制船舶、纤维增强塑料一般船舶、渔业船舶的设计、修造与销售，主要产品有挖泥船产品、拖轮产品、航道工程船舶、各类趸船、公务船和工作艇等。目前，益阳中海的船舶订单中，工程类船舶占比超过一半，益阳中海具有先进的钢质船生产能力。

（三）关联控股股东：湖南太阳鸟控股有限公司

太阳鸟控股持有上市公司36.23%股权，是太阳鸟的控股股东。太阳鸟控股的前身湖南省沅江太阳鸟游艇有限公司是由原集体所有制企业湖南省沅江太阳鸟游艇制造有限公司改制设立。公司的名称经历四次变更，最终于2012年2月变更为"湖南太阳鸟控股有限公司"。除控股太阳鸟，太阳鸟控股旗下还控股湖南太阳鸟科技有限公司、湖南凤巢置业有限公司、湖南凤巢游艇中心有限公司、湖南海斐新材料有限公司和益阳中海船舶有限责任公司。太阳鸟控股无实质经营业务。

二、收购事件一览

- 2015年5月15日，公司首次停牌，筹划重大事项。
- 2015年6月24日，中国化工集团公司同意转让益阳中海100%股权。
- 2015年9月14日，太阳鸟控股召开股东会，审议通过《关于收购益阳中海船舶有限责任公司100%股权的议案》。
- 2015年9月14日至2015年10月22日，益阳中海100%股权在北京产权交易所公开挂牌转让。
- 2015年11月12日，益阳中海股权过户完成，太阳鸟控股成为实际控制人，北京产权交易所出具企业国有产权交易凭证。
- 2015年11月16日，第三届董事会第九次会议审议并通过《太阳鸟游艇股份有限公司发行股份购买资产并募集配套资金暨关联交易预案》。
- 2016年1月8日，第一次临时股东大会审议批准本次交易相关事项。
- 2016年6月24日，中国证监会核准此次发行股份购买资产并募集配套资金方案。

- 2016 年 7 月 5 日，标的资产过户手续已经完成。

三、收购方案

本次太阳鸟对益阳中海 100%股权的收购实质上是控股股东的资产注入。通过控股股东太阳鸟控股的配合支持，以太阳鸟控股先提供过渡期间资金支持，取得转让的益阳中海国有股权，再通过发行股份购买资产形式将优质资产注入上市公司。

具体来说，首先，太阳鸟控股在北京产权交易所成功摘牌益阳中海 100%股权，转让价格为 17 658.22 万元；随后，太阳鸟以发行股份的方式向太阳鸟控股购买其持有的益阳中海 100%股权，股份发行价格为 12.56 元/股，发行股数为 14 059 092 股，交易作价 17 658.22 万元。

同时，太阳鸟采用询价发行方式向不超过 5 名符合条件的特定对象非公开发行股份募集配套资金，总金额不超过 3 400 万元。

本次交易不构成上市公司重大资产重组，但由于交易对方为上市公司的关联股东，此次发行股份购买资产构成关联交易。

四、案例评论

（一）造船业遭遇“寒潮”，行业整合势在必行

2008 年全球金融危机爆发后，受全球经济衰退影响，国际航运市场需求快速下滑，全球新船订单量出现了大幅下降，新船造价也持续下跌。而中国船舶工业发展时间长，整体实力较强，造船产能的不断扩张使得船舶工业产能尤其是低端低附加值产品的产能过剩矛盾加剧，供求失衡对国内的造船企业造成一定的市场经营压力。2016 年是“十三五”规划开局之年，船舶行业迎来大洗牌、大破产、大重组时代：中船重工集团合并北方地区船厂；舜天船舶作为江苏省曾经最大的国资船厂，也于 9 月进入破产程序；中远集团与中国海运重组成立中国远洋海运集团有限公司等。在行业总体呈现低迷态势的背景下，产业整合刻不容缓。益阳中海的核心产品为疏浚挖泥船及其辅助船舶、金属公务特种艇，

而非传统的散货运输类船舶，属于国家鼓励的高附加值船舶产品，下游市场发展前景良好。太阳鸟的主要产品为玻璃钢制、铝合金制的中小型游艇，虽然国家关于游艇行业的产业扶持政策密集出台，但公司现有的产品结构与生产能力均有一定局限性。通过收购益阳中海，太阳鸟优化了目前的产品结构，新增大型钢制游艇游船的必备生产设施，增强了钢质船舶生产能力，公司的业务范围得到快速拓展，太阳鸟成功走出竞争的红海，步入高附加值船舶的蓝海。

（二）实控人不断增持，资产注入实现证券化

太阳鸟控股股东太阳鸟控股在本次交易中提供过桥资金，先行摘牌益阳中海100%的股权。大股东先行收购是为了缓解上市公司的现金流压力，而这压力来自两方面：一是益阳中海原股东橡机集团只接受现金转让方式；二是北京产权交易所规定交易条件为价款一次性付清。面对一次性的大额现金支出，有实力的控股股东往往会选择先出资收购，待时机成熟再将标的注入上市公司。在本次交易中，太阳鸟控股与太阳鸟协商一致同意将标的资产以摘牌价等价置入上市公司，置入对价支付方式为定向增发。定向增发股份是控股股东资产注入的常见模式，这一模式使得上市公司在获得潜在资金的同时反向收购了控股股东优质资产，而接受定增也正表明控股股东对上市公司未来盈利能力的看好与认可。

益阳中海原为中国化工集团下属的钢制公务工程艇的国有企业，在国家出台较多政策鼓励国企改革和兼并重组的大背景下，太阳鸟控股大力配合支持，取得转让的国有股权后实现优质资产证券化，体现了太阳鸟促进国有优质船舶企业兼并重组的目标，以及相互学习、吸收与整合不同体制船舶制造管理模式的信心。公司实际控制人李跃先从未减持过公司股份，本次收购完成后，李跃先的持股比例进一步上升，在强化对太阳鸟控制的同时，也进一步表明实控人对公司发展前景充满信心。

五、市场表现(300123)

太阳鸟交易前后股价变化情况如图6所示。

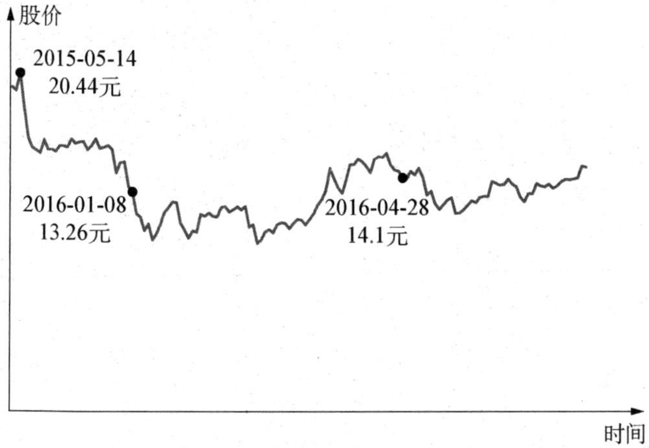

图6　太阳鸟收购前后股票价格走势

300140
启源装备：
破茧重生，转型环保“一波三折”

一、收购相关方简介

（一）收购方：西安启源机电装备股份有限公司

启源装备于1993年在西安成立，前身为机械工业部第七设计研究院下属的全民所有制企业。截至目前，中国节能通过国际工程公司、中机国际和中节能资本合计控制上市公司33.81%的股份，为启源装备的实际控制人，启源装备的最终控制人是国务院国资委。

启源装备主要从事变压器专用装备、蓄电池专用设备、变压器组件、高电压试验检测设备的研发、制造及销售、技术服务和设备成套，以及波纹脱硝催化剂等产品的研发、生产和销售，是具有自主创新能力的高新技术企业，已成为国内电工专用装备行业的领先企业。

（二）被收购方：中节能六合天融环保科技有限公司

六合天融最初系由两名自然人于2002年共同出资设立的有限责任公司，2010年中国节能投资公司增资控股六合天融，六合天融正式更名。六合天融拥有3家全资子公司，5家控股子公司和2家联营企业。

六合天融的主营业务为大气污染防治综合服务，包括烟气治理工程及运营、清洁能源替代升级改造工程及运营、环境能效信息监测设备及系统集成、大数据应用等，已经形成涵盖方案设计、技术咨询、设备销售及集成、工程建设、运营服务等的完整业务链条，能为客户提供综合性的大气污染防治解决方案，是国内大气污染防治行业的领先企业，下游客户包括电力、钢铁、冶金、造纸等行业，业务范围覆盖山东、河北、北京、内蒙古、辽宁、河南等地区，具备较强的市场竞争力。

（三）关联控股股东：中国节能环保集团公司

中国节能的前身为中国节能投资公司，成立于 1988 年。2010 年，中国节能投资公司和中国新时代控股（集团）公司联合重组，中国节能投资公司作为重组后的母公司，更名为中国节能环保集团公司。

中国节能由国务院国资委直接监管，是一家以节能减排、环境保护为主业的中央企业，专注于城市节能环保基础设施、工业领域节能减排和清洁技术及新能源业务，是中国节能环保领域最大的科技服务型产业集团。除启源装备和六合天融外，中节能还控制着其余 29 家公司，其中有 3 家 A 股上市公司、3 家港股上市公司。

二、收购事件一览

- 2014 年 12 月 3 日，筹划重大事项临时停牌。
- 2015 年 1 月 25 日，中国节能董事会决议同意启源装备与六合天融实施重大资产重组，六合环能、天融环保、中科坤健、新余天融兴股东会分别作出决议，同意将其各自持有的六合天融股权转让给启源装备。
- 2015 年 2 月 14 日，披露发行股份购买资产之重大资产重组暨关联交易预案，且获董事会审议通过。
- 2015 年 6 月 25 日，披露发行股份购买资产之重大资产重组暨关联交易草案。
- 2015 年 7 月 16 日，重大资产重组方案获国务院国资委批复，原则同意资产重组总体方案。

● 2015年7月24日，临时股东大会通过本次重组事项，并同意中国节能免于以要约方式增持上市公司股份。

● 2015年11月11日，收到证监会《关于不予核准西安启源机电装备股份有限公司向中国节能环保集团公司等发行股份购买资产的决定》。

● 2015年11月20日，决定继续推进本次重大资产重组，对重大资产重组申请材料进行补充、修订和完善，尽快将修订后的材料重新提交证监会审核。

● 2016年5月6日，董事会通过发行股份购买资产方案调整事项，披露重大资产重组申报材料与前次的差异说明。

● 2016年5月30日，国务院国资委原则同意本次资产重组总体方案。

● 2016年10月20日，证监会予以核准本次发行股份购买资产事项。

● 2016年11月4日，发行股份购买资产暨关联交易之标的资产过户完成。

三、收购方案

本次交易中，启源装备通过向中国节能、六合环能、天融环保、中科坤健、新余天融5名特定对象非公开发行股份的方式购买其持有的六合天融100%的股权，标的资产作价90 230万元，发行股份购买资产的股份发行价格为8.92元/股，发行数量为10 115.47万股。

经各方同意，交易对方承诺六合天融在利润补偿期间实现的扣除非经常性损益后归属于母公司的净利润数分别为2016年不低于8 907.62万元，2017年不低于10 151.44万元，2018年不低于10 965.90万元。

本次交易构成关联交易和重大资产重组。

四、案例评论

启源装备是少有的国有控股创业板上市公司，其实际控制人中国节能是目前国内唯一的环保央企，同时也是央企改革首批6家试点企业之一。此次启源装备增发收购中节能旗下六合天融使之成为环保央企改革第一标的，备受市场关注。

（一）搭上央企改革“快车”，成为中节能旗下环保平台

中节能作为中国唯一的环保央企，旗下拥有 3 家 A 股上市公司——中节能风力发电股份有限公司(601016. SH)、中节能万润股份有限公司(002643. SZ)和中节能太阳能股份有限公司(000591. SZ)。可以看出，中节能除风电运营资产外，旗下其余节能环保主要资产均未实现证券化。自从被列为央企改革首批试点名单后，中节能便走上了推动集团资产整合之路，频频挂牌转让旗下副业资产，剥离电矿、电力等副业，使水务、固废、大气三个板块业务逐渐清晰。中节能为了能在中国环境治理的浪潮下更好地发挥国家队的作用，正在向成为环保产业的“高能战队”而不断努力。

此次启源装备正好搭上中节能资产整合的重组列车。中节能旗下拥有大量资产，涉及大气治理、水处理、固废处置、新材料、环境监测等相关资产。而启源装备发行股份收购中节能的大气治理板块优质资产——六合天融，正是意味着中节能利用已有的上市公司资源加快对集团内的环保优质资产进行整合，首先使其大气板块成功走向资产市场。启源装备是中节能的孙公司，也是中节能旗下唯一涉及环保业务(脱硝催化剂)的上市公司，集团资产注入的逻辑通顺，启源装备作为中节能环保平台的重要性更加凸显，未来也有望进一步整合中节能旗下相关环保资产。

（二）破茧重生，踏上环保阳光之路

启源装备所处的变压器专用设备制造行业出现产能过剩，加上电力投资放缓，大型、中高端变压器的需求增速降温，使得启源装备出现连续 3 年的业绩下滑，其传统业务面临着较大的挑战。在环保问题日益突出的背景下，大气污染防治行业对于改善中国环境保护现状有着重要意义，一系列国家支持政策的出台为其创造了良好的外部发展环境，也为该行业全面高速发展带来了新的战略性发展机遇。上市公司背靠中节能，围绕中节能的战略规划及业务布局，积极推进向大气污染防治行业的业务转型，实现“以大气污染防治业务为主导，装备制造业务为支撑”的双轮驱动发展。最初启源装备以内生式发展为主，投入大量人力及资金支持脱硝业务发展，但结果证明，单靠自身积累难以在短时间内实现脱硝催化剂产品的销售任务。而此次的收购标的六合天融主营为脱硝脱

硫工程，其在环保工程承包领域资源丰富，能为上市公司提供优质环保资源，帮助上市公司快速提高脱硝业务方面的工程集成研发能力，有利于实现加速向大气环境治理行业的战略转型。同时，国家陆续出台大气治理相关政策推动六合天融的业务发展，六合天融发展前景广阔。此次收购标志着启源装备再次扬帆起航，真正进入节能环保产业，也成功打开了未来市场空间。

（三）二度闯关，重组过程实属不易

2016 年 10 月 20 日，证监会核准启源装备发行股份购买六合天融 100%股权事项，启源装备这趟重组列车总算是成功到达了目的地，“一波三折”的旅程也终于画上了圆满的句号。早在 2015 年 2 月，启源装备便已披露重组预案，然而 2015 年 11 月被证监会否决，被否决的原因源于毫不起眼的一件事：六合天融的子公司福建金砖所属房产权属证书尚未办理完毕，启源装备未披露办理房产权属证书是否存在法律障碍。随后上市公司决定继续推进重组，2016 年 5 月 6 日披露了修改后的草案，启源装备二度闯关，两次申报材料在作价和盈利预测上稍作改动，6 月 2 日证监会再次受理这一重组。然而再度闯关路上仍出现了阻碍，6 月 30 日启源装备收到了证监会出具的审查反馈意见通知书，要求启源装备说明六合天融应收账款和存货金额较大的原因及影响、毛利率低的原因、预测净利润增加的依据、销售模式转变的原因及影响。一波三折的重组之路体现了证监会对重组项目的审慎严谨态度，而成功转型的启源装备的未来发展也值得期待。

还有值得注意的一点是，重组方案重大修订中将原方案六合天融在利润补偿期间累计实现的净利润数超额完成部分 100%补偿给六合天融修改为：超额完成部分的 50%赋予六合天融，50%赋予公司。超出承诺的部分由新老股东共享，实现了新老股东和管理层利益的高度统一，有利于激发管理层的积极性，大大保护了各股东利益，是管理体制积极改进的表现，一定程度上也体现了国企改革的思路和方式。

五、市场表现（300140）

启源装备交易前后股价变化情况如图 7 所示。

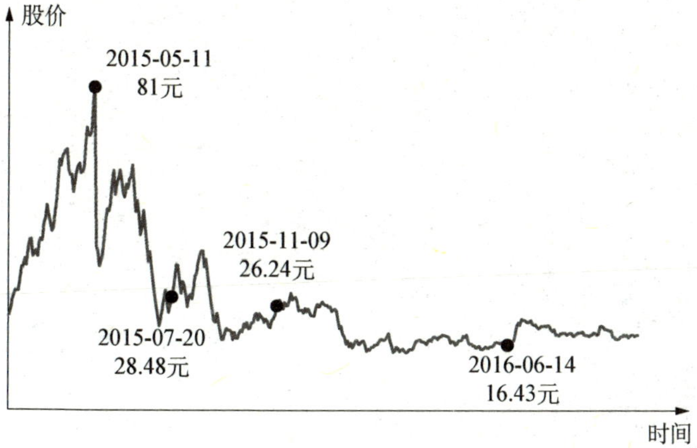

图 7　启源装备收购前后股票价格走势

600019
宝钢股份：去产能并购重组，“中国神钢”诞生

一、收购相关方简介

（一）合并方：宝山钢铁股份有限公司

宝钢股份由上海宝钢集团于 2000 年 2 月独家发起设立，注册资本为人民币 106.35 亿元。同年 10 月，宝钢股份在上交所上市，IPO 之后，其注册资本增加至 125.12 亿元，重组前总市值为 806.88 亿元。现宝钢股份由宝武集团控股，但实际控制人为国务院国资委。作为行业龙头的宝钢股份专注于钢铁业，是中国最现代化的特大型钢铁联合企业；同时从事与钢铁主业相关的加工配送、化工、信息科技、金融以及电子商务等业务。目前，其钢铁制造业务主要集中于上海宝山、梅钢公司和湛江钢铁三大生产基地，产品涵盖高技术含量的碳钢薄板、厚板与钢管等钢铁精品。在本次吸收合并交易中，宝钢股份将作为存续方继续上市。

（二）被吸并方：武汉钢铁股份有限公司（600005）

武钢股份由原控股股东武钢集团以其下属冷轧薄板厂和冷轧硅钢片厂的全部经营性资产，共计净资产 272 380.46 万元，采取发起设立方式于 1997 年

11 月 7 日注册成立。1999 年 7 月 2 日,武钢股份在上交所挂牌上市。武钢股份拥有一整套先进的全流程钢铁生产工艺设备,专注于冶金产品及副产品、钢铁延伸产品制造及相关技术开发,形成了以冷轧硅钢片、汽车板、高性能结构用钢、精品长材四大战略产品为重点的一批产品,其生产基地集中在湖北、云南、广西防城港三地。18 年间,武钢股份在前期连续保持中国上市公司 50 强和综合经济效益前 20 名的地位,是沪深十大上市公司之一。2009 年开始,武钢股份净利润开始下滑。2015 年,受经济降速、产能过剩、经营不利等因素影响,武钢股份亏损高达 75 亿元,站上了“亏损王”的位置。2016 年,在央企改革和去产能的背景之下,宝钢与武钢实施战略重组。此次重组后,武钢股份将终止上市并注销。

(三)关联方:中国宝武钢铁集团有限公司

上述两家上市公司的整合是由集团层面的融合应运而生的。2016 年 9 月,接国资委通知,宝钢集团和武钢集团进行联合重组。原宝钢集团更名为“中国宝武钢铁集团有限公司”,同时武钢集团股权将无偿划转至中国宝武集团。联合重组完成后,武钢股份、宝钢股份均为中国宝武集团控制的下属企业。除此以外,宝武集团旗下还有 * ST 八钢、* ST 韶钢、宝信软件、宝钢包装等 4 家上市公司。新成立的宝武集团共拥有员工 22. 8 万人,资产总额约为 7 300 亿元,年营业收入达 3 300 亿元,在 2015 年世界 500 强中可列第 120 位左右;并且集团拥有普碳钢、不锈钢、特钢等三大系列产品,年产粗钢规模将位居中国第一,在全球也仅次于欧洲钢铁巨头安赛乐米塔尔。

上述集团划转和上市公司间的吸收合并完成后,相关方的股权控制关系如图 8 所示:

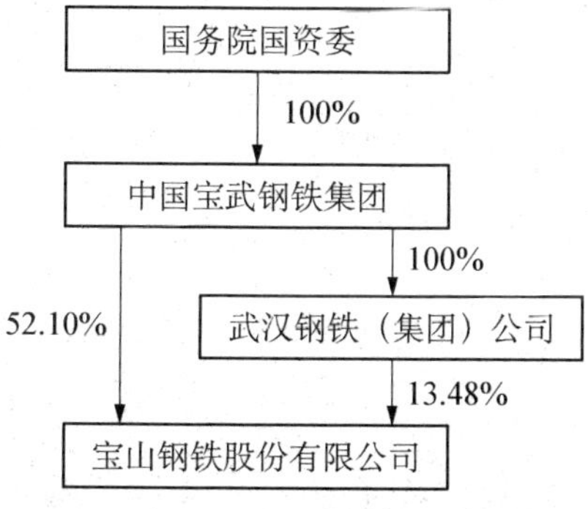

图 8　交易后相关方股权控制关系

二、收购事件一览

● 2016年6月27日，宝钢股份和武钢股份股票停牌。宝钢集团与武汉钢铁(集团)公司筹划战略重组事宜，重组方案尚未确定，方案确定后尚需获得有关主管部门批准。

● 2016年9月23日，本次交易方案经宝钢股份董事会和武钢股份董事会审议通过。

● 2016年10月29日，国务院国资委同意宝钢股份换股吸收合并武汉钢铁股份有限公司的总体方案。

● 2016年10月29日，宝钢股份以及武钢股份的临时股东大会表决通过本次交易方案。

● 2016年12月6日，包括本次交易方案在内的宝钢集团、武钢集团联合重组方案已获得商务部反垄断局的批复，即日起可以实施集中。

● 2016年12月30日，中国证监会核准实施此次重组方案。

● 2017年2月7日，武钢股份终止上市。

三、收购方案

本次重组涉及集团和上市公司两个层面。首先，宝钢集团更名为宝武集团，并将武钢集团无偿划拨至宝武集团名下。其次，两家上市公司的重组通过宝钢股份对武钢股份进行换股吸收合并来实现，待合并完成后，武钢股份注销，其全部资产与负债由武钢有限承接，由宝钢股份作为存续方并控股武钢有限。具体来看，宝钢股份的换股价格定为4.60元/股，武钢股份的换股价格确定为2.58元/股，由此确定两家公司的换股比例为1∶0.56，故宝钢股份需向武钢股份的全体股东增发新股5 652 516 701股。另外，在该方案中，通过赋予宝钢股份异议股东以及武钢股份异议股东现金选择权，提供了对异议股东合法权益的保护。

四、案例评论

在供给侧改革及钢铁产业转型升级的大背景下，中国最大的钢铁企业宝钢集团与新中国第一家钢铁企业武钢集团的重组合并有着深刻的意义。双方此次在集团以及上市平台层面的整合，无疑会给钢铁行业带来不可小觑的影响。市场巨头之间的整合不仅能进一步达成钢铁行业去产能的目标，或许还能为其他存在供需矛盾的行业的调整起到示范作用。就本次宝钢集团和武钢集团的重组来看，有以下几个方面值得关注：

（一）优化股权结构，一石可获二鸟

考虑到武钢股份曾因关联股东回避表决、日常关联交易议案被否决的情况，在本次重组方案正式披露前，两家上市公司的股权结构均有所调整，使得在大股东需要回避表决的事项上，可由承接无偿划转股本的央企代替关联方进行表决。从合并方案来看，双方 1∶0.56 的换股比例主要考虑的是双方停牌前的股价，但未考虑到两家公司资产的折价情况和盈利能力，因此该方案对于武钢的股东更为有利，不排除宝钢的部分中小股东存有异议。然而宝钢股份股东持股较为分散，据 2016 年的半年报显示，除了宝钢集团和证金公司外，其余股东持股比例均不到 1%。尽管无偿划转的股份虽然都不超过 5%，但与大型央企的中小股东相比，已经拥有绝对的话语权。此前，宝钢集团已将宝钢股份 4.9%的股权无偿划转给北京诚通和国新投资，又将 4.86%的股份转让给中石油，两次总计转出 9.76%的股权已变为非关联方，而这部分股权的表决权约占三分之一，几乎可以确保议案的通过。至于武钢股份，其控股股东武钢集团也提前布局：先前也通过无偿划转方式将 4.95%的股份划转给中远集团，之后又将 4.95%的武钢股份无偿转给北京城通和国新投资，进一步提升赞成票所占的比例。

除了考虑表决权以外，其股权划转的对象也耐人寻味，可以看出是在为集团未来的发展打下铺垫。宝武集团目前的业务主要有钢铁业、服务业、产业链金融、不动产及城市新产业四大板块，今后将按“钢铁主业”、“非钢多元化”两大主线进行整合。此前宝武集团和中远集团在上海签署战略合作协议，未来双方将在航运、物流、修造船、码头等多个领域加强合作。另外，宝武集团董事长马国强指出，作为国有资本投资公司的试点央企，宝武集团将逐渐向管资本转型，而此番与北京诚通、国信投资之间的股权划拨将有利于今后在资本项目上的推进。

（二）去产能成效显著，"神钢"或起示范作用

受益于2016年去产能目标的达成以及基建、汽车、地产等下游产业需求的增长，钢材价格持续上涨，国内钢铁企业的效益得到了较大改善。宝钢股份在2016年预计实现净利润将达88亿元，连"亏损王"武钢股份也预告称2016年净利将达到4.06亿元。这样的成绩为2017年宝武集团内部进行深度整合、融合创造了一个良好的开局。尽管今后钢铁价格不太可能会像2016年那样有强势的涨幅，但在本轮以去产能、提高行业集中度为目的的新一轮钢铁行业兼并重组浪潮下，宝钢和武钢将起到很好的示范作用，同时将优化双方资源配置，发挥协同效应，提升中国钢铁工业的国际竞争力。具体来看，在以下几个方面颇有好处：

第一，能够显著缓解当前整个行业过度竞争的局面。

中国钢铁企业数量众多，产能过度分散，是造成行业恶性竞争的主要因素。数据显示，中国2015年粗钢产量排名前十的企业的合计产量占全国的比重只有34.23%，而美国、日本等发达国家，前十家的钢铁企业产量约占全国比重的60%以上。由于两家公司的体量巨大，其相互间的竞争对整个中国钢铁市场产生了重大影响，而合并之后，将有利于整个行业摆脱恶性竞争的泥潭。

第二，提高集团盈利的稳定性。

宝武合并带来的规模效应及部分品种集中度的提升，可以一定程度上提升公司产品上下游的议价能力。在成本控制方面，武钢股份和宝钢股份超过90%的铁矿石都以进口为主，以往受制于过度分散的产能，它们对国际矿业巨头往往没有博弈和议价的余地，但此次宝武合并之后，新集团年产能将达6 000万吨，其折合铁矿原料约占全国铁矿总进口量的10%，将增强其与上游供应商的谈判力度。在产品结构方面，武钢是目前全球规模最大的硅钢生产基地，具备192万吨的冷轧硅钢生产能力，其中取向硅钢产能60万吨；而宝钢冷轧硅钢产能130万吨，其中取向硅钢产能30万吨。合并后的新宝武集团在取向硅钢市场占有率将高达70%以上，一跃成为全球最大的硅钢生产企业。同样，汽车板材的市场占有率在合并后也大幅提升至60%以上，对提高集团盈利的稳定性有莫大的益处。

第三，地区优势互补。

武钢在华中市场竞争优势大，宝钢在华东市场更处于领先地位，合并之后

有利于发挥各自的比较优势。同时，双方在华南地区均有的产能布局则会有所调整，这样可以减少恶性竞争，避免打价格战。

（三）人事问题老大难，多元分流寻出路

宝钢过去30多年来重组收购过多家钢铁企业，几乎都以失败作结，核心问题主要有两个：一方面被兼并企业有大量冗余人员，另一方面企业文化难以迅速传播和融合，被兼并企业仍顽强保留原有组织框架，难与宝钢集团形成新的系统效应。

在第一个问题上，由于去产能所引发的人员安置问题涉及众多利益的调整，向来都是央企重组的最大难题。况且钢铁企业从业人员众多，其难度可想而知。此番合并中，武钢通过提前退休、发展多元化业务以及与地方政府、企业对接等方式安置了很多职工，才让武钢的去产能得以平稳推进。原武钢集团将更多地专注如金融投资、信息技术、不动产等非钢业务，例如在上海或武汉部分去产能退出的厂区地块开发、B2B领域的金融服务等，都是非常有前景的，而冗余的人员就可以安置到这些新兴岗位上。

在集团后续的整合当中，行政安排也具有关键作用。为应对企业文化及组织架构的融合问题，此次宝武集团董事长由马国强担任，他兼具宝钢、武钢双重任职经历，有利于避免两大钢铁集团合并重组可能产生的“后遗症”。同时，还考虑到马国强具有专业的财务背景，有利于集团未来发展战略的推进。除此以外，因宝钢地处上海，武钢地处湖北，中间涉及政府税收的利益分配问题，由具有政商两界履职经历的陈德容担任宝武集团总经理，可以降低集团与政府方面的协商难度。可见，今后在央企重组过程中，人事安排不仅要“前瞻”，还要解“近忧”。

但总体来看，未来整合路上困难重重，若宝武钢铁成功带领钢铁行业走出困境，那么其经验将在本轮供给侧改革和国企改革方面具有里程碑式的意义。

五、市场表现（600019）

宝钢股份交易前后股价变化情况如图9所示。

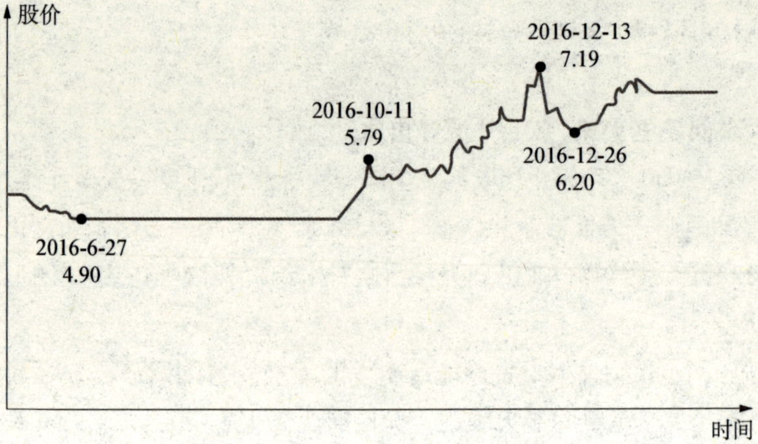

图9　宝钢股份交易前后股票价格走势

600515

海航基础：
母借子壳，打造基础设施投资运营商

一、收购相关方简介

（一）收购方：海南海航基础设施投资集团股份有限公司

海航基础于 1993 年 5 月 12 日在海南省工商行政管理局登记注册，股本金为 12 400 万元，并于 2002 年 8 月 6 日在上海证券交易所挂牌上市。海航基础主要从事商业零售和酒店经营业务，旗下主要资产为位于海南省海口市的望海国际商业广场和海南迎宾馆。本次交易后，海航基础的主营业务将变更为机场业务和房地产业务，并作为海航集团开展机场业务和房地产业务的唯一平台。

2007 年 1 月，经司法拍卖，天津大通及其一致行动人艺豪科技成为上市公司的第一和第二大股东，逯鹰成为公司的实际控制人。2009 年 8 月 6 日，海航资管以现金对天津大通进行增资，增资实施后，海航资管出资占天津大通注册资本的 60%，并间接控制上市公司 13. 44%的股权，实际控制上市公司，海航工会成为上市公司的实际控制人。2015 年 7 月 26 日，海航实业以其持有的兴华实业 100%股权与海建集团所持有的上市公司 30. 09%股权进行置换。本次股权过户完毕后，公司控股股东由海建集团变更为海航实业，公司实际控制人未改变。

（二）并购标的公司：海航基础产业集团有限公司

2011 年 11 月 24 日，海航集团与海航资本共同出资设立基础产业集团，注册资本为 50 亿元。基础产业集团作为投资控股平台，主要通过下属各项目子公司开展基础产业投资建设运营相关业务，主要包括各类房地产项目的投资、开发与经营，机场的投资运营管理等。近三年来，基础产业集团从海航集团分别取得机场集团和海建集团 75.91%和 75%的股权，并收购了金海投资 41.17%的股权。

（三）关联控股方

1. 海航基础控股集团有限公司

基础控股于 2010 年 6 月 1 日在海南省海口市注册成立，注册资本为 1 000 万元，是一家投资控股平台，主要通过旗下全资子公司基础产业集团开展基础设施投资运营管理相关业务。2015 年 9 月 23 日，海航实业以其所持基础产业集团 100%股权作价 1 552 574.08 万元增资至基础控股，基础控股相应受让海航实业所持基础产业集团 100%股权。

2. 海航实业集团有限公司

海航实业于 2011 年 4 月 14 日在北京市注册成立，注册资本为 50 亿元，同样作为一家投资控股平台，主要通过下属子公司开展项目投资、投资管理、企业管理等方面的业务。2015 年 8 月 31 日，海航集团以其所持基础产业集团 81.025%的股权作价 1 257 974.08 万元增资至海航实业，本次股权出资后，海航实业获得了基础产业集团 100%股权。随后海航实业以其所持基础产业集团 100%的股权对基础控股增资。2015 年 7 月 26 日，海航实业收购了海建集团所持有的上市公司 30.09%的股权，成为上市公司的控股股东。

收购相关方的股权关系如图 10 所示：

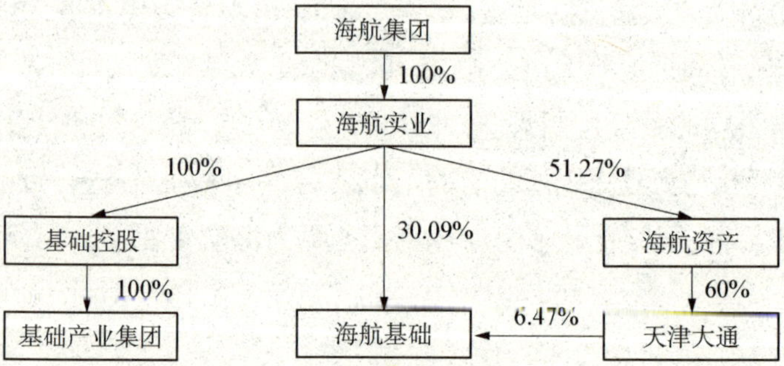

图 10　收购相关方的股权关系

二、收购事件一览

● 2015 年 6 月 2 日，海航基础因筹划重大资产重组事项公司股票开始停牌。

● 2015 年 7 月 26 日，海航实业以其持有的兴华实业 100%的股权与海建集团所持有的上市公司 30.09%的股权进行置换。本次股权过户完毕后，上市公司控股股东由海建集团变更为海航实业，公司实际控制人未改变。

● 2015 年 11 月 27 日，交易对方基础控股的股东海航实业作出决定，同意海航基础通过发行股份及支付现金方式向基础控股购买基础产业集团 100%股权。同日，海航基础召开第七届董事会第三十二次会议，审议通过了本次发行股份及支付现金购买资产并募集配套资金暨关联交易报告书及相关议案。公司与交易对方签署了《购买资产协议》和《业绩承诺补偿协议》。

● 2016 年 1 月 26 日，公司注册登记中文名称由“海南海岛建设股份有限公司”变更为“海南海航基础设施投资集团股份有限公司”。并自 2016 年 1 月 29 日起，公司证券简称由“海岛建设”变更为“海航基础”，证券代码“600515”不变。

● 2016 年 2 月 22 日，海航基础召开 2016 年第二次临时股东大会，审议通过了本次发行股份及支付现金购买资产，并募集配套资金暨关联交易具体方案及相关议案。

● 2016 年 7 月 18 日，海航基础收到中国证监会出具的《关于核准海南海航基础设施投资集团股份有限公司向海航基础控股集团有限公司发行股份购买资产并募集配套资金的批复》（证监许可〔2016〕1579 号），海航基础本次重大资产重组获得中国证监会的核准。

三、收购方案

海航基础收购基础产业集团的交易方案主要包括以发行股份及支付现金相结合的方式，购买基础产业集团 100%的股权和向不超过 10 名特定投资者非公开发行股份募集配套资金两个部分组成，且本次发行股份及支付现金购买资产不以募集配套资金的成功实施为前提。

(一) 发行股份及支付现金购买资产

海航基础拟以发行股份及支付现金相结合的方式，购买其控股股东海航实业下属全资子公司基础控股所持有的基础产业集团100%的股权。本次标的资产的评估基准日为2015年8月31日，采用收益法评估，基础产业集团经审计的母公司报表净资产1 830 486.23万元，评估值为2 615 018.17万元，评估增值784 531.94万元，增值率为42.86%。以评估值为基础，经交易双方协商确定，本次标的资产作价为2 600 000.00万元，其中由海航基础通过向基础控股发行人民币普通股股票的方式支付2 400 000.00万元，剩余部分200 000.00万元将由上市公司以现金方式支付。

基于海航基础近年来的盈利现状、停牌前的股价走势、定价基准日同行业上市公司估值比较情况等因素，为兼顾各方利益，经交易双方协商，确定本次发行股份购买资产的价格为定价基准日前120个交易日公司股票交易均价的90%，即10.67元/股，本次向基础控股发行的股票数量为2 249 297 094股。

根据交易双方签署的《购买资产协议》及《购买资产协议之补充协议》，本次交易对价中以现金方式支付的金额拟由上市公司以募集的配套资金向交易对方支付，但募集配套资金的成功与否并不影响本次发行股份及支付现金购买资产的实施。若本次募集配套资金未成功实施，上市公司将根据自身战略、经营情况及资本支出规划，使用自有资金、银行借款或其他合法方式募集的资金支付现金对价。

(二) 发行股份募集配套资金

海航基础拟以询价的方式向不超过10名特定投资者非公开发行股份募集配套资金，配套资金的总额不超过1 600 000.00万元，且不超过拟注入资产交易价格的100%。本次向特定对象募集配套资金的发行价格为不低于公司第七届董事会第三十二次会议决议公告日前20个交易日公司股票交易均价的90%，即12.95元/股，发行股份数不超过1 235 521 235股。

四、案例评论

(一)"海航系"扩张整合的"陀螺"转不停

自2014年以来，"海航系"加速推进旗下公司的重组整合，对航空、旅游、地产、商业等多个业务板块进行了调整。天海投资(600751. SH)、西安民生(000564. SZ)、渤海金控(000415. SZ)、凯撒旅游(000796. SZ)、海航投资(000616. SZ)、海南航空(600221. SH)轮番上演定增、重组大戏。基础产业集团借壳海岛建设成功上市也是“海航系”版图扩张的一步战略棋,向“海航系”未来10年进入世界500强前十名的目标迈进一步。

(二)基础产业借壳海航基础两步走,加大了重组成功的概率

2015年7月26日,海航实业以其持有的兴华实业100%股权与海建集团所持有的上市公司30.09%的股权进行置换。交易后,上市公司控股股东由海建集团变更为海航实业,上市公司实际控制人未改变。而此次交易标的基础产业是上市公司新控股股东海航实业的全资孙公司。通过先取得上市公司控股权,再将旗下资产注入上市公司两步走,一方面理顺了海航集团的股权关系,降低了海航集团内部股权的复杂性,另一方面通过取得上市公司控股权,海航实业更容易整合两家公司的业务,提高了重组成功的概率。

(三)实现主营业务转型,提升上市公司盈利能力

近年来,随着宏观经济增速放缓、消费零售业市场景气度下滑,以及市场竞争加剧、网络电商冲击等一系列不利因素的影响下,上市公司面临的内外部竞争环境日益严峻,主营业务面临较大的竞争和转型压力。基础产业集团是海航集团旗下专注于基础产业投资建设运营的唯一平台,自成立以来持续保持快速发展,目前在各主要业务板块均已建立了较高的行业地位。

在国家大力推动“海上丝绸之路”建设的历史契机下,把基础产业集团这优质资产注入上市公司,依托海航集团丰富而多元化的产业资源,打造以海南岛为核心、国内外领先的基础设施领域全产业链投资运营商,可以实现业务转型,从根本上增强上市公司的盈利能力和核心竞争力,并有效提升对股东的回报水平。

(四)诚实守信,解决同业竞争

根据海航集团于2015年4月19日出具的《关于海南海岛建设股份有限公司与西安民生集团股份有限公司业务发展定位的说明》,海航集团未来商业百货和超市业务的发展将以西安民生为主，并将西安民生(000564. SZ)作为整合海航集团及其控制的企业商业百货和超市业务资源的唯一主体；由于海航基础最近三年商业收入占其总收入的比重维持在85%以上，其商业资产为海航基础的核心资产，海航基础酒店业务和商业零售业务方面与西安民生(000564. SZ)存在同业竞争。

海航集团在作为海航基础控制人期间，将积极推动海航基础的业务向非商业零售业务转型。根据计划，海航集团将促使海航基础在本次交易完成后的36个月内对外转让其持有的海南迎宾馆的股权或资产；并推动西安民生(000564. SZ)完成其对海航基础持有的望海国际广场相关股权或资产的整合，或促使海航基础对外转让其持有的望海国际广场股权或资产。若通过西安民生对望海国际广场进行整合，协同效应能在一定程度上提升西安民生的核心竞争力。

五、市场表现(600515)

海航基础交易前后股票价格变动情况如图11所示。

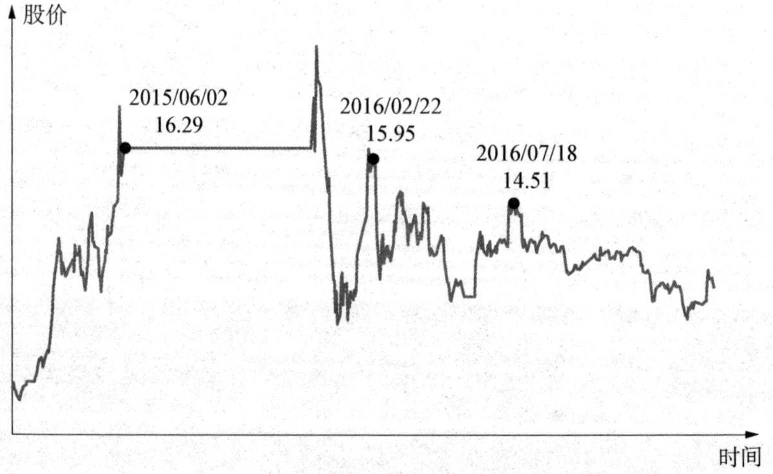

图11 海航基础交易前后股票价格走势

600967
北方创业：
军工企业集团整体上市

一、交易相关方简介

（一）收购方：北方创业

北方创业成立于2000年12月，其控股股东为一机集团，最终控股股东为兵器工业集团，实际控制人为国务院国资委。北方创业所属行业为铁路运输设备制造业，主要从事结构件、铁路车辆、特种装备、车辆弹簧、铸锻件、曲轴锻件等的生产和销售。北方创业是铁道部批准的铁路货车定点生产企业之一，也是铁道部重载、提速车辆试制单位之一，同时亦为国家火炬计划高新技术企业和内蒙古自治区高新技术企业。北方创业是国内铁路货车骨干研发制造企业之一，也是国内最具发展潜力和市场竞争力的铁路货车研发制造企业，有30多年的铁路货车及关键零部件的生产历史，拥有完善的铁路车辆生产工艺技术手段与强大的产品开发能力和技术储备。

（二）标的资产

1. 一机集团主要经营性资产及负债

一机集团主要经营性资产及负债，包括一机集团母公司军品主营业务相关经营性资产及对应的负债、一机集团持有的大成装备13.38%的股权和特种技术装备20%的股权。一机集团本次注入的主要经营性资产及负债涉及的主营业务包括轮、履两大系列装甲车辆的研发与生产，相关资产具备军民品整机和核心零部件的设计开发、工艺研究、计量检测、实验能力和以车辆传动、悬挂、动辅、大型精密结构件加工和整机装配等为核心的一整套综合机械制造能力。

2. 北方机械

山西北方机械制造有限责任公司（北方机械）成立于2002年，是北方创业关联方山西北方机械控股有限公司旗下全资子公司。北方机械是中国军用中口径火炮的科研、生产基地及综合性骨干军工企业，北方机械的主要产品为轮式自行火炮、履带式自行火炮、车载炮、牵引炮、舰船配套产品、礼炮等。

（三）交易对方

1. 一机集团

内蒙古一机集团是兵器工业集团公司下属特大型军工企业，是国家“一五”期间156个重点建设项目之一，是国家520个重点企业之一，也是内蒙古自治区重点培育的20个大企业之一，其实际控制人为国务院国资委。一机集团业务属于防务装备制造行业，拥有国家级的企业技术中心和院士工作站，形成军民品车辆整机和核心零部件的设计开发、工艺研究和计量检测、试验能力和以车辆传动、悬挂、动辅、大型精密结构件和整机装配等为核心的一整套综合机械制造能力。一机集团目前成为以军为本、以车为主、军民协调发展的现代化军民结合型车辆制造集团；除车辆研发制造外，一机集团的石油机械、工程机械、专用汽车等民品经营业务近年来也取得较好的发展。

2. 山西北方机械控股有限公司

北方机械控股成立于2015年6月，是一机集团的全资子公司，实际控制人为国务院国资委，其主营业务对下属子公司进行股权投资管理。北方机械控股下属子公司包括北方机械及山西北方机电科技有限公司。

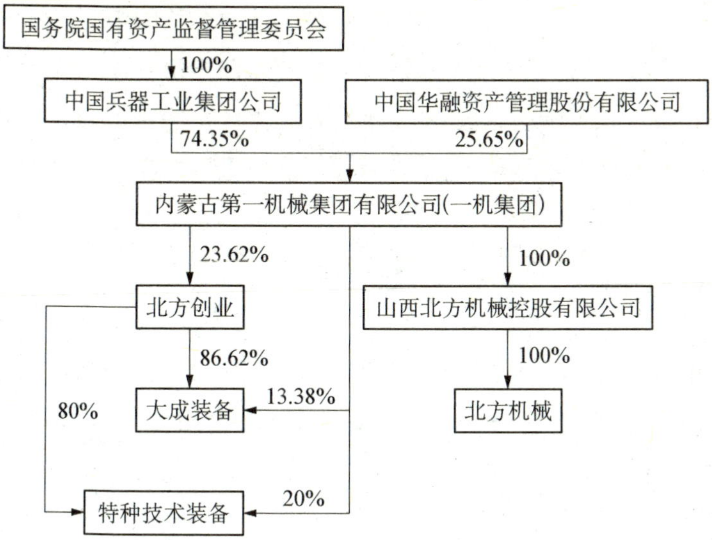

图 12　重组前交易各方股权结构

二、收购事件一览

- 2015 年 4 月 13 日，北方创业因筹划重大资产重组事项，申请停牌。
- 2015 年 10 月 23 日，国家国防科技工业局同意北方创业本次资产重组暨配套融资交易。
- 2015 年 10 月 27 日，北方创业披露发行股份及支付现金购买资产并募集配套资金暨关联交易预案，拟通过发行股份并支付现金方式购买资产，包括一机集团持有的主要经营性资产及负债（包括大地石油 100%股权）、北方机械 100%股权以及山西风雷钻具 100%股权。
- 2016 年 4 月 25 日，北方创业第五届二十八次董事会会议审议通过了《重组报告书》及其他相关议案，修订了本次重组范围，将大地石油 100%股权移出本次重组标的资产范围。
- 2016 年 5 月 11 日，国务院国资委批准了北方创业的重大资产重组事项。
- 2016 年 8 月 4 日，北方创业修订了此次重大资产重组事项，将山西风雷钻具 100%股权调整出本次重组标的资产范围。
- 2016 年 9 月 29 日，中国证监会并购重组委审核通过了北方创业的重大资产重组事项。

● 2016年9月30日，北方创业更名，拟将注册名称的中文名称由“包头北方创业股份有限公司”变更为“内蒙古第一机械集团股份有限公司”。

● 2016年10月11日，商务部反垄断局对北方创业股份有限公司收购内蒙古第一机械集团有限公司部分业务案不予禁止，可实施集中。

三、收购方案

本次重组的交易对方为一机集团及一机集团全资子公司北方机械控股，一机集团是北方创业的控股股东，因此本次交易构成关联交易。本次重大资产重组交易主要由两部分构成，一是发行股份及支付现金购买资产；二是定向增发募集配套资金。

（一）发行股份及支付现金购买资产

北方创业分别向控股股东一机集团发行股份购买一机集团持有的主要经营性资产及负债；向一机集团全资子公司北方机械控股发行股份及支付现金，购买北方机械控股持有的北方机械100%股权。

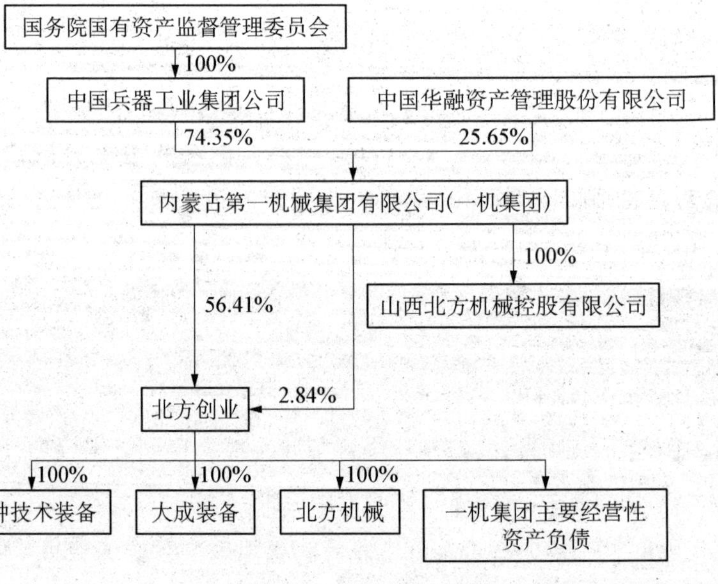

图13　重组后交易各方股权结构

（二）定向增发募集配套资金

采用询价方式向不超过10名特定投资者非公开发行股票募集配套资金，募集配套资金总额19.50亿元。募集配套资金的生效和实施以本次发行股份及支付现金购买资产的生效和实施为条件，但最终募集配套资金成功与否不影响本次发行股份及支付现金购买资产行为的实施。募集的配套资金拟用于标的资产相关军民融合产业化项目投资、支付交易对价和补充上市公司及标的资产流动资金等用途。

（三）交易对价

本次交易标的估值采用资产法进行评估，评估结果为：(1)拟注入的一机集团主要经营性资产及负债的评估值为655 941.78万元，评估增值360 661.79万元，增值率为122.14%；(2)北方机械100%股权的评估值为49 998.30万元，评估增值36 293.79万元，增值率为264.83%。最终，本次重组标的资产的作价合计705 940.08万元。本次交易构成了《重组办法》所规定的重大资产重组情形。

（四）交易方式

本次重组的交易方式为发行股份及支付现金购买资产，其中上市公司对一机集团发行股份支付比例为100%，向北方机械控股发行股份方式支付比例和现金支付比例分别为85%和15%。具体而言，北方创业发行股份购买资产的股份发行数量为719 300 036股，每股发行价格为9.71元/股，此外现金支付金额为7 499.75万元。

表4　北方创业分别向交易对方支付的现金与发行股份数量情况

序号	交易对方	评估值(万元)	现金支付(万元)	股份支付(股)
1	一机集团	655 941.78	0.00	675 532 214
2	北方机械控股	49 998.30	7 499.75	43 767 822
总计		705 940.08	7 499.75	719 300 036

本次重组完成后，本公司控股股东仍为一机集团，实际控制人仍为国务院

国资委。本次重组不会导致本公司实际控制人的变更。

表5 北方创业本次交易前后股东持股数量变化情况

股东名称	本次交易前		本次交易后	
	数量(万股)	比例	数量(万股)	比例
一机集团	19 434.00	23.62%	86 987.22	56.41%
北方机械控股	—	—	4 376.78	2.84%
一机集团及关联方合计	19 434.00	23.62%	91 364.00	59.25%
其他股东	62 848.80	76.38%	62 848.80	40.75%
合计	82 282.80	100.00%	154 212.80	100.00%

四、案例评论

北方创业历时一年半的军工企业改革终于落下帷幕，通过本次重组，一机集团核心资产实现了整体上市，而北方创业将成为一机集团军民品车辆业务上市平台。借着本轮国企改革的契机，北方创业减少了集团内部的关联交易，极大提高了资源利用效率，实现了军民业务的深度融合、协同发展。

（一）军工改革，整体上市

中共十八届三中全会以来，混合所有制改革、军民融合等政策不断出台，军工作为以国有企业为主导的典型领域，面临巨大的改革和发展契机。国务院国资委大力推进央企改制上市，积极支持资产或主营业务资产优良的企业实现整体上市，鼓励国有控股公司通过增资扩股、收购资产等方式，把优质主营业务资产注入下属上市公司，提高上市公司经营质量和发展潜力，实现多方共赢。

本次重组注入北方创业的一机集团的主要经营性资产及负债以及北方机械都具有较强的盈利能力与成长性。根据报告，2014年和2015年，一机集团主要经营性资产及负债分别实现营业收入649 478.16万元、893 635.69万元，分别实现净利润25 986.05万元、39 736.20万元；2015年，其营业收入和净利润较2014年的增长率分别为37.59%和52.91%。2014年和2015年，北方机械分别实现营业收入79 837.16万元和82 840.47万元，分别实现净利润

1 579. 46 万元和1 390. 60万元；2015 年，其营业收入较 2014 年增长 3. 76%。

然而，北方创业所经营的传统业务的经营状况却不尽如人意。受宏观经济下行、大宗物资铁路运输市场需求低迷的影响，北方创业 2015 年度亏损 5 665. 68 万元，2016 年 1 至 6 月亏损 3 839. 28 万元，且短期内难以彻底扭转亏损局面。与重组注入资产相比，北方创业现有资产规模与经营状况都相去甚远，2015 年财务数据显示，重组标的资产总额为 85. 49 亿元，该数据为北方创业同期的 263%；营业收入达到 97. 64 亿元，为北方创业同期的 487%。

此次重组将一机集团主要军品和民品业务注入北方创业，实现一机集团核心资产的整体上市。此举一来可以提升上市公司的资产规模、盈利能力以及抗风险能力，实现国有资产较好增值；二来通过重组理顺一机集团的军品业务架构，减少集团内部的关联交易，保障上市公司及股东的利益；再者伴随中国军工企业改革的步伐，通过北方创业的上市平台融资筹集社会资源，以支撑军工企业的发展壮大。

（二）军民结合，协同发展

本次重组前，北方创业的主营业务为包括铁路车辆、结构件、特种装备、铸造、车辆弹簧的生产和销售。随着标的资产注入上市公司，北方创业的主营业务将涵盖履带式装甲车辆、轮式装甲车辆、火炮等防务装备及相关零配件。重组后的北方创业将成为军品和民品业务深度结合的上市平台。北方创业原有业务和标的资产业务将在技术、人才、市场、制造、研发、资本等方面不断加强优势互补，协同发展。

军品业务和民品业务在研发、生产和销售环节虽然存在一定差异，但也具有一定的共通性。例如，铁路车辆业务涉及的核心技术均起源于军品，军民品车辆业务所需的部分原材料如钢材等具有相似性，军品车辆业务和民用车辆业务在生产加工的多个环节采用的是相同的工艺，军品车辆和民用车辆部分境外销售区域也存在重叠等。重组有利于整合加工能力，实现资源的优化配置，发挥协同效应，提升北方创业的综合生产能力以及盈利能力，最终实现军品车辆和民用车辆共同发展。

五、市场表现(600967)

北方创业交易前后的股价变化情况如图 14 所示。

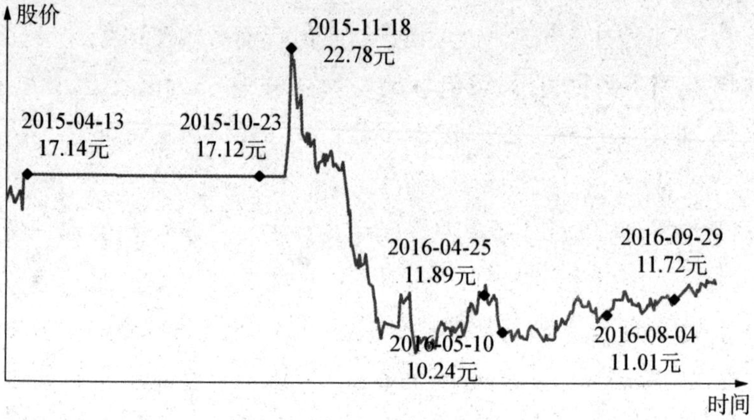

图 14　北方创业交易前后的股票价格走势

601866中远海发（原中海集运）、601919中远海控（原中国远洋）、600026中远海能（原中海发展）、01199.HK中远海运（原中远太平洋）：中远系、中海系74项国有资产辗转腾挪

一、交易相关方简介

（一）中远海发（原中海集运）

中远海运发展股份有限公司（中远海发）主要从事集装箱运输及相关业务的多元化经营企业，其控股股东为中海集团，实际控制人为国务院国资委。重组前，其经营范围涉及集装箱运输、船舶租赁、揽货订舱、运输报关、仓储、集装箱堆场、集装箱制造、修理、销售、买卖等领域，公司营业收入主要来自集装箱运输业务、物流及其他业务。交易完成后，中远海发将成为专业化的综合航运金融服务上市平台。

（二）中远海控（原中国远洋）

中远海运控股股份有限公司（中远海控）是中远集团（全球第二大综合性航运公司）的上市旗舰和资本平台，目前已成为全球领先的航运与物流供货商。中远海控于2006年于香港联交所上市，并于2007年在上交所上市，本次收购

完成后，中远海控将成为一家专注于集集装箱航运、干散货航运、物流、码头和集装箱租赁为一体的综合性航运服务供应链发展的上市公司。

（三）中远海能（原中海发展）

中远海运能源运输股份有限公司(中远海能)是中海集团控股上市子公司，是以油运、煤运为核心业务的远东地区最大航运公司之一，在中国及远东地区航运市场占据了重要地位。公司是中国最大的油品运输企业，与沿海沿江的主要炼化企业建立了长期运输合作关系，是国内沿海、沿江主要炼化企业的最大沿海原油运输供应商。公司在沿海煤炭运输中占有主导地位，与华东地区主要电力公司、钢铁企业建立了长期合作关系，是华东地区电力企业和钢铁企业的最大煤炭运输供应商。交易完成后，中远海能成为专注于油品运输业务、LNG运输业务的油气运输上市平台。

（四）中远海运（原中远太平洋）

中远海运港口有限公司（中远海运）是中远海控控股的子公司，主要从事码头的管理及经营以及集装箱管理、销售以及相关业务。其码头组合遍布中国大陆、香港和台湾的四大港口群以及海外枢纽港，在中国码头行业占据领先地位，也是中国远洋运输(集团)总公司的码头产业旗舰，在中国及海外建立具备规模的码头网络。交易完成后，中远海运成为专注于全球码头业务发展的上市平台。

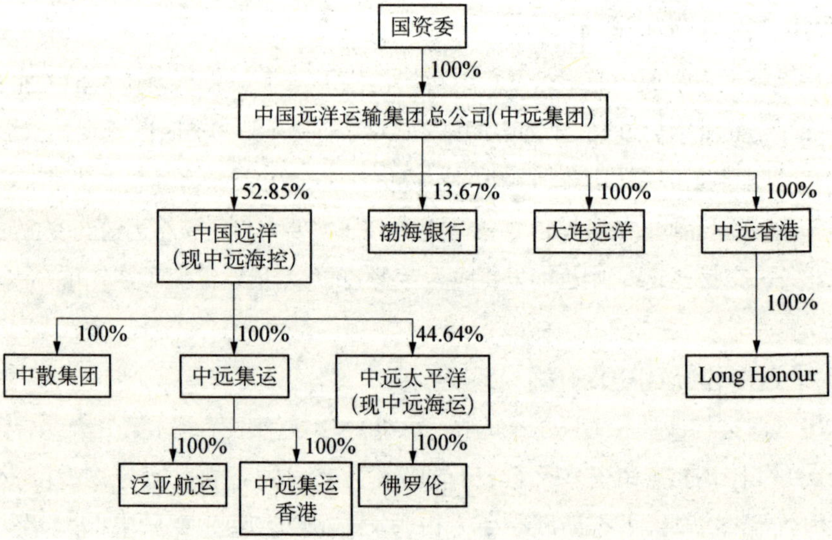

图15　交易前中远集团旗下交易各方股权结构

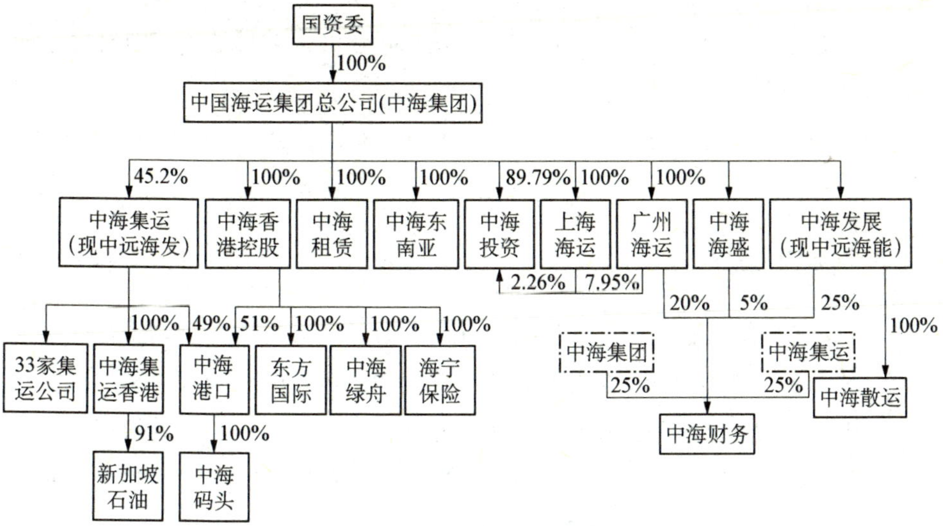

图 16 交易前中海集团旗下交易各方股权结构

二、收购事件一览

● 2015 年 12 月 11 日，中远海发、中远海控、中远海能、中远海运四家上市公司同时发布公告，宣布签订一系列资产重组协议和服务协议。

● 2016 年 2 月 4 日，此次重组交易通过商务部反垄断局的经营者集中反垄断审查。

● 2016 年 2 月 5 日，中国远洋海运集团有限公司成立。

● 2016 年 3 月 2 日，国务院国有资产监督管理委员会批准此次重组事项。

● 2016 年 5 月 6 日，国务院国有资产监督管理委员会将持有的中远集团以及中海集团的全部国有权益无偿划转至新成立的中国远洋海运集团有限公司，导致中国远洋海运集团有限公司持有中远海发、中远海控、中远海能、中远海运 4 家上市公司的股份。

● 2016 年 7 月 29 日，中远太平洋更名为“中远海运港口有限公司”，简称“中远海运”。

● 2016 年 10 月 20 日，中海发展更名为“中远海运能源运输股份有限公司”，简称“中远海能”。

● 2016 年 11 月 8 日，中国远洋更名为“中远海运控股股份有限公司”，简称“中远海控”。

• 2016年11月19日，中海集运更名为“中远海运发展股份有限公司”，简称“中远海发”。

• 2017年1月17日，此次重大资产重组交易宣告成功完成实施。

三、收购方案

本次重大资产重组交易涉及中远系及中海系下4家上市公司，共计74项资产，涉及资金600亿元，着实上演了一幕央企改革重组大戏。通过本次重组整合，中远集团和中海集团将打造出集装箱航运服务、港口码头、油气运输以及以租赁业务为核心依托于航运业的综合航运金融服务的四大专业化集群发展平台。4家上市公司重组方案梳理如下：

（一）中远海发（原中海集运）

中远海发的重大资产重组方案包含重大资产出售及重大资产购买两个部分。

第一，中远海发将其持有的32家集运公司股权出售给原中国远洋及其指定承接方；将中海港口49%的股权出售给原中远太平洋；分别将鑫海航运51%的股权和9%的股权出售给中远集团和中海东南亚；将子公司中海集运香港持有的新加坡石油91%的股权出售给中海东南亚；同时将大部分集运船舶和全部集装箱租赁给中远集运(原中国远洋下属子公司)。

第二，中远海控收购中远集团和中海集团租赁类、金融类资产及股权，包括向中海集团、广州海运及上海海运购买其持有的中海投资100%股权；向中海集团购买其持有的中海租赁100%股权；向中海集团、广州海运购买其持有的中海财务40%股权；直接或通过向指定的承接方增资的方式向中远集团购买其持有的渤海银行13.67%股份；通过全资子公司中海集运香港向中海香港购买其持有的东方国际100%股权、中海绿舟100%股权、海宁保险100%股权；向中远香港购买其持有的Long Honour100%股权；向原中远太平洋购买其持有的佛罗伦100%股权。交易完成后，中远海发将成为专业化的综合航运金融服务上市平台。

（二）中远海控（原中国远洋）

中远海控的重大重组交易也包含资产购买及重大资产出售两个部分。中远海控以 11.4 亿元收购原中海集运下属 33 家集运公司股权,同时租入并经营中海集运全部集装箱船舶和集装箱。另外,中远海控以 67.7 亿元将其持有的中散集团 100%股权出售予中远集团,此项资产出售交易构成重大资产重组。交易完成后,中远海控将成为专注于集装箱航运服务供应链发展的上市平台。

(三) 中远海能(原中海发展)

中远海能将持有的经完成内部散运整合后的中海散运 100%股权出售给中远集团,作价 56.9 亿元;同时以 63.7 亿元向中远集团购买其所持有的大连远洋 100%股权。交易完成后,中远海能将成为专注于油品运输业务、LNG 运输业务的油气运输上市平台。

(四) 中远海运(原中远太平洋)

中远海运涉及的两项交易分别为:一是以 76.3 亿元分别向中海集团和原中海集运购买其持有的中海港口 51%和 49%的股权;二是以 77.8 亿元将旗下的佛罗伦 100%股权出售给原中海集运。交易完成后,中远海运将成为专注于全球码头业务发展的上市平台。

上述重大资产重组交易均以现金作为支付方式。

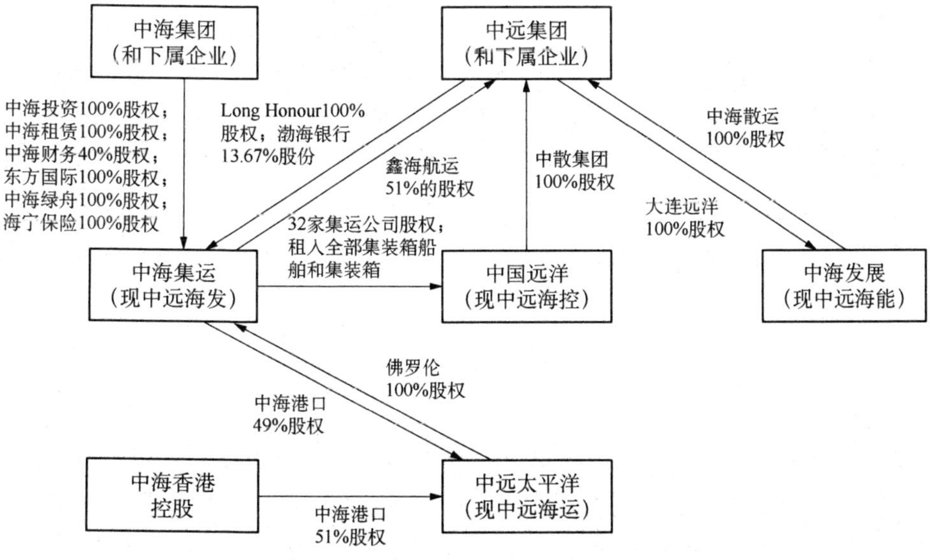

图 17　中远系及中海系重组交易图示(箭头表示资产出售方向)

四、案例评论

从2015年8月停牌至2017年初，历时一年多的中远系、中海系的重大改革重组交易终于尘埃落定。这次重组范围涉及4家上市公司共7只股票，包含74项资产交易，其复杂程度居中国资本市场之首，也是国际资本市场极其罕见的复杂交易。此次交易既落实了国家全面深化改革战略，又顺应了全球航运业周期变化发展的要求，理顺了结构，盘活了资产，提升了央企的全球竞争力。

（一）央企改革重组大戏，航运业超级航母启航

2016年是中国全面深化改革的一年，国企改革成为一项重要的目标任务。继中车、中冶等央企重组后，中远和中海又担起了主角，掀起了一波央企重组大戏的高潮。央企间的重组整合在很大程度上可以避免重复建设和同质化竞争，提高盈利水平，提升全球竞争力。

自金融危机以来，国际航运市场持续低迷，全球航运业进入了“大航海时代下的并购高峰期”，行业巨头之间的并购整合屡见不鲜，里达飞并购海皇、马士基对铁行渣华、美国海陆的并购、哈劳对智利南美轮船有限公司的并购、招商与外运的油运船队整合等。通过整合降低成本、提升服务能力、提高效率，实现规模效应。中远和中海的重组是应对航运周期和实现做强做优的必然选择。本轮重组中，两大巨头对其业务单元进行了重新分类整合，走向了专业化整合之路，旗下上市公司专注各自的专业领域。此外，重组后的中远、中海都被并入新成立的中国远洋海运集团有限公司，合并运力将达155万TEU，跃居全球第四，市场份额和地位都得到迅速提升，航运业超级航母扬帆起航。这种重组整合有利于降低运营成本，增强国际竞争力，提升定价话语权，抢占全球航运市场更大的份额。

（二）理顺业务，发挥优势

长期以来，中远和中海独立发展，各自为战，但是两家集团经营业务高度同质化，以至于在国内和国际航运细分市场中均不具优势。重复投资、成本高企是摆在中远和中海面前的两个突出问题。通过重组，两大集团的资源得以优势互补，资产运营效率得以提高。规模优势、协同效应的实现在很大程度上可以

降低企业运营成本，同时提高服务质量，从而提升中国航运主力船队的国际竞争能力。

本轮重组中，中远系、中海系两大航运巨头的相关业务进行了深度融合调整。重组后的新集团业务线条更加清晰，下属 4 家上市公司各司其职，分别专注装箱运输、码头、油气运输、航运金融这四大板块。中远海发从集装箱航运企业转型为专业化的航运金融综合服务平台，集装箱租赁业务规模将排名世界第三；中远海控将成为全球第四大集装箱航运公司，在运力规模和航线支持上实现全面增长，集装箱将占全球运力规模的 8%；中远海能成为专注于油品运输业务、LNG 运输业务的专业油气运输公司，旗下的油运船队控制运力规模将居全球第一，超大型油轮船队运力规模全球第二；中远海运在全球控股和参股运营的码头数量将达到 42 个，泊位数达到 172 个，成为以总吞吐量计全球第二大码头运营商。

（三）中远海发（原中海集运）华丽转型，船企自成“金主”

在此次中远、中海两大集团重组交易中，4 家上市公司都锁定了各自的主营业务，中远海发（原中海集运）(601866.SH)是转型最为彻底的一个。重组完成后，中远海发从全球第七大集运班轮公司脱胎换骨转型为两大集团以租赁为核心的金融服务平台，其业务范围涵盖集装箱租赁，船舶租赁，能源、教育、医疗等融资租赁，股权投资及相关金融服务，实现了华丽转型。

中远海发的重组交易也是此次重组涉及的 4 家上市公司中资产重组最复杂的一个，共涉及中远、中海两大集团下属的 45 家公司。交易中，中远海发剥离了公司的原主营业务集运经营的相关资产，包括持有的 33 家集运公司股权及中海港口 49%的股权，置入了中远和中海两家集团租赁类、金融类股权或资产。

中远海发吸收进来的都是什么资产？按照置入资产业务类型，可以将中远海发此次交易中收购的资产分为租赁资产和财务投资类资产两大类。一是租赁资产：中远、中海集团旗下的租赁资产（集装箱租赁为主、部分船舶），对应的公司主要包括东方国际、佛罗伦、中海租赁和中海绿洲；其中佛罗伦是全球第四大集装箱租赁企业，占有 11%的市场份额，东方国际排名第八。两家公司被吸收进来后，中远海发将成为全球第三大集装箱租赁企业，直接与行业领头羊

TAL 和 Triton 展开竞争。二是财务投资类资产：中海财务公司股权、中海投资、海宁保险以及渤海银行的股权。吸收集团旗下财务公司，可以专注为集团和成员单位提供金融服务，提高资金运用效率；同时吸收渤海银行股权，可以方便公司未来进行股权投资等综合金融服务业务，分散租赁业务风险，提升盈利能力和资本回报率。

通过重组，中远海发的业务模式得到全面转型升级，“航运 + 金融”的产融结合模式将成为其独到的竞争优势，充分发挥金融业务各板块间的协同效应。

五、市场表现

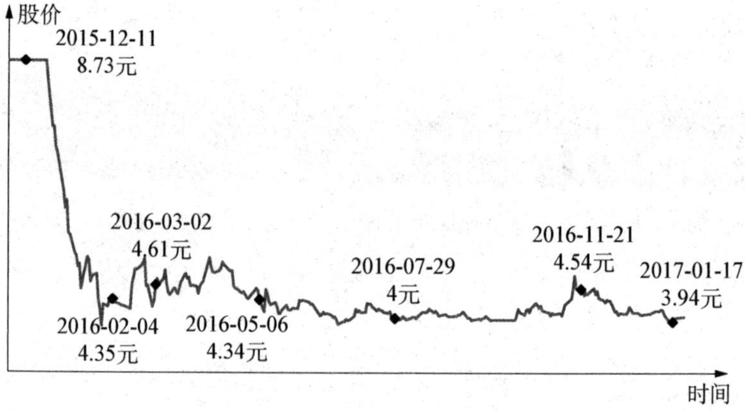

图 18　中远海发交易前后的股票价格走势

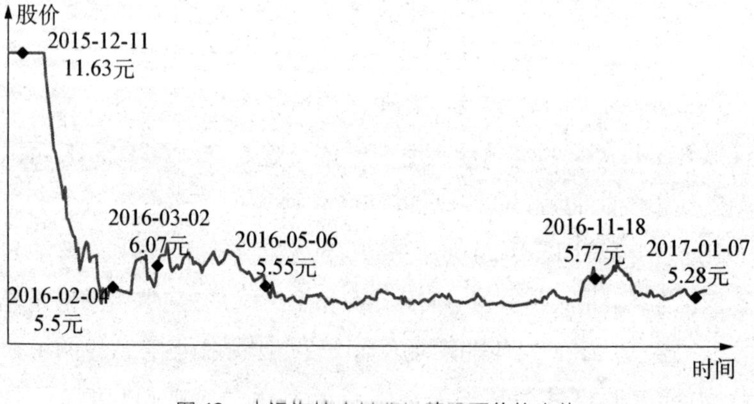

图 19　中远海控交易前后的股票价格走势

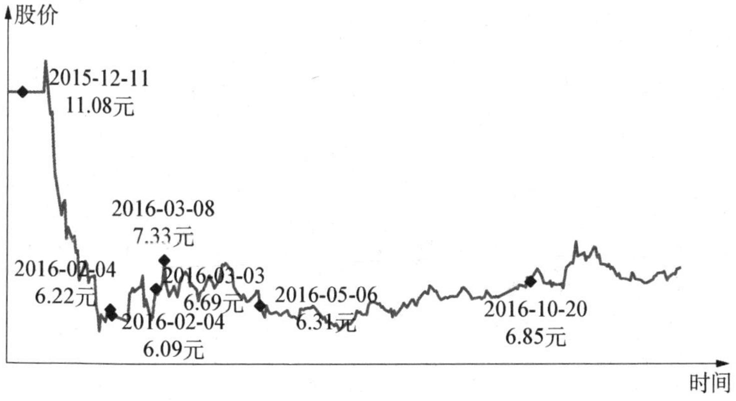

图 20　中远海能交易前后的股票价格走势

第二辑　混合所有制改革并购

000813
德展健康(原天山纺织):天价估值,嘉林强势借壳

一、收购相关方简介

(一)收购方:新疆天山毛纺织股份有限公司

新疆天山毛纺织股份有限公司于1980年成立,是一家以生产高档羊绒衫、高档羊毛衫为主的现代化股份制纺织企业,1995年改制为股份有限公司,1998年4月经中国证监会批准发行股票,同年5月公司股票在深交所挂牌上市,至此上市公司注册资本由14 082万元变更为18 782万元。公司的主营业务为纺织、服装的生产和销售,而2009年在政府的主导下进行了一次重大资产重组,新疆凯迪投资开始逐步受让天山毛纺织的股份。2013年,公司完成重大资产重组,收购了凯迪矿业持有的西拓矿业50%的股权以及青海雪驰持有的西拓矿业25%的股权;同时,新疆凯迪成为公司第一大股东。这一重大资产重组实现了天山纺织的结构调整、资产调整和主业调整,由单一的毛纺织业转变为矿业、毛纺织业双主业模式经营的集团化公司。

(二)收购标的:北京嘉林药业股份有限公司

北京嘉林药业股份有限公司于1988年成立,2000年10月,公司进行了股

份制改造,2005 年 10 月,公司名称由北京红惠生物制药股份有限公司更名为北京嘉林药业股份有限公司。嘉林药业是国内降血脂龙头,在降血脂行业市场占有率约 9%。核心产品阿乐(阿托伐他汀钙片)为辉瑞同类降血脂药物立普妥在国内的首仿药,每年保持 40%以上的销量增长。公司是国家科技部命名的火炬计划重点高新技术企业,是一家具有较高水平的医药生物制品技术研发公司。

(三) 关联控股方: 美林控股集团有限公司

美林控股集团有限公司(原名北京美林正大投资顾问有限公司)成立于 1998 年 3 月 12 日,是一家多元化经营的大型民营企业集团。2008 年 7 月,公司正式更名为美林控股集团有限公司。美林控股是德展金投集团有限公司旗下全资子公司,业务范围涵盖地产、航空、能源、文化旅游、制药等多个领域。此外美林控股还涉足高科技、IT 产业、环境节能及生物医药等领域,建立了新疆大学国家大学科技园、新疆数字证书认证中心等。公司实际控制人为张湧。

二、收购事件一览

- 2015 年 5 月 4 日,天山纺织发布公告,公司控股股东正在筹划重大资产重组事项,公司股票首次停牌。
- 2015 年 8 月 18 日,天山纺织发布《关于国有股东拟转让所持公司部分股份的提示性公告》,凯迪投资及凯迪矿业经过董事会决策,拟以公开征集方式转让其所持有的本公司国有股 7 500 万股,其中凯迪投资拟转让 1 000 万股,凯迪矿业拟转让 6 500 万股。
- 2015 年 8 月 28 日,天山纺织发布《关于国有股东拟协议转让部分公司股份公开征集受让方的公告》,凯迪投资及凯迪矿业拟通过公开征集受让方的方式协议转让所持有 7 500 万股公司股份的行为已经取得新疆国资委审核同意,正式开始公开征集受让方。
- 2015 年 10 月 23 日,天山纺织重组交易涉及的员工安置方案经上市公司职工代表大会表决通过。

● 2015 年 11 月 10 日，置入资产和置出资产的评估报告经新疆国资委备案通过。

● 2015 年 12 月 4 日，天山纺织发布公告，凯迪投资及凯迪矿业正式确认美林控股为 7 500 万股公司股份的受让方，各方于 2015 年 12 月 8 日签署了《国有股份转让协议书》。

● 2015 年 12 月 12 日，天山纺织召开第六届董事会第十四次会议，审议通过本次重组草案及相关议案，并与美林控股等交易各方签署了《重大资产重组协议》、《盈利预测补偿协议》和《股份认购协议》。

● 2016 年 2 月 24 日，新疆国资委出具《关于对新疆天山毛纺织股份有限公司实施重大资产重组的批复》，原则同意本次重大资产重组方案。

● 2016 年 3 月 1 日，天山纺织召开 2016 年第一次临时股东大会，审议通过了本次重组方案及相关议案，且股东大会同意美林控股免于以要约方式增持上市股份。

● 2016 年 3 月 18 日，天山纺织召开第六届董事会第十八次会议，审议通过本次重组方案(修订稿)及相关议案。

● 2016 年 4 月 6 日，天山纺织召开 2016 年第二次临时股东大会，审议通过了本次重组方案及相关议案，且股东大会同意美林控股免于以要约方式增持上市股份。

● 2016 年 5 月 23 日，新疆国资委出具《关于对新疆天山毛纺织股份有限公司重大资产重组资产评估项目予以核准的批复》，核准天山纺织重大资产重组项目加期评估报告。

● 2016 年 7 月 29 日，天山纺织重组交易获得中国证监会核准通过。

● 2016 年 10 月 17 日，上市公司中文证券简称由“天山纺织”变更为“德展健康”。

三、收购方案

重组的整体方案由以下四步组成：(1)重大资产出售及置换；(2)发行股份购买资产；(3)股份转让；(4)募集配套资金。

（一）重大资产出售及置换

天山纺织以截至2015年4月30日经审计及评估确认的全部资产与负债作为置出资产，其中置出资产中等值于79 875万元的部分与美林控股持有嘉林药业47.72%股权中的等值部分进行资产置换，即置换金额为79 875万元；置出资产剩余的部分（即917 537 630.15－798 750 000.00＝118 787 630.15元）则直接出售予天山纺织现有控股股东凯迪投资，凯迪投资向天山纺织支付118 787 630.15元现金对价购买。

（二）发行股份购买资产

置入资产超过置出资产中置换金额的差额部分约757 021.10万元，由天山纺织向嘉林药业全体股东按照交易对方各自持有嘉林药业的剩余股权发行股份购买，各交易对方同意，将各交易对方资产折股数不足一股的余额无偿赠予天山纺织。

（三）股份转让

公司现有控股股东凯迪投资和凯迪矿业合计向嘉林药业控股股东美林控股转让7 500.00万股上市公司股票，其中凯迪投资向美林控股转让1 000.00万股上市公司股票，凯迪矿业向美林控股转让6 500.00万股上市公司股票。美林控股同意将其所持有的嘉林药业股权与上市公司进行资产置换取得的等值于79 875万元的置出资产直接指定由凯迪投资和凯迪矿业或其共同指定的第三方承接，作为其受让股份的支付对价。

（四）募集配套资金

为提高本次重组绩效，增强重组完成后天山纺织的盈利能力和可持续发展能力，天山纺织拟采用定价方式向认购对象非公开发行不超过152 012 970股股份募集配套资金，总金额不超过150 948.88万元。募集配套资金在支付本次重组的中介机构费用后拟用于嘉林有限制剂生产基地建设项目、天津嘉林原料药生产基地及研发中心建设项目、心脑血管及肿瘤等领域治疗药物的研发及企业研发技术中心研发平台改造提升项目。

表6　交易完成前后天山纺织股权结构变化情况表　　单位：万股

股东名称	本次交易前		本次发行股数（万股）	股份转让（万股）	本次交易后	
	股数（万股）	持股比例(%)			股数（万股）	持股比例(%)
美林控股	—	—	41 500.30	7 500.00	49 000.30	32.78
嘉林药业其他股东	—	—	50 576.98	—	50 576.98	33.84
配套资金认购对象	—	—	10 640.91	—	10 640.91	7.12
凯迪投资及凯迪矿业	27 571.40	58.98	—	-7 500.00	20 071.40	13.43
上市公司其他股东	19 178.14	41.02	—	—	19 178.14	12.83
合计	46 749.54	100.00	102 718.19	—	149 467.73	100.00

本次重组交易构成关联交易，构成重大资产重组，构成借壳上市。本次交易前，上市公司的控股股东为凯迪投资，实际控制人为新疆国资委。本次交易完成后，美林控股将直接和间接合计持有本公司32.78%的股份，为上市公司第一大股东，上市公司的实际控制人将变更为张湧。

四、案例评论

（一）上市公司躲低谷，兼并重组寻求盈利增长点

天山纺织的主营业务为纺织、服装的生产和销售，但早在几年前该传统行业的经营业绩就一直在严重下滑。2013年底，天山纺织以向凯迪矿业和青海雪驰发行股份的方式购买了其合计持有的西拓矿业75%的股权。重组完成后，上市公司的主营业务在原毛纺织业务的基础上新增加了矿业业务，上市公司实现毛纺织业务和矿业业务并行运营的局面，上市公司的盈利能力通过资产重组得到一定的提升。2013年上市公司扭亏为盈，但是好景不长，传统的毛纺织行业受国内外市场持续疲软、设备老化、企业劳动力成本不断上升、“退城进园”搬迁等多重不利因素的影响，经营业绩迟迟没有起色。而上市公司另一主营业务——矿业业务受中国宏观经济形势下行、有色金属行业整体行情较低迷等因素的影响，盈利能力要保持持续增长面临较大压力。

上一次重大资产重组并未给上市公司带来长期的利润增长点，此次并购将目标锁定为一家医药高新技术企业。中国人口众多，药品刚性需求大，医药行业市场前景十分广阔。通过本次重大资产置换，天山纺织将盈利能力较弱的毛纺织及矿业业务的资产置出，并同步置入盈利能力较强、发展潜力巨大的优质资产，转型进入医药行业，使公司成为一家竞争力强的医药类上市公司，从根本上改善公司的经营状况，增强了上市公司持续盈利能力。

（二）"天价估值"，嘉林药业强势借壳登入A股市场

嘉林药业专注于心脑血管药物、抗肿瘤药物等领域。阿乐和盐酸曲美他嗪胶囊构成嘉林药业的主要产品。阿乐（含10 mg和20 mg两种规格）和盐酸曲美他嗪胶囊两类产品合计销售收入在2013年、2014年和2015年占嘉林药业全部营业收入的比例分别为95.87%、89.86%和95.99%。可以看出嘉林药业的营业收入几乎完全依赖于其明星产品。

此次交易对价为836 896.10万元，约为84亿元。如此高额的收购价格在A股医药领域并不多见，此次重组可谓大手笔收购。根据交易报告书中披露，置入资产的账面价值为121 377.21万元。近年来，由于销售方式的转变（由以前的自营推广销售模式为主，改为以经销商推广销售为主）、国家发改委多次对医药市场的药品价格进行下调等因素，嘉林药业的业绩并无太多的可圈可点之处。但是，真实的收购价格为嘉林药业账面价值的近7倍，翻至约84亿元，可谓"天价"估值。这主要是因为该收购价格是基于收益法评估的结果来确定的，也即该价格是从企业未来获利能力角度考虑的，反映的是企业各项资产的综合获利能力，而账面价值是从资产取得时途径考虑的，反映的是企业现有资产的历史成本。"治未病"已经成为医学界发展的重要领域，该观念也逐渐步入现代人的生活。随着我国居民生活水平和健康意识逐步提高，降血脂用药需求逐渐被激发出来，未来降血脂用药将迎来黄金发展期。嘉林药业是国内医药行业领先企业，其核心产品阿乐在国内调血脂药物领域市场占有率排名前三，预计未来仍将保持较快的发展速度，未来收益能力持续增强。

天山纺织在交易后不久更名为"德展健康"，蕴含着其将在关注国人健康领域大展宏图的美好愿景。

(三)交易结构复杂,典型的国企混改案例

此次交易方案分为四个部分,其中前三部分——重大资产置换、发行股份购买资产和股份转让之间有着紧密的联系,第四部分募集配套资金则在前三个实施条件满足的基础上再实施。同时因为上市公司是国资背景,此次交易又为借壳上市,国资委等各方面的审批和涉及的相关法律法规都较为复杂。本次交易还设置了员工持股计划,针对上市公司高管和其他员工设立了不超过3 000万份的员工持股计划,目的是为了保证交易的开展,给予置出资产的员工一些优惠。

值得关注的是,此次天山纺织的重组置换得到了国资委较快的审批,交易后,上市公司控股股东变为美林控股,原国有股东出让了控股权。复杂的交易结构下,国资委的较快审批和最后证监会的无条件通过预示着此次交易背后为政府主导。政府积极推进此次并购重组,目的是使得处于传统行业低谷的国有企业剥离低效资产,从而实现国有资产的保值增值。这是目前国企混改的一个方向。

(四)此次并购的意义

第一,注入优良资产,剥离低效资产。

嘉林为国内降血脂龙头,核心产品的市场占有率靠前,未来盈利有望大幅增长。而上市公司天山纺织的两项主营业务——毛纺织和矿业近年来盈利每况愈下。通过此次资产置换,天山纺织原国有股东凯迪投资及凯迪矿业变为第三大股东。上市公司由于行业原因,经营情况相对较差。此次重组,将优质标的资产置入上市公司,通过相关方的资本与业务运作,让资金流向高效率的企业,从而提高上市公司盈利水平,保护中小股东的利益。

第二,实现产业整合,优秀资产与资本市场对接,增强竞争力。

优势企业对业绩不振的企业进行吸收合并,可以救活一些经营不振甚至亏损的企业,政府和管理部门也非常乐意。从整个国民经济看,并购可以将经营资源进行再分配,对产业结构和企业结构作出合理的调整。通过本次交易,嘉林药业完成上市,抓住自己发展的黄金时期实现与资本市场对接,有利于嘉林药业增强资本实力,提升品牌影响力,促进业务拓展,实现快速增长。嘉林药业这样发展前景广阔的企业借助资本市场平台也将有助于抓住行业发展的有利

时机，提高核心竞争力，坚守降血脂行业龙头地位，实现公司战略发展目标。

五、市场表现(000813)

德展健康交易前后股价变动情况如图 21 所示。

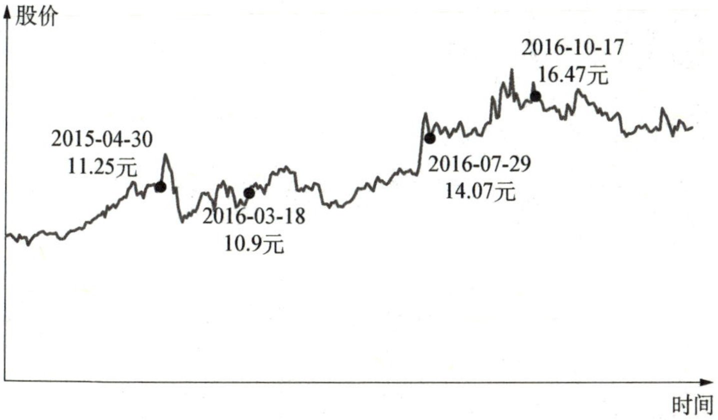

图 21　德展健康交易前后股价走势

000881
大连国际：
国资借壳民企，混改经典范式

一、收购相关方简介

（一）收购方：大连国际

中国大连国际合作(集团)股份有限公司是由中国大连国际经济技术合作集团有限公司独家发起并向社会法人和内部职工定向募集设立的股份有限公司,1998 年 9 月于深交所上市,发行股票后大连国际的注册资本变更为 9 543 万元。公司的主营业务适度多元化,与世界二十多个国家和地区开展了投资和经常性的业务合作,现已发展成为以国外工程承包、国际劳务合作、房地产、进出口贸易、远洋运输、远洋渔业和国内外投资为主业的实业化、综合性的企业集团。

（二）收购标的：中广核高新核材集团有限公司等七家公司

公司本次收购的标的资产为七家：高新核材、中科海维、中广核达胜、深圳沃尔、中广核俊尔、苏州特威以及湖北拓普。其中,高新核材、中科海维与中广核达胜均为中国广核集团旗下中广核核技术的子公司,而苏州特威、中广核俊尔、湖北拓普则又为高新核材旗下的子公司。中广核高新核材集团有

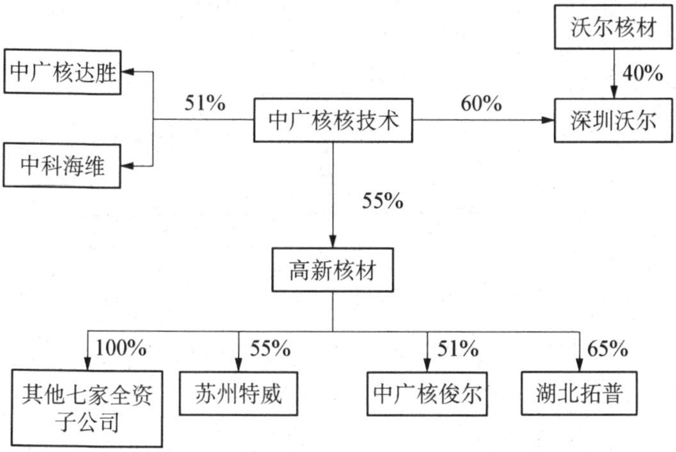

图22　标的公司及关联交易方关系结构图

限公司是国有混合所有制高分子材料研发、制造、销售的集团型企业，主营业务为核材料的研发，而其他标的公司从事的业务也与核技术或核材料相关。

（三）关联控股方：中广核核技术应用有限公司

中广核核技术应用有限公司是一家伴随中国改革开放和核电事业发展逐步成长壮大起来的中央企业，是国家特大型企业集团。截至2016年1月底，中国广核集团在建核电规模居全球第一（占全球核电在建规模的20%），在建与在运的核电规模均居全国第一（占中国大陆核电运行装机容量的59.8%、在建装机容量的51.7%），也是国内非核清洁能源（风能、太阳能、水能等可再生能源）的主要生产者之一。公司经营范围包括技术开发、技术咨询、技术服务、技术进出口等。成立5年的中广核核技术公司三大核心业务电子加速器、辐照加工服务、高新材料均处于国内领先地位，加速器产品已进入国际市场。2016年，中广核有五台机组投入商业运行，开工一台机组，在运容量达到19台、2 038万千瓦，保持中广核的中国最大、全球第五大核电运营商地位；在建容量9台、1 134万千瓦，保持全球最大的核电建造商地位。

二、收购事件一览

● 2015 年 4 月 21 日，大连国际公告筹划重大资产重组，公司股票开始停牌。

● 2015 年 11 月 27 日，大连国际召开公司第七届董事会第十六次会议，审议通过了关于本次交易的重组预案等相关议案。

● 2016 年 3 月 4 日，上市公司召开公司第七届董事会第十八次会议，审议通过了关于本次交易的重组报告书等相关议案。

● 2016 年 3 月 22 日，上市公司召开 2016 年第二次临时股东大会，审议通过了关于本次交易的重组报告书等相关议案。

● 2016 年 10 月 28 日，大连国际收到证监会的核准批复。

● 2016 年 12 月 14 日，标的公司股权已全部过户登记至大连国际名下。

三、收购方案

本次交易方案包括两部分，分别为发行股份购买资产和募集配套资金。

大连国际以发行股份的方式购买中广核核技术等交易对方持有的高新核材 100%股权、中科海维 100%股权、中广核达胜 100%股权、深圳沃尔 100%股权、中广核俊尔 49%股权、苏州特威 45%股权、湖北拓普 35%股权。上市公司在本次交易中向中广核核技术等交易对方发行 A 股股票共计 47 899.32 万股。标的资产的评估值合计为 420 077.03 万元，交易价格为 420 077.03 万元。

另外，大连国际通过锁价方式向中广核核技术等不超过 10 名配套融资投资者非公开发行股份募集配套资金，本次募集配套资金的股份发行价格为 10.46 元/股，最终募集资金总额不超过 28 亿元。

这次交易将导致上市公司大连国际的控制权变化，国合集团将不再为大连国际的控股股东，中广核核技术将成为大连国际的控股股东并获得控制权，中国广核集团将成为大连国际的实际控制人。此次收购不构成借壳上市。

表 7　交易完成前后大连国际股权结构变化情况表　单位：万股

股东名称		本次交易前		本次交易后	
		股份数量	持股比例	股份数量	持股比例
一致行动人	中广核核技术	—	—	29 129.85	27.60%
	核技术一致行动人	—	—	35 343.25	33.48%
	小计	—	—	64 473.10	61.08%
国合集团		5 677.28	18.38%	11 891.43	11.27%
国合长泽				478.01	0.45%
天津君联				1 912.05	1.81%
深圳隆徽				1 434.03	1.36%
其他股东		25 214.56	81.62%	25 371.18	24.03%
合计		30 891.84	100.00%	105 559.80	100.00%

四、案例评论

（一）上市公司借重组转型，打造新的利润增长点

大连国际经营业务广泛，涵盖远洋运输、工程承包、房地产开发、国际劳务合作、进出口贸易和远洋渔业等多个业务板块。但近年来，国际航运市场和国内二、三线城市房地产市场持续低迷，公司远洋运输租金收入和房地产销售价格受到较大影响，大连国际业绩严重下滑，且目前为止仍未出现复苏迹象。2015 年年报显示，上市公司大连国际的净利润为 -129 964.91 万元，较前两年有明显的严重下滑趋势。

而另一方面，核技术近年来迅速发展，逐步渗透到经济社会的更多领域，并且受到“两会”关注。在未来可能有政策支持的情况下，大连国际欲通过重组占领核技术应用领域的市场先机，把公司转型成为国内领先的核技术应用高新技术企业，从而弥补其他主营业务的“业绩黑洞”。

（二）“核老大”打造国内首家核技术应用 A 股上市平台

本次交易完成后，中国广核集团将成为大连国际的实际控制人，大连国际则成为中广核集团在国内的首家 A 股上市平台，此前中广核也通过不断收购来

增强自己的核心竞争力。

中广核核技术通过一系列针对性的并购整合,其经营业务已经产生了良好的规模经济效应。中广核核技术已实现加速器制造、辐照加工服务、改性高分子材料三大核心业务单元的国内布局,并逐渐提高着其在国际的影响力。本次交易既实现了大连国际的成功转型,为未来更多的创新和发展奠定资本市场基础,又增强了中广核的竞争力,并购上市公司为中广核提供了更多的资本和机会。

核电技术近两年来也是国家关注的重点,“一带一路”的战略互动也在逐渐增加,国家的支持也将更好地带动中国核技术的发展。

(三) 国资注入民企,混合所有制改革助力公司快速发展

该重组为典型的混合所有制改革案例,本次重组后,上市公司有望借助中国广核集团影响力,充分发挥自身的混合所有制优势,从而通过发展核技术逐渐恢复公司业绩。在此之前,中广核就收购了高新核材等民企,与民营企业开展合作之后,实现了双方收入、利润和业务规模的快速增长,共同打造核技术方面的核心竞争力,有效实现上下游产业协同。中广核核技术通过多次国资注入民企的并购方式,已成为国内最大的包括电子加速器、辐照服务以及辐照改性材料的一揽子解决方案提供商,各个业务板块之间在研发、生产、销售等环节上都实现了协同发展。

中国国有企业缺活力、民营企业缺资源的矛盾极其突出,而中广核核技术进入民营企业后很好地解决了这方面的矛盾,并为民企提供了更多有效的资源如强大的资金。技术和资金的有效配合,使得国企和民企的混合产生了更大的效益。本次并购,国企中广核核技术仍选择民企来打造上市平台,中国广核集团将全力支持上市公司依托资本市场做强做大,推动中国核技术产业的进一步整合和升级。

五、市场表现(000881)

大连国际交易前后股票价格变动情况如图 23 所示。

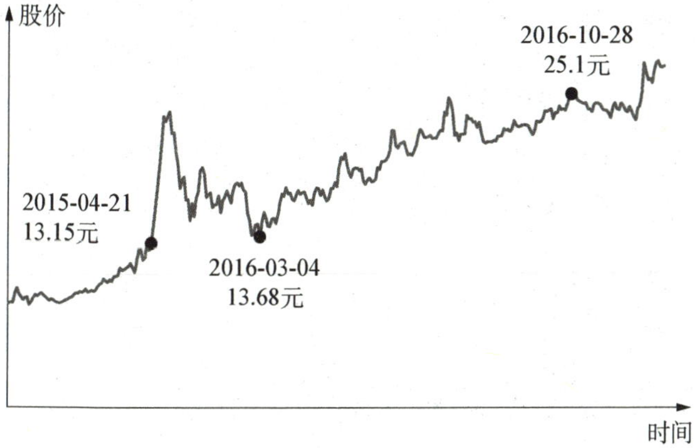

图 23 大连国际交易前后股票价格走势

600179

安通控股(原* ST黑化):物流商借壳,混改新范式

一、收购相关方简介

(一)收购方:黑龙江黑化股份有限公司(600179.SH)

1998年6月9日,经黑龙江省人民政府批准,黑化集团作为独家发起人,发行社会公众股,以募集方式设立了黑化股份。在2006年推进了股权分置改革后,其注册资本由3.3亿元增加至3.9亿元。黑化股份原是一家拥有数十年历史的老企业,主营业务包括焦化、化肥两大板块,主导产品为焦炭、尿素,煤化工产品包括甲醇、粗苯及焦油等。然而,受焦炭市场低迷及自身设备老化、安全环保方面存在隐患等多重因素影响,黑化的经营业绩在近年来一直举步维艰。因公司部分生产业务停产,预计2016年将亏损1.3亿元。此次交易前,黑化集团持有公司股份1.75亿股,占公司股份总数的44.95%,为公司控股股东,国务院国资委为公司实际控制人。待交易完成后,不考虑配套募集资金发行股份的影响,郭东泽、郭东圣作为一致行动人将共计持有公司约4.85亿股,占公司发行后总股本的50.18%,成为公司的控股股东及实际控制人。

（二）标的公司

1. 泉州安通物流有限公司

安通物流由郭东泽、郭东圣、林亚查三人于 2003 年 10 月成立，注册资本为 1 000 万元。安通物流是一家以经营国内集装箱海上运输、船舶代理、货物运输代理、多式联运、仓储、配送等业务的第三方综合物流服务公司。目前，安通物流经营 50 余艘集装箱船舶，年货运量 4 000 余万吨，其运力规模位居国内民营内贸集装箱企业第一、中国内贸集装箱企业第三，占国内市场份额(以运力计)约为 13%。安通物流已形成以泉州为运营中心，以渤海湾、山东半岛、长三角、海西经济区、珠三角及北部湾等区域为辐射点的业务网络，在 15 个省市和地区港口拥有 50 余个驻外机构，员工总数 350 余人，其中驻外人员 280 多人，年营运值额超过 30 亿元人民币。2011 年 3 月 11 日，安通物流以 VIE 模式实现海外上市。

2. 泉州安盛船务有限公司

安盛船务于 2002 年 4 月设立，注册资本为 505 万元。该公司目前主要从事国内水路货物运输业务，经营的航线以国内沿海的南北往复航线为主。安盛船务在 2010—2014 年迅速买船、造船，扩张运力。截至 2015 年 8 月，其经营的船舶共有 34 艘，总运力达 45 631TEU，其中 15 艘为自有船舶，19 艘为融资租赁船舶。安盛船务在全球集装箱船舶企业综合运力排名中位于第 27 位，在中国内贸集装箱民营企业排名第一位。

（三）收购关联方：仁建集团有限公司

仁建集团是一家主营业务涵盖“物流、航运、仓储、贸易、投资、冷链”六大板块的大型民营企业集团，员工总数 1 500 余人。集团以泉州为营运中心，以香港、上海为辐射点，在全国 15 个省、直辖市设立 70 余个业务机构，业务覆盖国内主要大中港口城市。目前，集团拥有和经营仁建系列船舶、安盛系列船舶、长荣系列船舶等，载重吨达 85 万吨，营运值达 60 多亿元；投入运营的各类集装箱 9 万余 TEU，各种服务物流车队及车辆 4 500 余台，堆场及仓储用地 35 万多平方米，在煤炭、矿产、粮食、钢材、化工、家电、融资等领域为客户提供高附加值的服务。此次交易涉及两个标的公司即安通物流和安盛船务，它们均是集团旗下的子公司。仁建集团的实际控制人为郭东圣和郭东泽，其中郭东泽任公司董事长，郭东圣为董事兼总经理。

二、收购事件一览

● 2014 年 12 月 2 日，*ST 黑化因筹划重大事项停牌。

● 2015 年 8 月 25 日，*ST 黑化董事会审议通过本次重组正式方案及相关议案。

● 2015 年 9 月 15 日，*ST 黑化收到国务院国资委的批复，原则同意公司本次非公开发行 A 股股份及置出全部资产、负债的方案。

● 2015 年 9 月 16 日，*ST 黑化股东大会审议通过本次交易正式方案。

● 2016 年 4 月 22 日，中国证监会核准实施此次重大资产重组。

● 2016 年 5 月 31 日，*ST 黑化因涉嫌信批违规被立案调查，重大资产重组暂行中止。

● 2016 年 7 月 8 日，*ST 黑化收到行政处罚决定书，立案调查已调查、审理终结。

● 2016 年 7 月 12 日，*ST 黑化恢复重组工作。

● 2016 年 7 月 17 日，交易已完成标的资产安通物流和安盛船务的 100% 股权过户手续及相关工商变更登记手续，安通物流和安盛船务已成为公司的全资子公司。

● 2016 年 9 月 8 日，配套募资已完成，新增股份已登记到账。至此，安通物流及安盛船务借壳 *ST 黑化以及配套募资已基本完成。

● 2016 年 11 月 17 日，公司证券简称由"黑化股份"变更为"安通控股"，证券代码"600179"保持不变。

三、收购方案

本次交易总体方案包括以下三部分：重大资产出售、发行股份购买资产、募集配套资金。

（一）重大资产出售

*ST 黑化拟向昊华化工出售本公司截至本次评估基准日的全部资产及负债，经各方协商确认，拟出售资产的最终交易价格为 2 739 万元。

（二）发行股份购买资产

＊ST 黑化拟向郭东泽、郭东圣、王强、纪世贤及卢天赠等人非公开发行人民币 A 股，以 6.34 元/股的价格发行 575 709 779 股，以购买其持有的安通物流 100%股权及安盛船务 100%股权。拟购买资产的交易价格为 365 000 万元，其中安通物流 100%股权的交易价格为 285 000.00 万元，安盛船务的交易价格为 80 000.00 万元。其中，安通物流 100%股权的增值率为 470.61%，而安盛船务 100%股权的增值率为 30.72%。

（三）募集配套资金

在此次交易方案中，上市公司还将以 7.26 元/股的发行价向郭东泽、长城国融定向增发，募集到的配套资金用于投资一些集装箱项目。在扣除与发行有关的费用之后，募集资金净额为 643 647 291.29 元。

本次交易完成后，＊ST 黑化的股本将由 3.9 亿股变更为约 9.66 亿股，安通物流和安盛船务两家企业共约占股 60%。郭东泽、郭东圣作为一致行动人将共计持有约 4.85 亿股，占股 50.18%，成为上市公司的控股股东及实际控制人。

＊ST 黑化在重组前后的前十大股东变动情况如表 8 所示。

表 8　重组前后＊ST 黑化前十大股东变动情况

收购之前(截至 2015 年 12 月 31 日)		收购之后(截至 2016 年 9 月 30 日)	
股东名称	占比(%)	股东名称	占比(%)
1. 黑龙江黑化集团有限公司	44.95	1. 郭东泽	35.19
2. 交通银行股份有限公司-工银瑞信互联网加股票型证券投资基金	3.5	2. 郭东圣	18.56
3. 中国昊华化工集团	2.99	3. 黑龙江黑化集团有限公司	16.5
4. 中国农业银行股份有限公司-工银瑞信创新动力股票型证券投资基金	2.24	4. 王强	6.5
5. 北京宏图昌历投资基金管理中心(有限合伙)	1.97	5. 纪世贤	1.77
6. 中国农业银行股份有限公司-工银瑞信信息产业混合型证券投资基金	1.42	6. 交通银行股份有限公司-工银瑞信互联网加股票型证券投资基金	1.7

续表

收购之前(截至 2015 年 12 月 31 日)		收购之后(截至 2016 年 9 月 30 日)	
股东名称	占比(%)	股东名称	占比(%)
7. 王顺兴	0.98	7. 中国昊华化工集团股份有限公司	1.1
8. 肖秋莲	0.66	8. 长城国融投资管理有限公司	0.94
9. 云南国际信托有限公司-云信瑞利 2015-3 号集合资金信托计划	0.62	9. 中国农业银行股份有限公司-工银瑞信创新动力股票型证券投资基金	0.88
10. 兴业银行股份有限公司-兴全全球视野股票型证券投资基金	0.6	10. 北京宏图昌历投资基金管理中心(有限合伙)	0.72

四、案例评论

(一) 巨额诉讼未披露,借壳事项被暂停

*ST 黑化在相对糟糕的经营业绩面前,一直在寻求通过资产重组等方式保壳自救。早在 2014 年底,黑化股份就宣布公司将进行重大资产重组,2015 年 5 月,黑化股份向外界公布了本次重组的具体方案,宣布安通物流及安盛船务拟通过此方式借壳上市。好不容易在 2016 年 3 月取得了中国证监会的核准批文,却由于涉嫌信息披露违法违规,黑化股份在 6 月被黑龙江证监局立案调查,具体原因是公司未及时披露一项涉案金额达 1.86 亿元的诉讼。案件调查期间,黑化的重组进程停止。就在外界纷纷担心此次重组是否会夭折时,*ST 黑化在 6 月 15 日表示,上述立案调查尚在进行,待前述立案调查结束后,在符合法律法规的前提下,各方将继续积极推进重大资产重组工作。然而,就在 *ST 黑化发布上述澄清公告后 2 天,证监会就修改《上市公司重大资产重组管理办法》公开征求意见。证监会称将完善配套监管措施,抑制投机"炒壳":"取消重组上市的配套融资,提高对重组方的实力要求;遏制短期投机和概念炒作,上市公司原控股股东与新进入控股股东的股份都要求锁定 36 个月,其他新进入股东的锁定期从目前 12 个月延长到 24 个月;上市公司或其控股股东、实际控制人近三年内存在违法违规或一年内被交易所公开谴责的,不得'卖壳'。"对于此事,*ST 黑化董秘表示,证监会推出的"重组办法"有一个过渡期,以股东大会

为界新老划断，而公司的方案已经在 2016 年 4 月过会了，属于正在实施阶段。幸运的是，＊ST 黑化于 6 月 23 日称公司已经与龙煤集团达成调解协议，黑龙江证监局对其信息披露违法违规案进行处罚后，黑化股份于 7 月恢复了被暂停的重组工作。

由此可见，仁建集团的借壳过程可谓惊险不断，也为今后对壳资源的全面调查敲响了一次警钟。

（二）"一带一路"利好海上物流业，"国企改革"机遇难得

此次借壳上市的安通安盛系中国领先的集装箱物流综合服务提供商。谋求借壳上市的公司总部位于泉州，《泉州市 21 世纪海上丝绸之路先行区建设总体方案》展示，泉州即将陆续启动 180 个配套项目，可见"一带一路"建设将给标的公司带来难得的发展机遇。值得一提的是，中国内贸集装箱运输起步较晚，直到 1996 年 12 月，中国第一条内贸集装箱航线（厦门—上海）才开通，比外贸集装箱航线晚近 20 年，但此后发展十分迅猛，年均增长速度达到 51.2%，远超外贸集装箱。作为国内领先的集装箱物流综合服务商，安通安盛在不断发展壮大，本次拟借壳上市也是公司从战略层面上，希望借助资本市场的力量，提升自身的市场竞争力和发展速度。未来 3 年，其将以集装箱航运为依托，以集装箱物流服务需求为导向，加强内部成本管控，构建集装箱大物流平台，致力于为客户提升物流服务附加值和物流产业链的延伸。

此次交易的壳资源黑化股份，也迎来了难得的改革机遇。随着国有企业改革指导意见印发，改革也将进入快车道。作为推进混合所有制改革的重要方式，围绕着国有企业的兼并重组将加速，部分国资上市平台资源将获得整合的机会。黑化股份曾处于焦煤行业，处境艰难，此番重组后其上市平台资源将能被更好地利用，不仅为国企"舒经活血"，也为具备发展潜力的优秀民营企业提供了发展机遇。

五、市场表现（600179）

安通控股交易前后股价变化情况如图 24 所示。

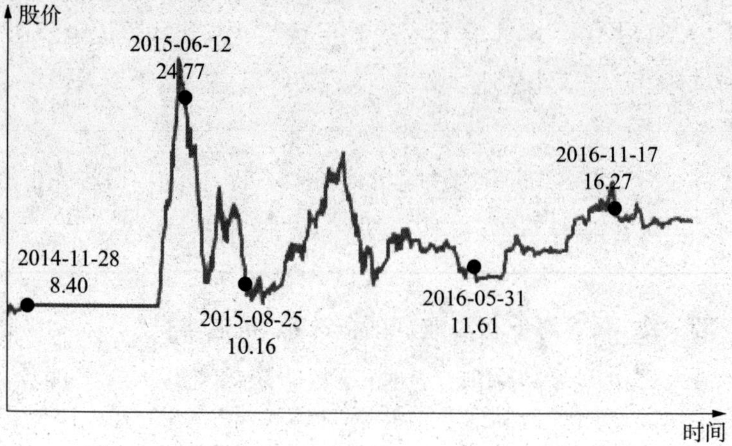

图 24　安通控股交易前后股票价格走势

第三辑　借壳上市并购

000617

中油资本(原* ST济柴):保旧壳强新体,大展腾笼换鸟之术

一、收购相关方简介

(一) 收购方: * ST济柴

济南柴油机股份有限公司是本次重组交易的收购方,成立于1996年10月11日,并于同年首次公开发行股票上市,注册资本为28 753.92万元。中石油集团为其实际控制人。

上市公司主要从事石油钻探、气体发动机、船用柴油机等业务,是中国非道路用中高速中大功率柴油机和气体发动机的主要制造商和服务商,其当前主要产品是190 mm缸径中高速柴油机、气体机及发电机组,主要应用于石油石化,近海、内河航运及渔业捕捞,煤层气、高炉尾气、沼气等气体发电等领域。

受全球经济放缓、原油和煤炭价格持续下跌等因素影响,国内石油动力装备需求下降,对 * ST济柴的生产经营造成较大冲击,内燃机产品业务连年亏损。

(二) 标的公司: 中油资本

中国石油集团资本有限责任公司前身为北京金亚光房地产开发有限公司,

于 1997 年 5 月 27 日成立。后经多次股权转让,2016 年 5 月由中石油集团 100%控股,2016 年 6 月 2 日,更名为“中国石油集团资本有限公司”。中油资本注册资本为 129 113. 30 万元,通过旗下各类子公司,分别经营财务公司、银行、金融租赁、信托、保险、保险经纪、证券、信用增进等业务,是全方位综合性的金融控股型公司。

(三) 关联方:中石油集团

中国石油天然气集团公司于 1998 年 7 月在原中国石油天然气总公司的基础上重组成立,为全民所有制企业,现注册资本为 3 798. 63 亿元,由国资委履行出资人职责。公司的主要业务为油气投资业务、工程技术服务、石油工程建设、石油装备制造、金融服务和新能源,在中国石油天然气生产、加工和销售市场中占据重要地位,是中国第一大石油和天然气生产商,中国主要的化工产品生产和销售商之一,中国最大的天然气运输和销售商。中石油集团是本次收购方 * ST 济柴和标的公司中油资本的控股股东。

二、收购事件一览

- 2016 年 4 月 20 日,济南柴油机股份有限公司接到控股股东中国石油集团济柴动力总厂的通知,拟筹划涉及本公司的重大事项,公司停牌。
- 2016 年 5 月 30 日,中石油集团决定以 2015 年 12 月 31 日为划转基准日,将其所持昆仑银行 77. 10%股权、中油资产 100%股权、昆仑金融租赁 60%股权、昆仑保险经纪 51%股权、中意财产 51%股权、专属保险 40%股权、中油财务 28%股权、中银国际 15. 92%股权、中债信增 16. 50%股权、中意人寿 50%股权无偿划转至中油资本。
- 2016 年 6 月 27 日,中国保监会以《中国保监会关于中国石油天然气集团公司金融业务整合上市有关事宜意见的复函》(保监函〔2016〕78 号)原则支持中石油集团通过“重大资产重组”方式,整合旗下金融业务并上市。
- 2016 年 7 月 19 日,本次重组的交易对方中石油集团董事会审议同意进行本次重大资产重组。
- 2016 年 9 月 5 日,上市公司第七届董事会 2016 年第七次会议审议通过本次重大资产重组相关议案，并同意签订本次重大资产重组涉及的相关协议。

● 2016 年 9 月 23 日，国务院国资委出具了《关于济南柴油机股份有限公司资产重组及配套融资有关问题的批复》(国资产权〔2016〕1078 号)，原则上同意石油济柴本次资产重组及配套融资的总体方案。

● 2016 年 9 月 26 日，上市公司 2016 年第三次临时股东大会审议通过本次重大资产重组相关议案。

● 2016 年 11 月 16 日，中国证监会上海监管局下发《关于对中银国际证券有限责任公司变更间接持有 5%以上股权股东的意见》(沪证监许可〔2016〕134 号)，对石油济柴拟通过依法受让中银国际股东中油资本 100%的股权，从而间接持有中银国际 15. 92%股权无异议。

● 2016 年 12 月 15 日，公司重大资产重组事项获得证监会无条件审核通过。

● 2016 年 12 月 23 日，中国证监会核准上市公司本次发行股份及支付现金购买资产并募集配套资金事宜。

● 2016 年 12 月 26 日，公司本次重大资产重组事项已完成置入资产的过户以及相关工商备案登记工作。

● 2017 年 1 月 16 日，公司撤销退市风险警示，证券简称由“*ST 济柴”变更为“石油济柴”，证券代码仍然为“000617”。

● 2017 年 2 月 10 日，公司中文证券简称变更为“中油资本”，英文证券简称变更为“CNPCCCL”，并完成相应经营范围的变更。

三、收购方案

(一) 交易方案

此次交易中，*ST 济柴通过重大资产置换并发行股份及支付现金购买中石油集团持有的中油资本 100%股权并募集配套资金。本次交易包括三个环节：(1)重大资产置换；(2)发行股份及支付现金购买资产；(3)募集配套资金。

在此次重组进行之前，上市公司的实际控制人中石油集团以 2015 年 12 月 31 日为基准日，将其持有的金融业务资产(包含中油财务 28%股权、昆仑银行 77. 10%股份、中油资产 100%股权、昆仑金融租赁 60%股权、专属保险 40%股份、昆仑保险经纪51%股份、中意财险51%股权、中意人寿50%股权、中银国际15.92%股权和中债信增16.50%股份）无偿划转至其全资子公司中油资本持有。

同时，中石油以中油资本100%的股权为本次重组的置入资产，* ST济柴以截至2016年5月31日经审计及评估确认的全部资产及负债作为置出资产，与中石油集团持有的前述中油资本100%的股权中的等值部分进行置换。置入资产与置出资产之间的差额部分，由 * ST济柴向中石油集团发行股份及支付现金购买。

具体而言，置入资产的评估值为7 550 898.08万元，置出资产的评估值为46 213.94万元。之间的差额部分为7 504 684.14万元，在资产置换的基础上，置入资产与置出资产之间的差额部分，由上市公司向中石油集团发行股份及支付现金购买，其中，上市公司为购买置入资产须向中石油集团支付的现金为603 617.30万元。而置入资产与置出资产及上市公司所支付现金之间的差额部分，由 * ST济柴以9.88元/股的价格向中石油集团发行股份购买，共发行股份6 984 885 466股。

而且，上市公司还向中建资本、航天信息、中国航发、北京燃气、国有资本风险投资基金、泰康资产、海峡能源、中海集运、中信证券和中车金证等10名符合条件的特定对象以10.88元/股的价格非公开发行A股股份不超过175 763.18万股以募集配套资金，募集的配套资金总额不超过1 900 000.00万元，不超过本次重组所涉及的发行股份购买资产的总交易金额的100%，扣除相关中介机构费用后，用于支付置入资产现金对价以及对昆仑银行、昆仑金融租赁和昆仑信托增资等。

本次配套融资以本次重组的成功实施为前提条件；同时，本次重组以 * ST济柴在本次配套融资完成后的股权分布仍符合深交所上市条件为前提。本次交易完成后，中油资本成为上市公司的全资子公司，* ST济柴控股股东由济柴总厂变更为中石油集团，实际控制人仍为中石油集团。

由于本次交易不会导致上市公司控制权变更，因此不构成借壳上市。

（二）股权结构变化

本次重组过程中，中油财务28%股权、昆仑银行77.10%股权、中油资产

100%股权、昆仑金融租赁60%股权、专属保险40%股权、昆仑保险经纪51%股权、中意财险51%股权、中意人寿50%股权、中银国际15.92%股权和中债信增16.50%股权被划转至中油资本后,中油资本主要下属企业情况发生变化。本次交易前后上市公司的股权结构变化如图25、图26所示:

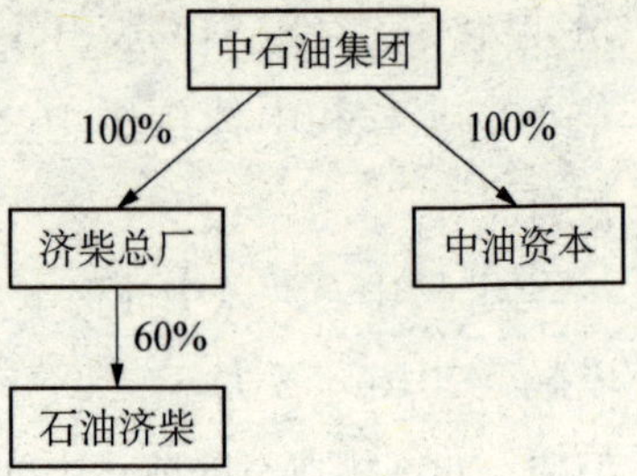

图25 重组前中油资本股权结构

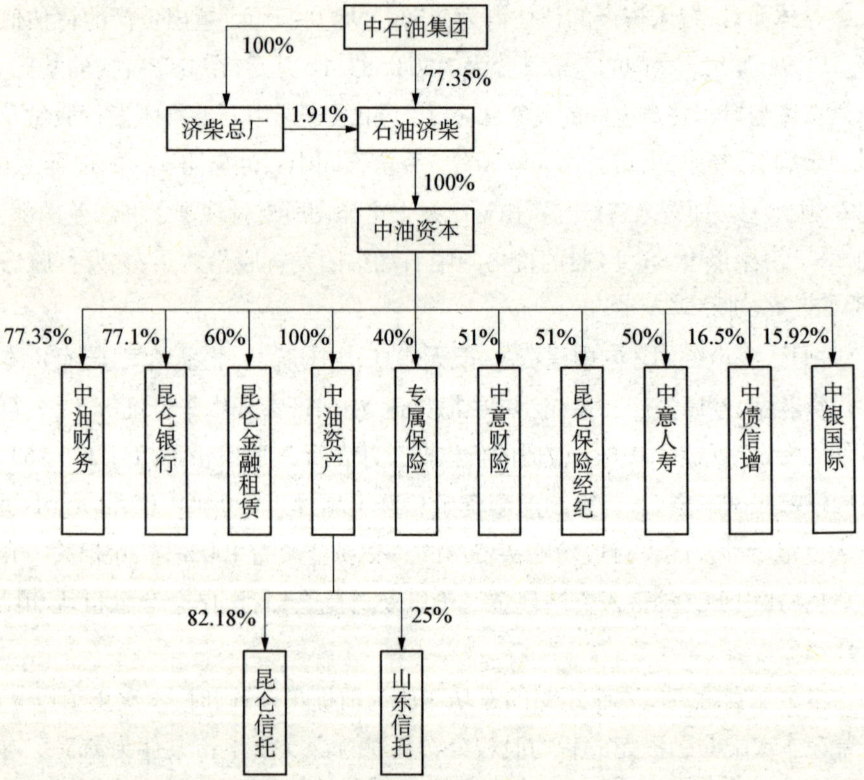

图26 重组后中油资本股权结构

四、案例评论

本次上市公司 * ST济柴实控人中石油集团将其金融业务资产无偿划转至其全资子公司中油资本,并以中油资本100%股权置入 * ST济柴的并购案例是

2016年资产注入作价最高的并购重组案例,也是资本市场有史以来最大的重组案之一。

(一) 迎合国企改革浪潮,解决退市危机

*ST济柴的主营业务为内燃机的制造、研发及销售,主要应用于石油石化,近海、内河航运及渔业捕捞,煤层气、高炉尾气、沼气等气体发电等领域。近年来,由于受全球经济以及行业风险的影响,公司内燃机产品业务连年亏损,上市公司业绩承受了巨大的压力。2011年至2014年,*ST济柴在5年时间中仅有1年实现盈利,累计亏损金额超过3亿元。2016年上半年,*ST济柴再度亏损1.57亿元,与去年同期相比利润大降2 697.09%。连续两年亏损的*ST济柴如果不能扭转亏损局面,将会被实行暂停上市交易。由此可见,*ST济柴已经处于退市边缘。

从注入资产的盈利能力来看,中油资本近年来的业绩表现非常抢眼。2015年,中油资本实现的归属母公司净利润为61亿元,净资产收益率约11%。根据资产评估结果,中油资本截至2016年5月31日的并表总资产约为7 600亿元,归属母公司股东净资产约为530亿元;2016年前5个月内,中油资本实现归属母公司净利润已达30亿元,净资产收益率约为6%。在中油资本旗下业务中,昆仑信托和昆仑金融租赁的业绩尤其突出,昆仑信托累计管理资产超过2 100亿元,昆仑租赁的租赁资产规模在2014年底就已经超过500亿元,涉及能源、交通运输等行业。由此可见,此次重大资产重组注入上市公司的11家相关企业资产均为盈利性较好的金融类资产,并且金融资产贡献的利润能够较好地弥补产业直投回报周期长的弱势,同时新兴产业直接投资又符合国家对央企投资的政策期待,能够有效提升上市公司的业绩弹性。

通过本次交易,上市公司置出原有盈利能力较弱的资产,而置入优质金融资产,有利于实现业务转型,同时能够有效拓宽盈利来源,提升可持续发展能力、抗风险能力以及后续发展潜力,为整体经营业绩提升提供保证。随着后续中油资本100%的股权置入,*ST济柴的业务范围将会涵盖财务公司、银行、金融租赁、信托、保险、保险经纪、证券等多项金融业务,上市公司将会成为全方位的综合性金融业务公司。

同时,在国企改革的大浪潮下,金融业务整合已成为中石油集团“十三五”

改革创新的重要战略任务。本次重组将金融板块相关资产注入 * ST 济柴，打造综合性金融服务平台和资本运营平台，符合国有企业混合所有制的改革精神，优化国有资产资源配置和运行效率；同时，对于投资金融业务的实业企业集团，中国人民银行鼓励在企业集团内下设公司专门管理金融业务，实现实业与金融业的风险隔离。将金融业务整合并注入上市公司，将改变目前中石油集团直接持有各金融企业股权的情况，可以提升中石油集团、中油资本和金融子公司的抗风险能力。

（二）进驻金控平台，保壳成功"一石二鸟"

此次中石油集团将旗下 755 亿元的金融资产注入 * ST 济柴，这一交易金额创下 2016 年以来 A 股并购重组之最。重组完成后，连续两年亏损的 * ST 济柴将变身为中石油集团的金控平台，并有望成功保壳，可谓是"一石二鸟"。

具体而言，自公司上市以来，其控制权未发生变更，控股股东一直为济柴总厂，实际控制人为中石油集团，而交易完成后，公司的控股股东由济柴总厂变为中石油集团，实际控制人未发生变更。尽管资产规模触碰"借壳红线"，但是根据《重组管理办法》第十三条，其实际控制人未变更，不能算作借壳，而只是中石油自己旗下的资产注入、"腾笼换鸟"而已。

而此前，* ST 金瑞（600390. SH）已成为央企中国航空工业集团旗下的金控平台，拥有信托、证券、期货和租赁公司等金融全牌照。在央企金控集团扩围背后，传统企业主业萎靡，央企腾笼换鸟促进"保旧壳强新体"，并且近年来中国金融控股公司星火燎原，央企金控、地方金控、民营金控、互联网金融混业经营，各类机构也层出不穷，而本次交易是类似案例的一大风向标。

（三）募集配套资金，央企"联合舰队"纷纷捧场

本次重大资产重组过程中上市公司拟以非公开发行方式向中建资本、航天信息、中国航发、北京燃气、国有资本风险投资基金、泰康资产、海峡能源、中海集运、中信证券和中车金证等 10 名符合条件的特定对象发行股票以募集配套资金。其中，中建资本、航天信息、中国航发、北京燃气、国有资本风险投资基金、海峡能源、中海集运和中车金证以自有或自筹资金认购本次配套融资股份；泰康资产通过"泰康资产丰华股票专项养老金产品"认购本次配套融资股份；中

信证券以设立资产管理计划的方式认购本次配套融资股份。以上投资者均以现金认购。通过募集配套资金用于股权置换及收购资产可以有效避免因本次重大资产重组导致原本就负债累累的上市公司无法维持现有的经营状况,缓解现金压力,从而控制公司的财务风险以及稳定公司的抗险能力。

同时,这份认购名单中的多家央企同样也处于重组的风口,如中国航发为最新组建,8 月 29 日,中航动力(600893. SH)、成发科技(600391. SH)、中航动控(000738. SZ)三家 A 股公司相继公告实际控制人变更为中国航发;中海集运也在进行资产整合,由集装箱班轮运营商转变为依托航运金融、综合发展非航融资租赁业务的综合性金融服务商,通过战略入股石油济柴的方式,一方面汲取中石油集团金融业务发展的宝贵经验,另一方面也可寻求与中石油集团的合作机会,从而加速自身金融业务的发展;航天信息也希望通过本次合作,对其金融支付产业发展起到一定的支撑作用,与中油资本建立合作关系,实现互利共赢。

可见,本次重组得到了多家央企的联手互助,在国家政策支持的大背景下,更有商业伙伴的战略资助,更加提高了重组后企业的业绩提升能力。

(四) 业绩爆发或将面临更大挑战

中石油通过将旗下资产整合上市,可以达到降低成本、提高效率的效果。但是中石油旗下的金融业务,基本是依托于中石油自身业务发展起来的,与集团其他业务交织在一起,共同服务于中石油集团的发展。因此,即便上市之后,其主营业务的模式、服务内容以及业绩发展等将继续按照原有模式进行。所以即使在中石油整合的金融资产业绩表现非常不错的情况下, * ST 济柴甚至整个中石油集团要在上市之后所能实现的业绩预期也应该是有限的。

要扭转中石油的业绩颓势,从根本而言,还是需要靠其油气、工程等核心业务。但是由于石油的开采成本不断降低,国际油价近年来也呈现不断下跌的走势,这让石油逐渐转变为一般性的商品。与此同时,随着科技的不断发展,汽车发动机的能效不断提高,也导致消费者对石油的消耗逐渐减少。而新能源技术的不断进步,也将对石油工业的发展构成挑战,随着新能源技术的成熟,甚至可能改变未来的能源利用格局。从近年来国际能源发展的大环境和趋势来看,不仅中石油的油气业务,而且油气能源自身的发展前景都已经不甚乐观。

所以，中国石油产业的黄金发展时代已经过去，仅仅靠并购重组并不能改变整个石油业的现状，未来可能还将面临更大的挑战。

五、市场表现(000617)

＊ST 济柴交易前后股价变动情况如图 27 所示。

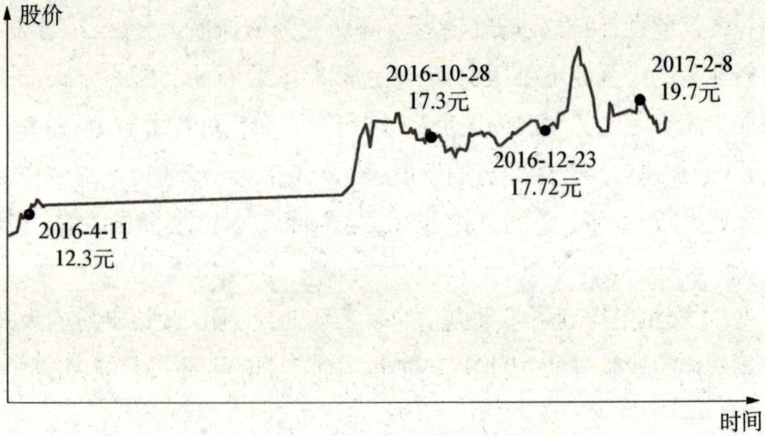

图 27　＊ST 济柴收购前后股价走势

000820
神雾节能（原金城股份）：重组自救，江苏院借壳上市

一、收购相关方简介

（一）收购方：金城造纸股份有限公司

金城造纸股份有限公司位于辽宁省凌海市，其前身金城造纸厂建于1939年，公司的主营业务为机制纸浆、机制纸及纸板、黏合剂生产、销售；造纸技术的咨询、服务；蒸汽、电力生产供应，是一家以芦苇为主要原料，以亚硫酸法制浆造纸的大型民营控股企业。金城造纸股份有限公司于1998年在深交所上市，2006年7月，公司对国有资产进行重组、完成股权分置改革、实现国有股权退出后，锦州鑫天纸业有限公司成为金城股份的控股公司。2012年，公司进行了破产重整，朱祖国在公司2012年破产重整过程中，通过与高万峰、曹雅群、张寿清签署《一致行动协议》，约定在公司重整及后续资产重组中一致行动。朱祖国通过《一致行动协议》的安排成为公司实际控制人。2013年4月26日公司股票在深圳证券交易所恢复上市。金城股份的主要产品有胶印书刊纸、胶版印刷纸、书写纸、期刊专用纸和黏合剂。产品行销全国26个省，并出口至中国香港、马来西亚、伊朗等国家和地区。但从2008年开始，金城股份主营业务经营遇到重大困难，破产重组仍未使公司完全脱离困境。

（二）收购标的：江苏省冶金设计院有限公司

江苏省冶金设计院有限公司，简称江苏院，前身为江苏省冶金工业局冶金设计院，成立于1958年11月22日，为江苏省冶金工业局下属的事业单位。2004年8月，江苏院进行了整体改制，改制后新组建的江苏院全部由自然人股东出资注册组成，国有资本（管理单位为南钢集团）全部退出。2007年，北京神雾热能技术有限公司正式收购江苏省冶金设计院有限公司的90%股权。并购后北京神雾热能技术有限公司将把江苏省冶金设计院有限公司作为其唯一的冶金平台。神雾有限收购江苏院可以充分发挥其在冶金行业的技术优势，为拓展冶金行业业务奠定基础。次年神雾有限收购江苏院剩余的10%股权，江苏院公司变更为一人有限责任公司。自2013年以来，江苏院一直以工程总承包（EPC）和咨询设计（Engineering）服务模式，向钢铁、有色和冶金等工业领域的高能耗高污染客户推广一系列工业节能环保和资源综合利用技术，涵盖了工业节能环保和资源综合利用工程建设的主要环节，对矿产资源、钢铁、有色等高能耗高污染行业的工艺、路线进行创新，实现了工业行业的节能环保和资源综合利用。

（三）关联控股方：北京神雾环境能源科技集团股份有限公司

北京神雾环境能源科技集团股份有限公司成立于1996年，目前拥有9家控股子公司（含2家中国A股上市公司，市值460亿元），总资产165亿元，员工4 000余人。神雾集团的主营业务为工业节能技术推广服务，长期致力于工业节能减排技术与资源综合利用技术的研发与推广，是目前中国专业从事非常规化石能源、矿产资源及可再生资源高效清洁利用、新技术研发及产业化实施的行业领军企业。

北京神雾环境能源科技集团股份有限公司持有标的公司的100%股权，吴道洪为这两个公司的实际控制人。

二、收购事件一览

- 2015年5月29日，金城股份发布关于筹划重大资产重组停牌的公告。

● 2015年8月25日，金城股份召开第七届董事会第十次会议，审议通过了本次交易草案及相关议案。

● 2015年9月28日，上市公司股东大会审议通过关于公司相关主体重组承诺变更履行的议案，本次交易具体方案及其他相关议案。

● 2016年7月25日，金城股份收到中国证监会核准批文通过本次重组交易。

● 2016年12月16日，金城股份证券简称变更为“神雾节能”。

三、收购方案

此次重组方案由重大资产出售、置换及发行股份购买资产三部分组成，具体为上市公司通过进行重大资产出售、置换及发行股份的方式购买江苏院100%股权，同时置出上市公司除货币资金以外的全部资产和负债。

（一）重大资产出售

金城股份出售的资产为截至基准日2015年6月30日金城股份长期股权投资（金地纸业100%股权和锦州宝盈100%股权）、其他应收款（应收金地纸业3 500万元）。金地纸业100%股权的交易价格为1 677.13万元，锦州宝盈100%股权的交易价格为547.87万元，其他应收款（应收金地纸业3 500万元）的交易价格为3 500万元，出售资产合计交易价格为5 725万元。

（二）资产置换

本次交易中置出资产为截至基准日金城股份除货币资金和上述出售资产以外的全部资产和负债（不包括因本次重组所发生的中介机构费用），置出资产的交易对方为神雾集团，置出资产的交易价格为21 397.68万元。

（三）发行股份购买资产

本次发行股份购买资产的发行方式为向特定对象非公开发行，发行对象为神雾集团。江苏院100%的股权（扣除上述重大资产置换部分），由金城股份向神雾集团以非公开发行股份的方式购买。注入资产的交易价格为346 000万元，扣除重大资产置出的交易价格 21 397.68 万元，发行股份购买资产价值为 324 602.32 万元。

表 9　交易完成前后金城股份股权结构变化情况表　　单位：万股

股东名称	重组前		本次增减股份数量（万股）	重组后	
	持股数量（万股）	持股比例		持股数量（万股）	持股比例
神雾集团			34 941.05	34 941.05	54.83%
文菁华	3 080.23	10.70%		3 080.23	4.83%
曹雅群	2 494.14	8.67%		2 494.14	3.91%
锦州鑫天贸易有限公司	2 230.36	7.75%		2 230.36	3.50%
张寿清	1 103.61	3.83%		1 103.61	1.70%
社会公众股东	19 875.14	69.05%		19 875.14	31.19%
总股本	28 783.476	100.00%	34 941.05	63 724.526	100.00%

四、案例评论

（一）重组几度折戟，破产边缘寻求资产重组对象

本次交易中的上市公司经营业绩堪忧，主营业务盈利能力较差，所处造纸行业属于传统行业，且由于环保压力日益增大，行业形势相对严峻。金城股份自身规模较小，产品结构相对单一，销售地区主要限于东北地区和北京地区，盈利能力和抗风险能力极差。因公司 2008 年度、2009 年度、2010 年度连续三年亏损，根据深圳证券交易所《关于金城造纸股份有限公司股票暂停上市的决定》，公司股票于 2011 年 4 月 28 日起暂停上市。2012 年，公司进行了破产重整。在金城股份实际控制人朱祖国将补偿承诺履行完毕后，2013 年 4 月 26 日公司股票在深圳证券交易所恢复上市。恢复上市后，公司的经营业绩并未有较大的起色，2013 年至今扣除非经常性损益的净利润持续为负值。金城股份未来持续经营能力面临较大不确定性，如果再不采取行动，公司将再次面临退市风险。

引入资产重组方，“卖壳”是解决上市公司目前困境的一个好办法。事实上

从2012年法院裁定金城股份破产退市起，朱祖国及一致行动人就作出了将矿业资产注入上市公司等相关承诺，并且一直在寻求资产重组。重整以后，朱祖国及一致行动人积极履行承诺，但拟注入资产恒鑫矿业的金龙-葫芦因整合矿区合并资源/储量报告一直未完成，恒鑫矿业收购金龙金矿的五个探矿权的过户手续也未及时办理完毕及国家政策对稀土矿开采限制，使恒鑫矿业稀土矿资产不具备注入条件，朱祖国作出的相关资产注入承诺已属于无法履行承诺或履行承诺将不利于维护上市公司权益的情形。第一次寻求资产重组失败。

2014年10月，金城股份提出重组方案，拟以17亿元跨界收购百花集团，百花集团主要从事中药和苗药的研发、生产和销售。但两个月之后，金城股份第二次资产重组就以失败告终。

几度失败的资产重组和传统造纸行业经营不善的状况，让金城股份越来越亟需引入新的资产重组来收拾“烂摊子”。而此时，目标公司江苏院也想借助资本市场谋求进一步发展，两家公司一个想脱困、一个想上市，一拍即合，于是紧锣密鼓地将重组安排起来。

（二）造纸企业变身环保股，风险重重中有条件通过

金城股份原有的业务是污染环境的传统行业，而江苏院是一个冶金行业领先的节能环保技术方案提供商和工程承包商，主打节能环保，有国家政策支持。而且江苏院是神雾集团旗下较为优质的资产。此次资产置换通过后，神雾集团将变更为上市公司的第一大股东，持股比例为54.83%，江苏院也成为集团旗下的上市公司，融资地位突出。重组后，金城股份将成为神雾集团的第二个上市平台，与神雾环保成为“同门兄弟”，“双融资平台”的搭建将使神雾集团的资本实力大大增强。江苏院成功地通过“借壳”实现了与资本市场的对接，但这并不代表它可以“坐享其成”了。

1. 存在风险一：营业收入不及预期

本次交易中，江苏院的净资产为2.25亿元，但评估值为34.63亿元，评估增值率高达1 434.71%。除了高增值率，江苏院控股方神雾集团还给了一个超高的业绩承诺：2016年、2017年、2018年经审计扣除非经常性损益后归属于母公司股东的净利润将分别不低于3亿元、4亿元、5亿元。然而从业绩上看，2012年至2014年，江苏院三年的净利润相加也只不过刚满1亿元。2015年江

苏院实现营业收入 6.55 亿元，净利润 1.71 亿元。从之前几年的业绩估测来看，之后几年中，江苏院要实现 2015 年两倍甚至三倍的净利润目标，并不是那么容易。

2. 存在风险二：过多在手订单和意向合同

这两年江苏院业绩的转好和超高的增值率源于江苏院的在手订单和意向合同。在手订单和意向合同将是未来收益，并非能完完全全转化为真正的收入，这将成为江苏院实现业绩承诺的一大风险。工程总承包项目具有项目规模较大、工程周期较长、涉及工程环节较多等特点，江苏院在工程总承包项目中需要负责该工程的全部阶段或若干阶段的工作。因此，在实际项目执行过程中，可能会出现业主工程款无法及时到位、设备或原材料不能按时或保质保量地供应等不利情况。在此情形下，江苏院将面临项目不能按时交付的风险，在手订单并不必然能够全额转化为收入。并且，受宏观经济形势、下游行业景气程度、业主资信情况和现金流状况及业主所在国的政策因素影响，目前的意向合同也可能不能转化为实际合同。

3. 存在风险三：限制关联交易影响业绩

另外，关联交易也是公司重组的另一重大风险。2013 年至 2015 年，江苏院与金川神雾、神雾环保等关联方发生的关联销售分别为 330.19 万元、4 885.38 万元、56 658.54 万元，占当期营业收入的比重分别是 1.13%、45.54%、86.52%。同时，2013 年至 2015 年江苏院对神雾集团、湖北神雾的关联采购金额分别是 0.46 万元、506.55 万元和 4 023.85 万元。关联交易激增、江苏院高管人员变动曾使此次重组被否。由于此次重组构成借壳上市，按照规定，江苏院借壳将按照 IPO 标准进行审核。然而，其对关联交易的依赖会构成借壳障碍。所以，此次上市，江苏院对关联交易问题也作出了承诺，制定关联交易管理制度、减少关联交易规模、保证不通过关联交易操纵利润。在对关联交易的严格限制下，曾经营业收入大量依赖于关联交易的江苏院未来的业绩可能会受一定影响，这也将对上市公司的未来生产经营和盈利能力的稳定性造成一定的冲击。在风险重重下重组过关，金城股份更名为“神雾节能”躲避即将破产的传统行业，虽然搭上了环保这辆快车，但其未来要面对的风险和挑战也是不可小觑的。

五、市场表现(000820)

神雾节能交易前后股票价格变动情况如图 28 所示。

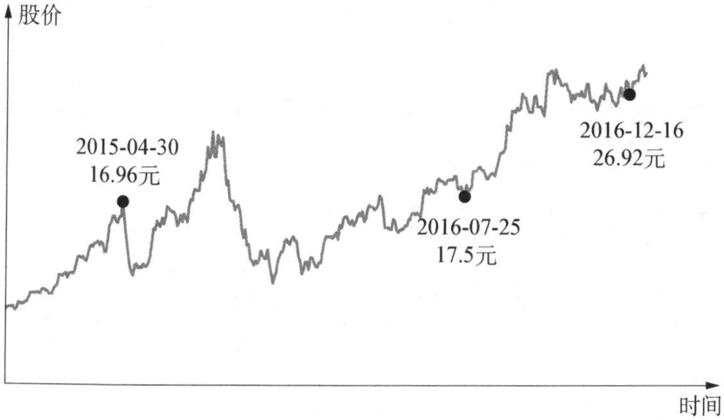

图 28　神雾节能交易前后股票价格走势

002352

顺丰控股(原鼎泰新材):借壳上市,快递巨头又一股

一、收购相关方简介

(一)收购方(买壳方):深圳顺丰泰森控股(集团)有限公司

深圳顺丰泰森控股(集团)有限公司于 2008 年 8 月设立,前身为深圳泰海投资有限公司。顺丰控股系国内领先的快递物流综合服务提供商,不仅为客户提供全方位的物流服务,也提供包括信息服务、仓储服务等在内的一体化供应链解决方案。经过多年发展,顺丰已在物流圈构建了集物流和信息流为一体的开放生态系统,是中国现代物流运输行业的领先者。

(二)标的公司:鼎泰新材(002352.SZ)

鼎泰新材全称马鞍山鼎泰稀土新材料股份有限公司,前身为马鞍山市鼎泰科技有限责任公司,由刘冀鲁等 11 名自然人和马鞍山市鼎泰金属制品公司出资设立,于 2010 年 2 月 5 日在深交所上市。公司主要从事稀土新材料的研发及其在镀层防腐领域的应用,主营业务为生产、销售稀土合金镀层钢丝、钢绞线和 PC 钢绞线等金属制品。

二、收购事件一览

- 2016年4月5日，鼎泰新材因策划重大资产重组事项开始停牌。
- 2016年5月22日，鼎泰新材召开第三届董事会第十三次会议，审议通过了本次重大资产重组的相关预案。
- 2016年5月31日，鼎泰新材重新复牌。
- 2016年6月30日，鼎泰新材召开2016年第一次临时股东大会，逐项表决通过了本次重大资产重组的相关预案。
- 2016年7月26日，鼎泰新材发布重大资产重组方案的修订稿，顺丰控股剥离相关的金融业务，不参与此次重大资产重组。
- 2016年9月27日，鼎泰新材再次发布重大资产重组方案的修订稿，计划置入鼎泰新材的顺丰控股，将向控股股东明德控股转让其持有的深圳中顺易金融服务有限公司31.80%的股权及深圳市物流产业共赢基金股份有限公司10%的股权，进一步剥离相关金融业务。
- 2016年9月29日，鼎泰新材收到中国证监会并购重组委员会审议审核公司重大资产置换及发行股份购买资产并募集配套资金暨关联交易之重大资产重组事项的通知，公司停牌。
- 2016年10月11日，鼎泰新材收到证监会关于本次重大资产重组事项获得中国证监会并购重组委员会有条件通过的通知并复牌。
- 2016年12月11日，鼎泰新材董事长刘翼鲁，董事胡卫红、陈炬、赵颖坤，独立董事张力，监事戴卫星、齐跃进、刘钊，总经理刘凌云辞职。
- 2016年12月26日，本次重大资产重组事项完成拟购买资产深圳顺丰泰森控股(集团)有限公司过户手续及相关工商变更登记事宜，顺丰控股成为鼎泰新材的全资子公司。
- 2016年12月28日，鼎泰新材召开了2016年第二次临时股东大会，会议选举王卫、林哲莹、张懿宸、张锐、杜浩洋、罗世礼、吴玮婷为非独立董事，选举金李、张力、周永健、周忠惠为独立董事，选举刘翼鲁、刘凌云、官力为非职工代表监事。
- 2017年2月24日，鼎泰新材更名顺丰控股。

三、收购方案

本次交易方案包括：(1)重大资产置换；(2)发行股份购买资产；(3)募集配套资金。重大资产置换和发行股份购买资产互为条件，共同构成本次交易不可分割的组成部分，任何一项因未获得监管机构批准而无法付诸实施，则另一项交易不予实施。募集配套资金在前两项交易的基础上实施，募集配套资金最终成功与否不影响前两项交易的实施。

(一) 重大资产置换

鼎泰新材以截至2015年12月31日经审计及评估确认的全部资产及负债(拟置出资产)与顺丰控股全体股东持有的顺丰控股100%股权(拟置入资产)的等值部分进行置换。其中，鼎泰新材全部资产及负债作价为79 600万元，顺丰控股100%股权作价为4 330 000万元。

(二) 发行股份购买资产

本次交易中拟置出资产最终作价79 600万元，拟购买资产最终作价4 330 000万元，两者差额为4 250 400万元。购买资产与置出资产的差额部分由鼎泰新材以发行股份的方式自顺丰控股全体股东处购买。经除权、除息调整后，本次购买资产的股份发行价格为10.76元/股。据此计算，公司向顺丰控股全体股东发行股份的数量为3 950 185 873股。

(三) 募集配套资金

鼎泰新材拟采用询价发行方式向不超过10名符合条件的特定对象非公开发行股份募集配套资金，总金额不超过800 000万元。本次募集配套资金扣除中介费用及相关税费后将用于顺丰控股航材购置及飞行支持项目、冷运车辆与温控设备采购项目、信息服务平台建设及下一代物流信息化技术研发项目、中转场建设项目。发行价格不低于定价基准日前20个交易日公司股票交易均价的90%，即不低于22.19元/股，经除权除息调整后发行价格为不低于11.03元/股。根据募集配套资金上限和发行底价计算，本次交易募集配套资金所发行股份数量不超过725 294 650股。

（四）股权变动

不考虑配套融资因素，本次交易完成后，王卫控制的明德控股将持有上市公司总股本的64.58%；考虑配套融资因素，本次交易完成后，王卫控制的明德控股将持有上市公司总股本的55.04%（募集配套资金发行价格按照发行底价测算）。明德控股将成为本公司控股股东，王卫成为鼎泰新材的实际控制人。

不考虑配套融资因素，本次交易完成前后鼎泰新材的股权结构如表10所示。

表10 重组前后鼎泰新材股本结构变化情况（未考虑配套融资）

股东名称	本次交易之前		本次发行股份数量	本次交易之后	
	持股数量	持股比例		持股数量	持股比例
刘翼鲁	100 164 338	42.90%	—	100 164 338	2.39%
中科汇通（深圳）股份投资基金有限公司	14 456 200	6.19%	—	14 456 200	0.35%
刘凌云	14 394 704	6.16%	—	14 394 704	0.34%
重组前鼎泰新材其他股东	104 477 098	44.75%	—	104 477 098	2.50%
明德控股	—	—	2 701 927 139	2 701 927 139	64.58%
顺达丰润	—	—	392 253 457	392 253 457	9.38%
嘉强顺风	—	—	266 637 546	266 637 546	6.37%
招广投资	—	—	266 637 546	266 637 546	6.37%
元禾顺风	—	—	266 637 546	266 637 546	6.37%
古玉秋创	—	—	53 327 509	53 327 509	1.27%
顺信丰合	—	—	2 765 130	2 765 130	0.07%
合计	233 492 340	100.00%	3 950 185 873	4 183 678 213	100.00%

考虑配套融资因素，本次交易完成前后鼎泰新材的股权结构如表11所示。

表 11　重组前后鼎泰新材股本结构变化情况(考虑配套融资)

股东名称	本次交易之前		本次发行股份数量	本次交易之后	
	持股数量	持股比例		持股数量	持股比例
刘翼鲁	100 164 338	42.90%	—	100 164 338	2.04%
中科汇通(深圳)股份投资基金有限公司	14 456 200	6.19%	—	14 456 200	0.29%
刘凌云	14 394 704	6.16%	—	14 394 704	0.29%
重组前鼎泰新材其他股东	104 477 098	44.75%	—	104 477 098	2.13%
明德控股	—	—	2 701 927 139	2 701 927 139	55.04%
顺达丰润	—	—	392 253 457	392 253 457	7.99%
嘉强顺风	—	—	266 637 546	266 637 546	5.43%
招广投资	—	—	266 637 546	266 637 546	5.43%
元禾顺风	—	—	266 637 546	266 637 546	5.43%
古玉秋创	—	—	53 327 509	53 327 509	1.09%
顺信丰合	—	—	2 765 130	2 765 130	0.06%
其他不超过 10 名配套融资特定投资者	—	—	725 294 650	725 294 650	14.77%
合计	233 492 340	100.00%	4 675 480 523	4 908 972 863	100.00%

四、案例评论

顺丰控股一改往日低调,直接出击 A 股,借壳上市成功后,“中国快递第一股”之争尘埃落定。顺丰借壳上市和其做物流的风格一样,非常讲究效率和速度,整个交易过程一气呵成。同时,在细节方面,为了确保上市稳健,顺丰的高层团队可谓是“心有猛虎,细嗅蔷薇”。

(一) 顺丰借壳的原因: 上市刻不容缓

顺丰借壳成功后,舆论大多集中在顺丰总裁王卫原先曾多次公开表示顺丰并没有上市计划。为何突然改变心意,雷厉风行地完成了整个并购交易?

顺丰的上市压力一方面来自同行业的竞争者们,在过去的中国快递业市场,企业之间的竞争势态一直较为稳定,直到申通、圆通吹响了中国快递企业的冲锋号,资本的涌动追逐着快递市场,行业的格局发生变化,竞争势态变得更加激烈和残酷。快递行业同质竞争激烈,未来的合作兼并可能性很大,上市公司至少能够在未来的竞争中掌握更多的主动权。另一方面,这些年使得市场更为焦灼的不止这些原本的第三方物流公司,各大电商平台都在推出自己的物流渠道,有意挤压和取代传统的快递企业。前有敌军,后有追兵,顺丰作为原本的快递业龙头老大,如果仍不作为,很有可能因此丢掉自己的“江湖地位”。但是传统排队等待 IPO 的时间成本过于昂贵,按照正常流程下来,从申请到挂牌上市至少需要两年。显然,两年的时间太长,市场却是瞬息万变的,顺丰根本等不起,这时找个合适的壳公司上市无疑是最好的选择。

此外,公司的继续发展需要资本投入。2015 年,顺丰已经不是中国快递业接单量最高的企业,圆通依靠阿里巴巴,订单达到 30.3 亿件,而顺丰的业务量只有 17 亿件。尽管如此,顺丰因为牢牢占据了中高端领域,保持着高营收和利润,仍旧是中国最能赚钱的快递企业。虽然能赚钱,但是我们仍能发现顺丰的负债也处于居高不下的水平,截至 2015 年 12 月 31 日,顺丰的资产负债率达到 60.2%。顺丰为了维护自己在中高端物流领域的企业形象和实力,一直采用更专业的直营模式,使得管理成本相比加盟模式的物流公司更高。此外,硬件资本的投入,例如运输工具、中转站、仓库等,资金对于顺丰来说是不小的压力。顺丰想要继续扩宽和加深自己的市场涉足,上市能够提供更广泛的资金支持,帮助企业快速发展。

(二)剥离金融业务,进中求稳

7 月 26 日,在顺丰借壳上市的冲刺阶段,鼎泰新材发布了修改重组方案的公告。为了确保这宗交易能够顺利地通过审核,顺丰控股将其直接或间接持有的合丰小贷 100%股权、乐丰保理 100%股权和顺诚融资租赁 100%股权,转让给明德控股或其指定的除顺丰控股及其子公司之外的第三方。在 9 月 27 日,鼎泰新材发布二度修改的重组方案,顺丰控股将向股东明德控股转让其持有的深圳中顺易金融服务有限公司 31.80%股权及深圳市物流产业共赢基金股份有限公司 10%股权,进一步将自身持有的金融业务剥离。众所周知,顺丰并不满足只做快递运输,近年来也开始致力于打造一体化的金融服务。顺丰此时将金融业务剥离出去，只打包快递业等主营业务上市，主要是为了在日趋严格的重组监管的环境里，更加稳健地完成并购交易。

顺丰将金融业务剥离的好处主要来源于三个方面：第一，借壳上市注入的资产应该为借壳企业的核心资产，其他资产因为关联度低，会带来不确定的因素，给交易造成风险；第二，互联网金融行业受到的市场监管日趋严格，顺丰如果将金融业务打包上市，有可能会使证监会审核的时间加长；第三，相比快递等主营业务，顺丰的金融服务还不够成熟，估值不高，反而会影响顺丰物流板块的市场价值。此外，如果将金融服务与顺丰物流打包，将金融支付束缚在快递链中，会限制金融业务未来的独立发展空间。

五、市场表现(002352)

顺丰控股交易前后股票价格变动情况如图29所示。

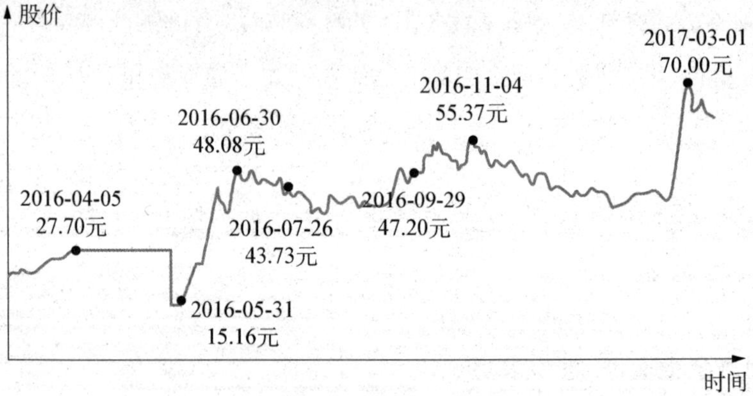

图29　顺丰控股交易前后股票价格走势

002468

申通快递(原艾迪西):借壳上市,成就"快递第一股"

一、收购相关方简介

(一)收购方:艾迪西

浙江艾迪西流体控制股份有限公司,原名玉环艾迪讯铜业有限公司,成立于2001年11月1日,成立时为中外合资经营企业,注册资本280万美元。在2008年整体变更为股份有限公司后,于2010年首次公开发行并在深圳证券交易所上市。截至2016年6月30日,泓石投资持有上市公司股份比例为26.98%,为公司控股股东。艾迪西主要从事水暖器材(阀门、管件等产品)的研发、制造、销售与服务,受近年来国内外宏观经济形势影响,其产品国内外市场整体低迷,市场增长空间有限,市场竞争日趋激烈,加之劳动力成本持续高企,出口产品竞争优势不断弱化,上市公司整体盈利能力正持续下降。

(二)标的公司:申通快递

"申通快递"品牌创立于1993年,是中国最早成立的民营快递公司之一,连续多年快递派送件数量位居全国同行业前列,曾获"中国快运物流示范基地""中国快运物流最佳雇主企业"等多个奖项,拥有广泛的用户认知度和较强的市场影响力。陈德军和陈小英通过直接或间接的方式共持有申通快递80%的股权,为申通快递的实际控制人。

申通快递主要从事以快递业务为核心的综合物流服务,服务地区覆盖中国及韩国、美国、澳大利亚、加拿大、英国、日本等地区。在加盟模式下历经二十多年的发展,申通快递已在全国范围内形成了完善、流畅的快递服务网络。截至2016年8月底,申通快递服务网络共包括转运中心超过80家,航空部超过60家,加盟商约1 600家,服务网点及门店20 000余家,品牌总体从业人员超过30万人。2013年、2014年及2015年1—9月,申通快递分别完成业务量14.63亿件、23.52亿件及25亿件,实现营业收入50.73亿元、59.74亿元和53.83亿元。

二、收购事件一览

- 2015年7月8日,艾迪西因筹划重大事项开始停牌。
- 2015年10月21日,艾迪西与申通快递股东达成收购申通快递股权的初步合作意向,并签署发行股份购买资产框架协议。
- 2015年11月24日,申通快递召开股东会,审议同意德殷控股、陈德军、陈小英分别将持有的申通快递80%股权、10.34%股权、9.66%股权转让给艾迪西。
- 2015年11月24日,德殷控股股东陈德军、陈小英作出股东决定,将德殷控股持有的申通快递80%股权转让给艾迪西。
- 2015年11月28日,Ultra召开董事会及股东会,审议通过了收购上市公司全部资产、负债相关事项。
- 2015年11月30日,艾迪西召开第三届董事会第十一次会议,审议通过了《关于本次重大资产重组预案的议案》等与本次重大资产重组相关的议案。
- 2015年12月2日,艾迪西披露了《重大资产出售并发行股份及支付现金购买资产并募集配套资金暨关联交易预案》。
- 2016年4月18日,艾迪西召开第三届董事会第十四次会议,审议通过了《重大资产出售并发行股份及支付现金购买资产并募集配套资金暨关联交易报告书》及相关议案。

● 2016 年 5 月 6 日，艾迪西召开第二次临时股东大会，审议通过了本次交易重组报告书及相关议案。

● 2016 年 5 月 24 日，艾迪西收到《中国证监会行政许可申请受理通知书》。

● 2016 年 9 月 10 日，浙江省商务厅作出行政许可决定书(浙商务外资许可〔2016〕89 号)，同意上市公司将台州艾迪西 100%的股权转让给 Ultra。

● 2016 年 12 月 12 日，艾迪西收到中国证监会出具的《关于核准浙江艾迪西流体控制股份有限公司重大资产重组及向上海德殷投资控股有限公司等发行股份购买资产并募集配套资金的批复》，本次交易已经中国证监会核准。

● 2016 年 12 月 13 日，上海市青浦区市场监督管理局核发《营业执照》，申通快递已就其 100%股权权属变更事宜完成了工商变更登记，申通快递成为上市公司全资子公司。

● 2016 年 12 月 23 日，台州艾迪西流体控制有限公司取得了工商行政管理部门换发的《营业执照》，本次交易拟出售资产股权过户登记手续已经完成。

● 2016 年 12 月 29 日，经浙江省工商行政管理局核准，公司完成公司名称、注册资本及经营范围等事项的工商变更登记手续，公司名称正式变更为"申通快递股份有限公司"。

三、收购方案

(一) 交易方案

本次交易方案包括三个部分：(1)重大资产出售；(2)发行股份及支付现金购买资产；(3)发行股份募集配套资金。具体内容如下：

重大资产出售：上市公司向 Ultra 出售艾迪西截至评估基准日 2015 年 12 月 31 日所拥有的全部资产、负债；Ultra 以现金方式收购。

发行股份及支付现金购买资产：上市公司向德殷控股、陈德军、陈小英发行股份及支付现金购买申通快递 100%股权。

发行股份募集配套资金：本次交易向 9 名特定对象非公开发行股票募集配套资金，募集不超过 480 000.00 万元配套资金，且不超过本次交易拟置入资产交易价格的 100%。募集配套资金扣除发行费用后，其中 200 000.00 万元优先用于支付申通快递 100%股权的现金对价，剩余部分将用于申通快递"中转仓配一体化项目”“运输车辆购置项目”“技改及设备购置项目”及“信息一体化平台项目”等项目建设。

本次交易构成重大资产重组及借壳上市。

（二）交易价格

本次交易中，申通快递100%股权作价1 690 000.00万元，其中，股份支付金额为1 490 000.00万元，现金支付金额为200 000.00万元。拟置入资产采用收益法的评估值为1 691 216.88万元，较申通快递截至2015年12月31日经审计归属于母公司所有者净资产增值1 613 515.25万元，评估增值率为2 076.55%。

本次交易拟置出资产为上市公司截至2015年12月31日所拥有的全部资产、负债，截至评估基准日，其评估价值为72 935.39万元。根据上市公司2015年度股东大会审议通过的《关于公司2015年度利润分配的议案》，上市公司向全体股东派发现金股利共计331.78万元。参考拟置出资产的评估值及上市公司分红情况，本次拟置出资产的交易作价为72 603.61万元。

上市公司本次发行股份购买资产及募集配套资金拟发行119 902.616 6万股股份，其中，以发行股份购买资产发行的股份数量为90 687.766 1万股，募集配套资金发行的股份数量为29 214.850 5万股。

以上市公司第三届董事会第十一次会议决议公告日为定价基准日，采用定价基准日前20个交易日公司股票交易均价作为市场参考价，发行价格不低于市场参考价的90%，即16.44元/股。根据艾迪西2015年度股东大会审议通过的《关于公司2015年度利润分配的议案》，以上市公司2015年12月31日总股本33 177.60万股为基数，向全体股东按每10股派发现金股利0.10元(含税)。本次发行股份购买资产的股票发行价格调整为16.43元/股，募集配套资金股票发行价格也为16.43元/股。

（三）股权变动

不考虑募集配套资金的影响，交易前后上市公司股权变动情况如表12所示。

表 12　申通快递(原艾迪西)交易前后股权变化(不考虑配套融资因素)

序号	股东名称	发行前		发行后	
		持股数量	持股比例	持股数量	持股比例
1	德殷控股	—	—	822 884 966	66.43%
2	陈德军	—	—	43 424 223	3.51%
3	陈小英	—	—	40 568 472	3.28%
	小计	—	—	906 877 661	73.21%
4	泓石投资	89 500 000	26.98%	89 500 000	7.23%
5	达孜县欣新投资有限公司	54 900 000	16.55%	54 900 000	4.43%
6	杜佳林	24 699 974	7.44%	24 699 974	1.99%
7	其他股东	162 676 026	49.03%	162 676 026	13.13%
—	合计	331 776 000	100.00%	1 238 653 661	100.00%

考虑募集配套资金的影响,交易前后上市公司股权变动情况如表 13 所示。

表 13　申通快递(原艾迪西)交易前后股权变化(考虑配套融资因素)

序号	股东名称	发行前		发行后	
		持股数量	持股比例	持股数量	持股比例
1	德殷控股	—	—	822 884 966	53.76%
2	陈德军	—	—	43 424 223	2.84%
3	陈小英	—	—	40 568 472	2.65%
	小计	—	—	906 877 661	59.24%
4	泓石投资	89 500 000	26.98%	89 500 000	5.85%
5	艾缤投资	—	—	38 716 981	2.53%
6	旗铭投资	—	—	30 668 289	2.00%
	小计	—	—	158 885 270	10.38%
7	谢勇	—	—	44 430 919	2.90%
8	太和投资	—	—	38 344 491	2.50%
	小计	—	—	82 775 410	5.41%
9	达孜县欣新投资有限公司	54 900 000	16.55%	54 900 000	3.59%
10	杜佳林	24 699 974	7.44%	24 699 974	1.61%
11	磐石熠隆	—	—	39 561 777	2.58%

续表

序号	股东名称	发行前		发行后	
		持股数量	持股比例	持股数量	持股比例
12	青马 1 号资管计划	—	—	30 432 136	1.99%
13	上银资管计划	—	—	30 432 136	1.99%
14	平安置业	—	—	21 302 495	1.39%
15	天阔投资	—	—	18 259 281	1.19%
16	其他股东	162 676 026	49.03%	162 676 026	10.63%
—	合计	331 776 000	100.00%	1 530 802 166	100.00%

四、案例评论

近年来,在国内宏观经济增长、中西部开发、电子商务持续发展等因素推动下,中国快递市场发展迅猛,呈现高速增长态势。中国快递业务量同比增长速度连续 5 年超过 40%,2014 年中国快递市场以 139.6 亿件业务完成量居世界首位,成为全球快递第一大国。

2016 年申通、圆通、顺丰三大快递竞相上市,申通作价 126 亿元借壳艾迪西,成为国内最早启动借壳上市进程的民营快递企业,率先打响了"快递第一股"的抢夺战。

(一) 借壳上市经典模式,配套融资巩固根基

此次申通借壳艾迪西上市,背后的资本运作采取了"资产出售 + 购买资产 + 配套融资"的经典模式。交易完成后,申通快递可实现与 A 股资本市场的对接,有助于提升申通快递的综合实力和行业地位。

作为中国最早成立的民营快递公司之一,申通快递业务量连续多年保持高速增长,2014 年申通快递包裹完成量占全国总量的 17%,2015 年申通快递营业收入约 59.7 亿元,净利润约 6.4 亿元。与天猫淘宝等电商、蜂巢网络等新兴快递需求关联行业开展的合作使其进一步拓宽了业务类型和覆盖面,提升了市场影响力。此次交易中,申通快递 100% 股权作价 169 亿元,评估增值率高达 2 076.55%。对于其高溢价,艾迪西在公告中解释道:"快递行业具有良好的发

展前景，而申通快递属于轻资产类公司，具有较强的盈利能力，其管理经验、业务网络、信息系统、服务能力、人才团队、品牌优势等重要的无形资源无法量化体现在其资产负债表中。”

尽管当前规模较大且率先登陆资本市场，以加盟模式为主的申通快递根基尚不牢固。加盟模式中，快递公司只建设转运中心，由加盟商独立法人运作服务网点。这种模式有利于网络快速布局，能够满足电子商务配送范围广和网点密度高的要求，但也存在着监管不足、管理难度大的缺陷，加盟商与公司关系松散，服务品质难以保障。另外，申通快递在行业中的主要竞争对手是EMS、顺丰快递、圆通快递、中通快递、百世汇通、韵达快递等，包括申通快递在内的“四通一达”在市场份额、服务范围、服务对象、服务质量等多个方面表现无显著差异，同质化较为严重。

本次配套募集的资金，除20亿元优先用于支付购买申通快递100%股权的现金对价外，将主要用于中转仓配一体化项目、运输车辆购置项目、技改及设备购置项目以及信息一体化平台项目。上述项目的实施将使申通快递进一步提升快件处理能力，解决“双11”等快递需求高峰期处理能力不足等问题，同时提高操作安全水平，控制安全隐患发生。募投项目的建设、投产有助于推动申通快递进一步提升市场占有率和管理升级，打通转运、运输、设备自动化以及信息化系统等业务关键环节建设，探索快递“加盟＋直营”相融合的运营模式，加快向综合快递物流运营商转型。

（二）快递企业向资本市场冲刺，未来并购重组仍是看点

国内快递行业发展迅速，市场需求旺盛，具有良好的发展前景。除此次正式宣布借壳上市的申通快递之外，国内多家快递公司也已经表露出对资本市场的“野心”。申通、圆通、顺丰的相继借壳上市也被视作是快递企业向资本市场发起冲刺的一个信号，国内快递行业或将正式开启上市“快跑模式”。

中国快递市场正处于由成长期向成熟期攀升的阶段，行业集中度仍将在未来继续提升。虽然目前快递市场需求旺盛，但由于电商利用货源优势打压快递价格及同质化快递企业间的“价格战”，行业内竞争愈发严峻。同时，持续激烈的价格竞争削弱了快递行业的整体盈利能力和服务质量，此种态势在长期内不可持续。随着行业集中度的提升而渐渐失去竞争力的中小企业将在未来逐步

被并购。而对于上市快递企业来说，在自我扩张的同时，投资并购体量较小的物流或速递公司能进一步完善企业网络结构，扩大规模效应；还可在相关领域并购专业化中小企业，快速推动供应链、快运、冷链等其他业务发展。

在将来可能形成寡头垄断市场的快递行业，申通的率先上市使其占有明显先发优势。随着几家快递龙头企业登陆资本市场，通过募集融资、获取授信等资金优势进一步提升竞争力，扩充市场份额，快递行业的集中度不断提升将是大势所趋，整合与并购或将成为快递业未来主题。

五、市场表现(002468)

申通快递(原艾迪西)交易前后的股价变化情况如图30所示。

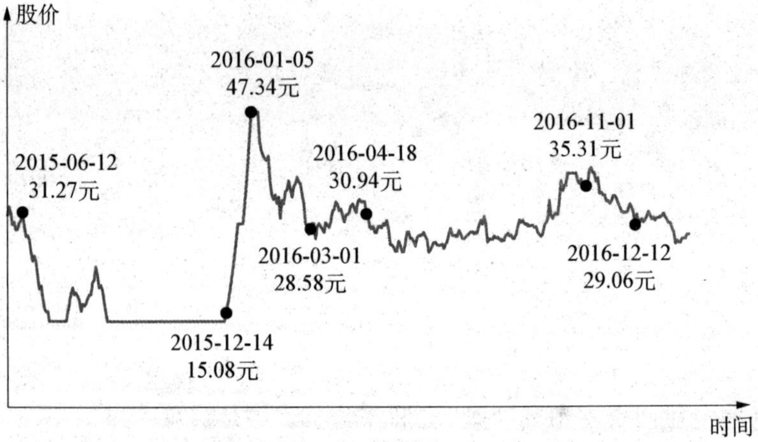

图30 申通快递(原艾迪西)交易前后股票价格走势

002608
* ST 舜船：
深化国企改革,信托借壳第一股

一、收购相关方简介

(一) 收购方：* ST 舜船

江苏舜天船舶股份有限公司成立于 2003 年 6 月 16 日,注册资本 11 000 万元。公司于 2011 年 8 月首次公开发行并在深交所上市,江苏省国资委为其实际控制人。舜天船舶的主营业务为船舶建造和国际船舶贸易,但在航运造船产能双过剩的背景下,公司面临着国内市场需求不足、国际市场竞争加剧、原材料价格波动、劳动力成本增加等多重困境,目前处于严重债务危机的状况,且船舶业务已不具备持续经营能力。2016 年 2 月 5 日,南京中院受埋了舜大船舶债权人中国银行股份有限公司南通崇川支行对舜天船舶的重整申请,公司面临被终止上市的风险。2016 年 10 月 24 日,舜天船舶重整计划被批准,重整程序终止。

(二) 标的公司

本次交易标的资产为国信集团持有的江苏信托 81. 49%的股权、新海发电 89. 81%的股权、国信扬电 90%的股权、射阳港发电 100%的股权、扬州二电 45%的股权、国信靖电 55%的股权、淮阴发电 95%的股权、协联燃气 51%的股权。

1. **标的公司一：江苏信托**

江苏省国际信托有限责任公司是江苏省国信集团控股的非银行金融机构，注册资本金为人民币26.8亿元，现为中国信托业协会理事单位。公司在信托法框架下开展了基础设施信托、不动产投资信托、证券投资信托、资产证券化等多种业务，在固有业务项下开展中短期贷款、证券投资、金融股权投资等，为客户提供专业的金融产品和服务。2013—2015年公司信托资产规模的同比增速分别达到35.69%、68.70%和99.60%，经营效益稳步增长，在江苏省财政厅对省内地方金融企业绩效考评中排名第一。

2. **标的资产二：国信集团火电板块**

国信集团火电板块包括新海发电、国信扬电、射阳港发电、扬州二电、国信靖电、淮阴发电和协联燃气共7家标的公司，由于7家标的公司主营业务都为电力生产，业务类型相似，故在此一并介绍。

江苏新海发电有限公司成立于1998年，注册资本23 900万元，拥有新海电工、新电物业、新海燃料三家全资子公司；江苏国信扬州发电有限责任公司设立于2008年，注册资本为100 000万元，拥有两家全资子公司(国信仪征、鑫联燃料)和一家控股子公司(国信高邮)；江苏射阳港发电有限责任公司于1997年成立，注册资本金88 302万元，盐城射电燃料有限公司为其全资子公司；扬州第二发电有限责任公司成立于1996年，属于台港澳与境内合资公司，拥有注册资本169 200万元，无下属子公司；江苏国信靖江发电有限公司于2003年设立，注册资本为150 000万元，靖江售电和秦港港务为其全资子公司；江苏淮阴发电有限责任公司设立于1998年，注册资本105 786万元，拥有三家控股子公司(淮安燃气、淮安二燃和国信热力)以及一家全资子公司(淮安燃料)；江苏国信协联燃气热电有限公司于2012年成立，拥有注册资本5 000万元，参股宜兴信志燃气管道有限公司。

二、收购事件一览

● 2016年3月18日，标的资产股东国信集团召开董事会，同意由舜天船舶向国信集团发行股份，购买国信集团所持有的江苏信托81.49%的股权、新海发电89.81%的股权、国信扬电90%的股权、射阳港发电100%的股权、扬州二电

45%的股权、国信靖电55%的股权、淮阴发电95%的股权、协联燃气51%的股权。8家标的公司除国信集团以外的其他股东放弃了优先受让权。

● 2016年4月25日，江苏省国资委核准了标的资产的评估报告，并原则同意了本次交易方案。

● 2016年4月28日，舜天船舶第三届董事会第七十二次会议审议通过了《关于公司发行股份购买资产并募集配套资金暨关联交易具体方案的议案》等议案。

● 2016年8月24日，江苏省国资委出具《江苏省国资委关于同意江苏舜天船舶股份有限公司资产重组暨非公开发行股票有关事项的批复》。

● 2016年9月23日，舜天船舶召开第二次债权人会议、出资人组会议暨2016年第二次临时股东大会审议通过了本次交易方案，并批准国信集团免于因本次交易发出收购要约。

● 2016年10月8日，江苏银监局出具了《中国银监会江苏监管局关于江苏省国际信托有限责任公司股权变更的批复》，批准江苏省国信资产管理集团有限公司将所持有的江苏信托81.490 4%的股权转让给江苏舜天船舶股份有限公司。

● 2016年10月14日，江苏舜天资产经营有限公司向舜天船舶管理人账户支付了138 014.77万元的资产收购价款。

● 2016年10月24日，南京中院裁定批准舜天船舶重整计划。

● 2016年12月16日，舜天船舶收到中国证监会核准批文。

● 2016年12月24日，本次交易标的的股权已过户至上市公司名下，相关工商变更登记手续均已办理完毕。射阳港发电成为公司的全资子公司，江苏信托、新海发电、国信扬电、射阳港发电、扬州二电、国信靖电、淮阴发电及协联燃气成为公司子公司。

三、收购方案

（一）交易方案

1. 发行股份购买资产

上市公司向国信集团非公开发行股份购买国信集团持有的江苏信托81.49%的股权、新海发电89.81%的股权、国信扬电90%的股权、射阳港发电100%的股权、扬州二电45%的股权、国信靖电55%的股权、淮阴发电95%的股权、协联燃气51%的股权。

2. **资产处置**

本次资产处置的范围为舜天船舶除货币资金以外的全部资产，主要包括应收账款、预付账款、其他应收款、存货等流动资产，以及长期股权投资、固定资产等非流动资产等。

根据《财产管理及变价方案》，南京中院通过网络拍卖处置舜天船舶财产，但前后三次公开拍卖均因无合格竞买者参与竞买而流拍。为保证舜天船舶重整程序的顺利推进，确保筹集必要资金向债权人进行清偿，经舜天船舶债权人委员会同意，破产重整的管理人北京市金杜律师事务所决定通过协议方式，按照第三次拍卖的保留价将舜天船舶处置资产整体转让予舜天集团的全资子公司资产经营公司。江苏舜天资产经营有限公司便是为本次资产处置而专门设立的，由国信集团旗下的舜天国际控股。舜天资产经营公司以现金方式收购拍卖资产，收购价格为138 014.77万元。

本次交易构成重大资产重组、关联交易，不构成借壳上市。

（二）交易价格

以2015年12月31日为评估基准日，标的公司的股权评估值合计为2 101 302.46万元，总体评估增值率为53.90%，交易作价2 101 302.46万元，具体情况如表14。

表14 标的资产交易价格 （单位：万元）

交易标的	账面价值	评估价值	增值率	交易价格
江苏信托81.49%股权	713 221.94	834 790.00	17.04%	834 790.00
新海发电89.81%股权	113 919.33	302 300.46	165.36%	302 300.46
国信扬电90%股权	118 927.32	292 320.00	145.80%	292 320.00
射阳港发电100%股权	98 767.41	259 500.00	162.74%	259 500.00
扬州二电45%股权	96 391.06	175 905.00	82.49%	175 905.00
国信靖电55%股权	92 264.60	90 695.00	-1.70%	90 695.00
淮阴发电95%股权	110 482.81	83 980.00	-23.99%	83 980.00
协联燃气51%股权	21 411.10	61 812.00	188.69%	61 812.00
合计	1 365 385.57	2 101 302.46	53.90%	2 101 302.46

上市公司发行股份购买资产的股份发行定价基准日为第三届董事会第七十二次会议决议公告日，采用定价基准日前20个交易日均价的90%，即8.91元/股作为发行价格。

资产处置价格以2016年2月5日为基准日进行评估。舜天船舶全部资产账面价值为206 295.12万元，评估价值为221 157.84万元，评估增值14 862.72万元，评估增值率为7.20%。本次处置资产为舜天船舶扣除货币资金外的全部资产，评估值为215 648.08万元。

南京中院通过网络拍卖处置舜天船舶财产，第一次拍卖的起拍价格应不低于评估价值，前次拍卖未能成交的，下次拍卖降价幅度不超过20%；如果经过两次降价拍卖仍无人竞拍而流拍的，管理人可以根据处置资产的具体情况，决定继续降价拍卖或通过协议转让等其他合法方式予以处置变价。

由于2016年4月16日、2016年4月25日、2016年5月3日，管理人前后三次对舜天船舶合法拥有的除货币资金外的全部资产进行公开拍卖均因无合格竞买者参与竞买而流拍，经舜天船舶债权人委员会同意，管理人以协议方式，按照第三次拍卖的保留价整体转让，第三次拍卖的保留价为评估价格的64%，即人民币138 014.77万元。

（三）股权变动

交易前后上市公司股权变动情况如表15所示。

表15 *ST舜船交易前后股权变化

股东名称	目前公司股权结构		权益调整偿债股票（万股）	发行股份购买资产新增股票（万股）	出资人权益调整和发行股份购买资产后	
	股份数量（万股）	持股比例			股份数量（万股）	持股比例
国信集团	—	—	9 005.51	235 836.42	244 841.93	75.26%
舜天国际	9 612.77	25.64%	7 908.37	—	17 521.14	5.39%
舜天机械	7 686.99	20.51%	62.30	—	7 749.29	2.38%
顺高船务	—	—	216.20	—	216.20	0.07%
顺高造船	—	—	1 534.83	—	1 534.83	0.47%
顺越船务	—	—	5.10	—	5.10	0.00%
扬州船厂	—	—	282.89	—	282.89	0.09%

续表

股东名称	目前公司股权结构		权益调整偿债股票（万股）	发行股份购买资产新增股票（万股）	出资人权益调整和发行股份购买资产后	
	股份数量（万股）	持股比例			股份数量（万股）	持股比例
舜天机械机电工程	—	—	0.13	—	0.13	0.00%
国信集团及关联方	17 299.76	46.15%	19 015.33	235 836.42	272 151.51	83.66%
其他债权人	—		32 977.79	—	32 977.79	10.14%
其他股东	20 185.24	53.85%	—	—	20 185.24	6.20%
合计	37 485.00	100%	51 993.12	235 836.42	325 314.54	100%

四、案例评论

（一）“江苏信托”成中国首家借壳上市的信托公司

作为此次注入＊ST舜船的唯一金融资产，江苏信托的曲线上市是本次交易的亮点。江苏信托81.49%的股权交易价格为83.479亿元，占总交易价格210亿元的39.75%。

江苏信托在2014年、2015年、2016年1—5月的营业收入分别为14.10亿元、16.40亿元、6.16亿元；净利润分别为11.54亿元、13.40亿元、5.33亿元。虽有较优异的盈利能力，但江苏信托规模并不大。截至2015年12月31日，江苏信托净资产为87.52亿元，在全国68家信托公司中排名第40位。

由于信托公司相关金融业务资产的复杂性和特殊性等原因，证监会对信托公司上市一直审批严格。在1994年陕国投和安信信托上市之后，中国A股市场已20余年没有信托公司上市，仅有一些通过曲线方式与资本市场架起联系的影子股。

随着资本市场的发展，监管机构对信托公司的资本金要求逐步提高，资本市场良好的募资环境能有效缓解信托公司股东的压力，并有助于信托公司发展自身业务，故信托公司的上市需求日益强烈。在行业内普遍达成信托公司上市难的共识时，江苏信托的成功上市释放出积极的信号，暗示信托上市并非没有可能，监管机构对信托曲线上市的态度或有所转变。这极大增强了目前正在进行借壳上市或准备计划上市的信托公司的信心。但同时，由于信托行业信息披露不足、核心盈利模式不明等特点，在未来上市之路上，仍应做好充分准备应对监管层的重重考验。

（二）为保壳同步进行债务重整与资产重组

江苏省国资委控股的国信集团在此次交易中付出诸多努力，国信集团是＊ST舜船的间接控股股东，而此次交易的标的也均为国信集团旗下资产。

在债务重整方面，国信集团收购舜天船舶的债权合计达到29.19亿元，成为＊ST舜船的大债主；在＊ST舜船拍卖资产流拍时，国信集团安排下属子公司以13.8亿元购买了＊ST舜船置出的多次流拍资产。根据债转股计划，国信集团及其子公司舜天国际、孙公司舜天机械及其关联方债权所能获得的股票清偿数量为1.90亿股，价格为13.72元/股。

在资产重组方面，国信集团为＊ST舜船注入集团旗下优质资产，210亿余元信托及火力发电资产置换进壳，剥离原有船舶建造和国际船舶贸易业务，使射阳港发电成为上市公司的全资子公司，江苏信托、新海发电、国信扬电、扬州二电、国信靖电、淮阴发电、协联燃气成为上市公司的控股子公司。此次重组将从根本上改善公司的经营状况，提高公司的资产质量和盈利能力。

这两方面的交易是挽救＊ST舜船的重整计划中的核心内容。一方面，通过重整程序处置现有低效、亏损资产，并通过处置所得资金及出资人权益调整等补偿手段清偿现有债务，化解公司的债务危机；另一方面，通过发行股份的方式向国信集团购买优质信托及火电资产，恢复公司的持续经营能力。

（三）深化国有企业改革，打造“金融+能源控股”平台

2014年5月，江苏省委、江苏省人民政府发布《关于全面深化国有企业和国有资产管理体制改革的意见》，明确提出提高国有资产证券化水平；创造条件推动国有企业改制上市，促进国有企业转变机制、规范经营；推进具备条件的企业集团实现整体上市或核心业务资产上市；做强做优国有控股上市公司，着力优化股权结构、资产结构、业务结构，支持有实力的国有控股上市公司通过兼并收购集聚发展资源。

本次债转股和资产重组完成后，*ST 舜船的总股本将从 3.75 亿股增至 32.53 亿股。交易前，国信集团通过舜天国际和舜天机械控制上市公司 25.64%和 20.51%的股份，为上市公司间接控股股东，江苏省国资委为舜天船舶的实际控制人。交易完成后，国信集团为舜天船舶的直接控股股东，实际控制人仍为江苏省国资委，实际控制人未发生变更。

国信集团作为江苏省国资委旗下重要的国有独资集团，通过整合旗下的上市公司，置换优质资源，将*ST 舜船从一个亏损公司变为"金融+火电"双驱动的优质资产平台，从根本上改善了上市公司的经营情况，一举从"幕后"来到"台前"，成为直接控股的大股东。

国信集团金融业务丰富且旗下有众多能源板块资产，此次的优质资产上市后，有望实施更趋市场化的激励机制和经营管理架构。预计后续国信集团仍可能注入其他资产，将上市公司打造成国内前茅的金融和能源控股平台，实现可持续发展，增强国有资产改革发展的动力和创新转型的活力，进而增强核心竞争力，提高国有资本流动性，实现国有资产保值增值。

五、市场表现(002608)

*ST 舜船交易前后的股价变化情况如图 31 所示。

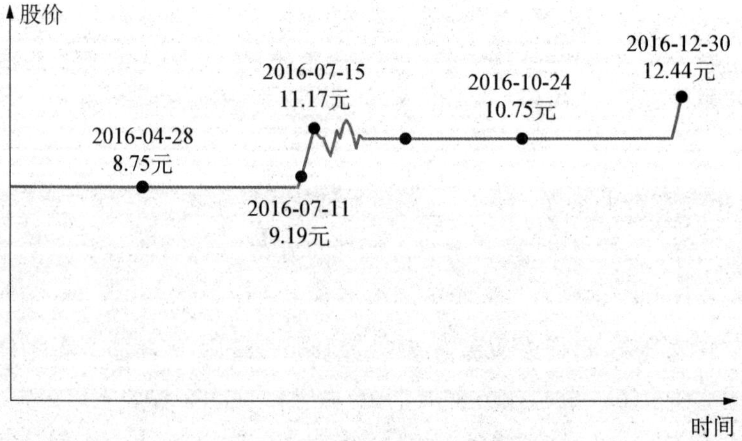

图 31　*ST 舜船交易前后股票价格走势

002670

国盛金控：
集团内部借壳，证券公司曲线上市

一、收购相关方简介

（一）收购方：华声股份

广东华声电器股份有限公司前身为顺德华声游艺机设备有限公司，成立于1995年，并于2012年4月在深圳交易所上市交易。凤凰财智持有股份占公司总股本的29.83%，为其控股股东。华声股份主要从事家用电器配线组件的研发、生产及销售，产品主要包括空调连接组件和各种家用电器的电源输入组件。

2014年度，公司销售量达到历史最高的1.31亿套，实现营业收入149 707.02万元。其中，空调连接组件实现收入100 806.43万元，占公司主营业务收入的67.40%。

（二）标的公司：国盛证券

国盛证券有限责任公司是2002年12月经江西省人民政府和中国证监会批准设立的证券公司，注册资本为20.35亿元，是目前江西省唯一的省属国资系统的证券公司，2016年证券评级为BBB级。在2015年经历第七次股权变更后，中江信托、赣粤高速和江西财投为其前三大股东，持股比例分别为58.1%、20.01%和11.35%。

截至2015年8月31日，国盛证券拥有3家子公司、2家分公司、2家参股公司，共有207家营业部，分布于北京、上海、深圳、天津、杭州等国内中心城市及江西省各地市。公司是中国证监会注册的保荐机构，曾首批获准参与股权分置改革试点，也是中国证券业协会监事单位。国盛证券拥有证券经纪、证券自营、证券主承销与保荐、证券资产管理、证券投资咨询、财务顾问、融资融券、转融通、代办系统主办券商、中小企业私募债、约定购回式证券交易、证券投资基金销售、新三板做市商、港股通、股票期权、消费支付等多牌照业务资格。

二、收购事件一览

● 2015年4月1日，华声股份因筹划重大事项开始停牌。

● 2015年5月19日，华声股份召开第二届董事会第九次会议，审议通过《关于筹划重大资产重组事项的议案》。

● 2015年11月4日，华声股份召开第二届董事会第十四次会议，审议通过本次交易相关议案，并披露《发行股份及支付现金购买资产并募集配套资金暨关联交易报告书(草案)》。

● 2015年11月20日，华声股份召开2015年第二次临时股东大会，审议通过本次交易相关议案。

● 2015年12月16日，江西证监局下发《关于核准国盛证券有限责任公司变更持有5%以上股权股东的批复》，核准华声股份持有国盛证券5%以上股权的股东资格，对华声股份依法受让国盛证券的100%股权无异议。

● 2016年4月5日，华声股份获得中国证监会下发的《关于核准广东华声电器股份有限公司向中江国际信托股份有限公司等发行股份购买资产并募集配套资金的批复》，核准本次重组。

● 2016年4月12日，国盛证券取得江西省工商行政管理局换发的营业执照，本次交易标的资产已完成过户，国盛证券成为公司全资子公司。

三、收购方案

（一）交易方案

本次交易包括两部分：发行股份及支付现金购买资产；发行股份募集配套资金。两部分的实施互为前提，共同构成本次交易不可分割的组成部分。

1. 发行股份及支付现金购买资产

华声股份通过发行股份及支付现金购买中江信托、赣粤高速、江西财投等国盛证券全体股东持有的国盛证券100%的股权，发行股份及支付现金的比例各为50%。

2. 发行股份募集配套资金

发行对象为前海发展、前海远大、凤凰财鑫、北京迅杰、北京岫晞，通过非公开发行股份进行。募集配套资金金额不超过本次标的资产交易价格的100%。

本次交易构成重大资产重组，构成关联交易，不构成借壳上市。

（二）交易价格

国盛证券100%的股权整体作价为693 000.00万元。截至2015年4月30日，国盛证券100%股权的评估值为692 980.00万元，较评估基准日国盛证券归属于母公司所有者权益增值365 780.68万元，增值率为111.79%。交易双方以资产评估报告结果为参考，经友好协商，最终确定标的股权作价。

发行股份及支付现金购买资产的定价基准日为公司第二届董事会第十四次会议决议公告日。发行价格为13.42元/股，发行股份数为258 196 717股。

华声股份向前海发展、前海远大、凤凰财鑫、北京迅杰、北京岫晞发行股份募集配套资金693 000.00万元。发行价格为14.50元/股，共发行股票477 931 033股。其中，前海发展、前海远大、北京迅杰分别认购158 620 689股、124 137 931股和101 206 896股。

（三）股权变动

本次交易前后，华声股份股权变动情况如表16所示。

表 16 国盛金控(原华声股份)交易前后股权变化(持股数量：股;比例：%)

股东名称	本次交易前		本次交易后	
	持股数量	比例	持股数量	比例
凤凰财智	59 658 719	29.83	59 658 719	6.37
罗桥胜	19 600 000	9.80	19 600 000	2.09
交易对方			258 196 717	27.58
其中：中江信托	—	—	149 769 210	16.00
赣粤高速	—	—	51 668 874	5.52
江西财投	—	—	29 309 204	3.13
江西投资	—	—	8 257 383	0.88
江西能源	—	—	6 301 866	0.67
江西地矿	—	—	5 728 969	0.61
江西地勘	—	—	3 150 933	0.34
锦峰投资	—	—	2 578 036	0.28
江西医药	—	—	1 432 242	0.15
配套融资方	—	—	477 931 033	51.05
其中：前海发展	—	—	158 620 689	16.94
前海远大	—	—	124 137 931	13.26
凤凰财鑫	—	—	68 965 517	7.37
北京迅杰	—	—	101 206 896	10.81
北京岫晞	—	—	25 000 000	2.67
其他股东	120 741 281	60.37	120 741 281	12.90
股份合计	200 000 000	100.00	936 127 750	100.00

四、案例评论

(一) 转型升级，打造互联网金控平台

实施本次并购后，国盛证券将成为上市公司的全资子公司，上市公司总部将升级为控股管理平台，以控股方式管理以证券为主的各业务模块，未来公司收入将以证券业收入为主。

证券业发展前景广阔，除传统的经纪、投行业务外，近年来在资产管理、资本中介、互联网证券等创新业务方面也飞速成长。经过十几年的发展，国盛证券在业内具有一定的规模、盈利和知名度基础。截至 2014 年末，国盛证券净资

本金为26.36亿元，在全部证券公司中净资本排名第62名。相较于其他证券公司的资产规模，国盛证券仍存在较大差距。而证券行业与资本规模高度相关，资本规模在很大程度上决定了证券公司的竞争地位、盈利能力、抗风险能力与发展潜力。净资本不足、融资渠道窄等因素制约着国盛证券的业务发展与创新，国盛证券亟待进一步补充资本金。本次重组募集的配套资金正有利于提升其净资本实力，扩大业务规模，发展创新业务，增强综合竞争力。如果能够顺利完成增资，国盛证券有望进入券商排行前30名，跻身券商第二梯队。

实施本次并购，一方面缓解了公司原有业务面临的未来盈利空间有限、发展后劲不足的困境；另一方面，上市公司主营业务从传统制造行业转型为证券行业，为后续深耕细作打造互联网金控平台建立基础，是公司战略转型的关键第一步。

本次交易完成后，国盛证券将作为上市公司子公司独立运营；同时，上市公司将原有制造业相关资产下沉至子公司层面，并设立专注互联网、金融领域投资的经营实体华声投资。自此，国盛金控在金融板块拥有国盛证券与2015年新设的百安保险，投资板块有华声投资，而股东在互联网、金融领域有较丰富的投资经验和市场资源，“互联网+金融+投资”的版图已经隐见雏形。

在“互联网+金融”的战略引导下，上市公司总部将逐步成为控股管理平台，其职能主要定位于战略规划、投资管理、风险控制、资金管理、人力资源管理和大行政统一管理等，利用上市公司平台对优质资产进行有效整合，逐步渗入其他成长性较好、盈利能力较强的相关金融行业，充分利用互联网创新手段，基于互联网生态圈，将公司打造为一个专业、创新、开放的互联网金控平台。

（二）“实际控制人不变”巧避借壳禁区

随着2007年广发证券内幕交易案的爆发，金融机构借壳上市被叫停。在此前未披露借壳预案的金融机构唯有通过IPO的方式才能实现上市。而2015年国投安信借壳中纺投资的成功案例让多家未上市券商看见了借道兄弟上市公司的可操作性，纷纷意图借鉴“借壳同一控制人旗下上市公司”的模式曲线上市。

国盛证券是目前江西省唯一省属国资系统的证券公司，其股东包括中江信托、赣粤高速、江西财投等国资企业。在此次交易中，国盛证券注入华声股份，实际控制人却未发生改变，巧妙避开了借壳红线，自2008年起的国盛上市梦终于梦圆。

早在2015年5月，杜力、张巍两位“80后”便通过凤凰财智受让华声股份原股东香港华声、远茂化工所持控股权(共占华声股份总股本的29.83%),成为上市公司的实际控制人。此时距华声股份上市日期2012年4月16日正好三年,原主要股东持有的限售股刚刚解禁就被"匆忙"套现。

随后,杜力、张巍开始操作并购"国盛证券",意欲打造互联网金控平台。截至2015年8月底,华声股份总资产为12.6亿元,而标的国盛证券总资产高达197.5亿元,是华声股份的15倍以上。为避免触碰借壳红线,杜力、张巍通过其合伙企业前海发展、前海远大、凤凰财鑫认购了大部分配套资金,重组后仍控制上市公司43.95%的股份,使重组前后控制权未发生变更,且交易对方与实际控制人没有关联关系。根据借壳上市的界定标准,此次重组不构成借壳上市。

这例"变相借壳"的案例与国投安信借壳中纺投资的案例颇有异曲同工之妙,但值得注意的是,虽都通过"实际控制人不变"这一条件巧避借壳禁区,但安信证券"借道"同一控制人旗下的上市平台,而国盛证券与壳"华声股份"并不在同一实际控制人旗下。在操作中,实控人采用认购大部分配套募资的方式保持上市公司控股权不变。此次华声股份的并购方案获得证监会核准,也十分具有参考意义。

五、市场表现(002670)

国盛金控(原华声股份)交易前后的股价变化情况如图32所示。

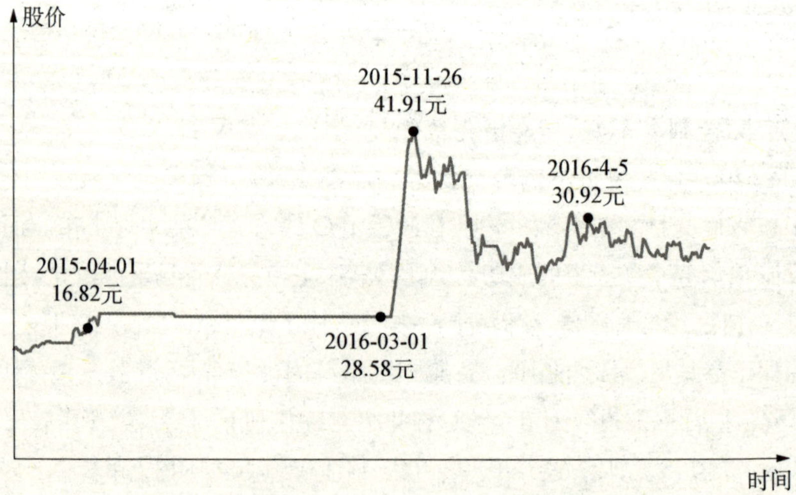

图32 国盛金控(原华声股份)交易前后股票价格走势

600390

* ST金瑞：

借道捷径，“券商+ 信托”曲线上市

一、收购相关方简介

（一）收购方：金瑞新材料科技股份有限公司

金瑞科技于1999年8月31日在湖南省长沙市注册成立，注册资本为6 670万元。2000年12月26日，金瑞科技向社会公开发行面值总额为4 000万元的人民币普通股，并在上海证券交易所挂牌上市。截至2016年6月30日，长沙矿冶院持有上市公司27.51%股份，为上市公司的控股股东；五矿股份持有长沙矿冶院100%的股权，中国五矿持有五矿股份87.54%的股权，国务院国资委作为中国五矿的唯一出资人，为金瑞科技的实际控制人。

公司两大主营业务为电池材料和锰及锰系产品的研发、生产和销售，主导产品包括锂电池多元正极材料前驱体、锂电池三元正极材料、钴酸锂、镍氢电池用球形氢氧化镍和电解锰、四氧化三锰。

（二）并购标的公司

1. 五矿资本控股有限公司

五矿资本（原名五矿投资）于1999年3月19日在北京市注册成立，注册资本为1.6亿元。五矿资本为控股型公司,主要经营长期性股权投资业务以及自营投资业务。长期性股权投资业务方面,五矿资本通过控股五矿证券、五矿经易期货、五矿信托,参股外贸租赁、安信基金、绵商行等金融机构,分别经营证券、期货、信托、租赁、基金、商业银行等业务,搭建了较为完善的金融控股公司平台。自营投资业务方面,五矿资本母公司主要经营以有价证券(股票、基金等)、实业股权(非金融类股权)等为投资标的的自营投资业务。

2. 五矿证券有限公司

五矿证券(原名金牛证券)于2000年7月28日取得证监会批准,并于2000年8月4日正式成立,成立时注册资本为人民币6 000万元。五矿证券为全牌照证券公司,从事的主要业务包括:证券投资咨询;与证券交易、证券投资活动有关的财务顾问;证券自营;证券资产管理;融资融券;证券投资基金销售;代销金融产品;为期货公司提供中间介绍业务;证券承销与保荐等。

3. 五矿经易期货有限公司

五矿经易期货(原名深圳实达有色金属期货经纪公司)于1993年4月21日在深圳市设立,注册资本为1 000万元人民币。五矿经易期货主要经营期货经纪业务和资产管理业务,资金主要投向二级市场。

4. 五矿国际信托有限公司

五矿信托设立于1997年9月23日,设立时的名称为青海庆泰,注册资本为16 700万元,主要业务为信托业务和固有业务。信托业务是指信托公司作为受托人,按照委托人的意愿以信托公司名义对受托的货币资金或其他财产进行管理,并从中收取手续费的业务;固有业务是指信托公司运用自有资金开展的业务。

(三)收购关联方:中国五矿股份有限公司

五矿股份设立于2010年12月16日,是中国五矿各业务板块的持股平台单位。中国五矿主业分布在黑色金属、有色金属、金融、地产等领域,以金属及矿产品勘探开发、冶炼加工、贸易流通为核心主业,以金融服务、地产建设、矿冶科技等为新兴业务,是一家大型跨国金属矿产企业集团。

五矿股份直接持有金瑞科技1.32%的股权,并通过长沙矿冶院间接持有金

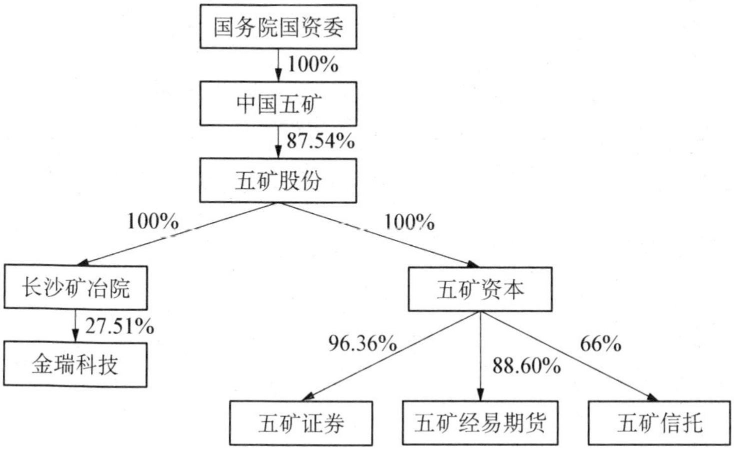

图 33　并购前相关各方股权结构关系

瑞科技 27.51%的股权；与此同时，五矿股份持有五矿资本 100%的股权，是本次并购标的公司的控股股东，即本次交易的对手方。

二、收购事件一览

● 2016 年 2 月 5 日，因五矿股份正在筹划涉及金瑞科技的重大事项，公司股票开始停牌。

● 2016 年 6 月 18 日，金瑞科技第六届董事会第二十六次会议召开，审议通过了本次交易方案和本次重组报告书。

● 2016 年 7 月 5 日，金瑞科技收到中国五矿集团公司转发的国务院国资委《关于金瑞新材料科技股份有限公司资产重组及配套融资有关问题的批复》（国资产权〔2016〕639 号），国务院国资委原则同意金瑞科技资产重组及配套融资总体方案。

● 2016 年 7 月 6 日，金瑞科技 2016 年第一次临时股东大会召开，并审议通过了本次交易方案和五矿股份免于发出要约收购的议案。

● 2016 年 12 月 26 日，金瑞科技收到中国证监会出具的《关于核准金瑞新材料科技股份有限公司向中国五矿股份有限公司等发行股份购买资产并募集配套资金的批复》（证监许可〔2016〕3159 号），本次交易已经取得中国证监会核准。

三、收购方案

本次重组的方案包括发行股份购买资产和募集配套资金两个部分，募集配套资金以发行股份购买资产成功为前提条件，但募集配套资金成功与否并不影响发行股份购买资产的实施。

（一）发行股份购买资产

金瑞科技按10.15元/股的价格发行股份购买五矿资本100%股权、五矿证券3.396 6%股权、五矿经易期货10.40%股权以及五矿信托1.86%股权。上述收购的五矿证券3.396 6%股权、五矿经易期货10.40%股权以及五矿信托1.86%股权将直接交割至五矿资本名下。交易完成后，金瑞科技将直接持有五矿资本100%的股权，并通过五矿资本间接持有五矿证券99.76%的股权、五矿经易期货99%的股权和五矿信托67.86%的股权。以2015年12月13日为基准评估日，收购的各项资产的评估值、拟发行的股票数量如表17所示。

表17 各项资产的评估值、拟发行的股票数量一览

交易对方	交易内容	评估值(万元)	支付股份数量(股)
五矿股份	五矿资本100%股权	1 783 372.8	1 757 017 625
金牛投资	五矿证券2.788 7%股权	7 253.48	7 146 285
惠州国华	五矿证券0.607 8%股权	1 580.90	1 557 536
经易控股	五矿经易期货4.92%股权	17 214.11	16 959 714
经易金业	五矿经易期货4.42%股权	15 464.71	15 236 167
久勋咨询	五矿经易期货1.06%股权	3 708.73	3 653 921
西宁城投	五矿信托1.80%股权	17 413.20	17 155 862
青海华鼎	五矿信托0.06%股权	580.44	571 862
合计		1 846 588.46	1 819 298 972

为了应对因整体资本市场波动以及公司所处行业A股上市公司资本市场表现变化等市场及行业因素造成的金瑞科技股价大幅下跌对本次交易可能产生的不利影响，当触发条件产生时，金瑞科技有权决定是否对发行价格进行

调整。

（二）募集配套资金

金瑞科技采用锁价发行的方式(发行价格为 10.15 元/股)向中海集运、华宝证券、中建资本控股、平安置业、前海开源基金、颐和银丰、招商财富、招商证券资管、中信证券和兴业全球基金 10 名符合条件的特定对象非公开发行股份募集配套资金，拟募集配套资金总额不超过 150 亿元，即发行不超过 1 477 832 509 股新股。募集配套资金拟用于通过五矿资本增资补充其下属的五矿证券、五矿经易期货、五矿信托和外贸租赁的资本金，以及用于支付中介机构费用等。

本次交易前，金瑞科技的控股股东为长沙矿冶院；本次交易完成后，金瑞科技的控股股东变更为五矿股份，但长沙矿冶院为五矿股份的全资子公司，实际控制人仍为国务院国资委。本次交易前后金瑞科技股权结构对比如表 18 所示。

表 18 交易前后金瑞科技股权结构对比

股东名称	本次交易前		交易完成后	
	数量(亿股)	比例	数量(亿股)	比例
五矿股份	0.06	1.32%	17.63	47.03
五矿财务	0.005	0.11%	0.005	0.01%
长沙矿冶院	1.26	27.84%	1.26	3.35%
配套资金认购方	—	—	14.78	39.43%
其他投资者	3.19	70.73%	3.81	10.18%
总股本	4.51	100%	37.28	100%

四、案例评论

继中航资本借壳 * ST 北亚，金瑞科技收购五矿资本，摇身一变成为巨无霸央企中国五矿麾下的金融控股平台，拥有信托、金融租赁、证券、期货、基金以及商业银行等全牌照。虽然上市之路太曲折，且金融资产的跨界重组审核格外谨慎，但“柳暗花明又一村”的结果让资本市场为之兴奋。

（一）借道捷径，“券商+ 信托”曲线上市

因信息披露不足、核心盈利模式不明等原因，信托公司作为单独个体 IPO 近年一直难以成功，通过把信托公司等金融资产打包注入上市公司的模式已经悄然流行起来。证监会的批准意味着五矿证券 99. 76%的股权将与五矿经易期货 99%的股权、五矿信托 67. 86%的股权一道实现曲线上市。自此，五矿信托也成为第三个信托公司成功进行曲线上市的案例，而五矿证券也成为第一家与信托公司捆绑注入上市公司的券商。虽然五矿证券无论资产总额还是营业收入在行业中的位置都相对靠后，且在此次资产重组中也并非五矿资本最主要的资产，但五矿证券此次同五矿信托等金融资产一道打包曲线上市开创了券商曲线上市的一种新模式，2016 年以来还有 3 家公司发布了类似的重组计划。

除五矿信托外，浙金信托、江苏信托、昆仑信托和湖南信托目前也正处在曲线上市的漫漫征途上。从各家信托曲折的上市之路中不难看出监管层对于信托公司上市的审慎态度，五矿信托的成功给这些信托公司注入了一剂强心针，意味着对于信托公司的上市窗口正在慢慢打开。

（二）华丽变身，“资本+ 新能源”双轮驱动

本次交易前，金瑞科技的两大主营业务为电池材料业务和锰及锰系产品业务，而锰及锰系产品业务连年亏损，限制了上市公司的长远发展，2014 年、2015 年亏损，并被实施退市风险警示，上市公司面临着迫切的转型需求。

在金融行业转型改革和创新发展的背景下，中国五矿金融业务近年来狠抓机遇，实现了快速发展。但与此同时，随着监管机构进一步加强对于金融企业的监管，集团旗下各金融业务平台公司的资本补充压力随之增大。资本证券化率相对较低、融资渠道有限，中国五矿金融业务在资本补充渠道上受到较大限制，通过自有资金难以支撑业务的快速发展。

本次重组完成后，一方面，上市公司的财务指标将大大改善，彻底解决目前所面临的退市风险，保护了壳资源。通过优质金融资产的注入，上市公司在原有新能源电池业务稳定发展的基础上，可以有效拓宽盈利来源，进一步提升可持续发展能力，积极维护投资者利益。另一方面，上市公司将逐步构建牌照金融和产业直投的综合性金融控股平台，通过资本市场的规范化、多元化融资渠

道，为上市公司今后牌照金融和产业直投主营业务提供有效的资本补充机制，有利于做大做强金融业务，为专业化平台提供专业化发展机遇。

金瑞科技成功实现“资本＋新能源”双轮驱动后，既有利于上市公司优化公司整体资本结构，提高财务抗风险能力，又有利于其优化国有资产资源配置和运行效率，实现国有资产保值增值。

（三）产融结合，优化上市平台整体架构

金融业务是中国五矿重点发展的重要板块之一，与此同时，中国五矿旗下的有色金属、黑色金属、房地产板块均已拥有自己的上市平台。本次中国五矿优质金融资产上市可以整合优化中国五矿资本平台整体架构并走专业化发展道路，是中国五矿重大战略实施的体现之一，即逐步构建“金融＋产业直投”的综合性金融控股平台。

（四）借力资本市场，落实国企混合所有制改革精神

在深化国资国企改革的背景下，本次中国五矿金融业务上市，将形成多元化股东结构，符合国有企业混合所有制的改革精神，有利于完善金融业务体制机制，优化国有资产资源配置和运行效率。通过资产注入，实现中国五矿旗下的金融资产证券化，为国企改革的推进树立标杆。

除了巨大的经济意义，金瑞科技在收购五矿集团旗下的金融资产过程中一些整合技巧也值得注意。

第一，收购的少数股东股权由五矿资本承接，有利于理顺股权结构。

五矿资本是五矿证券、五矿经易期货和五矿信托的控股股东。在此次交易中，金瑞科技收购了部分五矿证券、五矿经易期货和五矿信托的少数股东股权。通过将收购的少数股权交割予五矿资本，将同时直接和间接持有五矿证券、五矿经易期货和五矿信托股权的结构变更为直接持有五矿资本并间接持有上述三家公司的股权，这使得上市公司下属子公司的股权结构更简洁、清晰和明了，有利于上市公司理顺股权结构。

第二，募集配套资金对收购标的增资，有利于增强旗下金融公司的竞争力。

此次重组扣除中介费用后净额为 149.20 亿元，全部对五矿资本进行增资，五矿资本的注册资本由 92.09 亿元增加至 241.29 亿元。增资完成后，五矿资

本再以上述增资资金向五矿证券有限公司增资 59.2 亿元、向五矿经易期货有限公司增资 15 亿元、向五矿国际信托有限公司增资 45 亿元、向中国外贸金融租赁有限公司增资 30 亿元，以补充上述公司资本金。

获得增资的上述公司不仅在现阶段加强了公司资本金的实力，有助于公司继续开展新业务和支持其高速发展；而且在金融公司未来的发展中，资本市场的融资力度和效率有着巨大的优势，这有助于提高上市公司的竞争力。

五、市场表现(600390)

*ST 金瑞交易前后股票价格变动情况如图 34 所示。

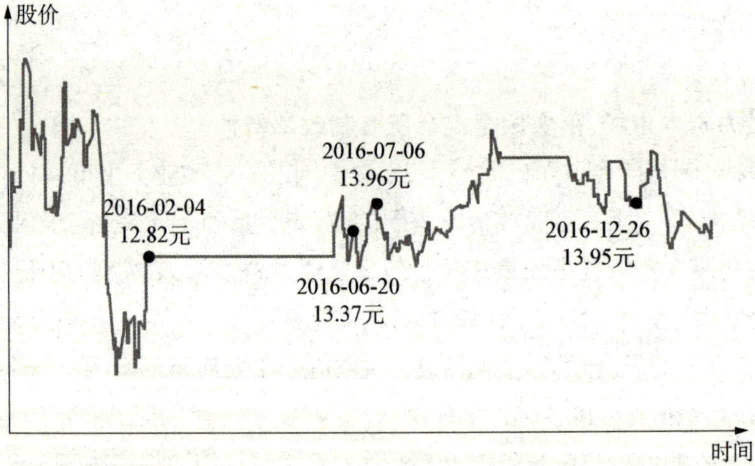

图 34　*ST 金瑞交易前后股票价格走势

600828

茂业商业（原成商集团）：零售百货业逆势扩张

一、收购相关方简介

（一）收购方：茂业商业（原成商集团）

茂业商业（原成商集团）位于四川省成都市，前身系成都市人民商场，后通过社会募集方式改组设立为股份有限公司，于 1994 年在上海证券交易所挂牌上市。2005 年，茂业商业易主，被现控股股东茂业商厦收购，实际控制人为黄茂如。2016 年 4 月 5 日，原成商集团更名为茂业商业。茂业商业主营商业零售，以经营百货门店为主，辅以部分物业租赁和酒店业务，在成都市当地具有规模、位置、品牌、服务、营运优势，是四川省零售龙头企业。

（二）标的资产

1. 交易之一

（1）人东百货：成立于 1997 年，是成都仁和集团的全资子公司，主营业务为商业零售业，经营业态包括百货和餐饮，其中以百货为主，餐饮业务由其分公司咖啡会馆经营。近三年人东百货经营状况良好，毛利率均值为 22.92%。

（2）光华百货：成立于 2007 年，由成都春天房地产开发有限公司和纪高有

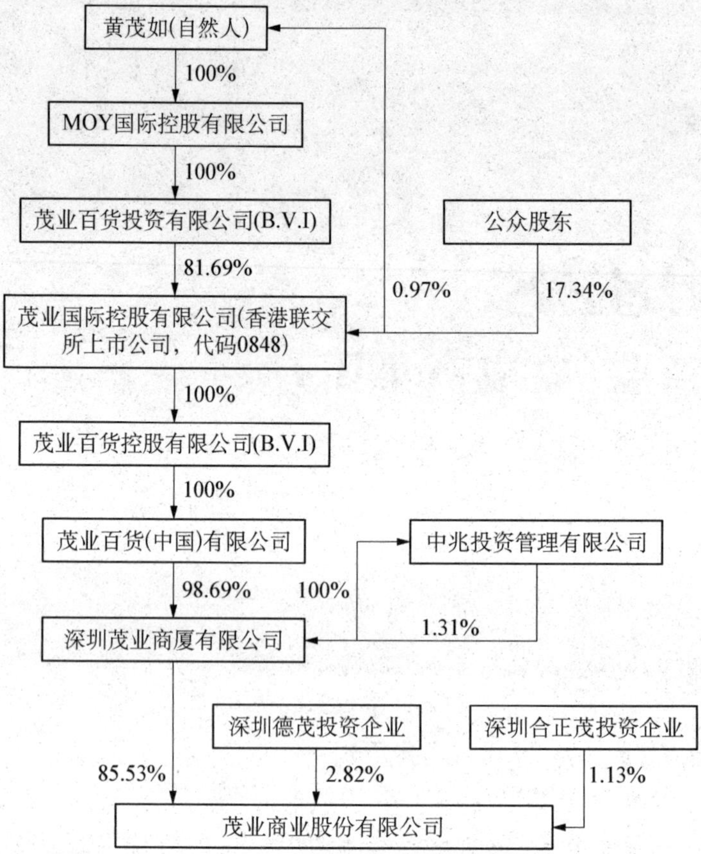

图 35　茂业商业股权结构图

限合资设立，后于 2011 年发生股权变动，成为纪高有限全资子公司。光华百货主营业务为商业零售业，经营业态包括百货和超市，其中以百货为主。近三年光华百货经营状况良好，毛利率均值为 22.10%。

2. **交易之二**

（1）和平茂业：深圳市和平茂业有限公司成立于 2000 年，是茂业商业控股股东茂业商厦的全资子公司，主营商品零售百货业务。和平茂业拥有三家分公司，即深圳茂业百货有限公司南山分公司、深圳茂业百货有限公司东门分公司和深圳茂业百货有限公司和平分公司。截至 2015 年 8 月 31 日，和平茂业资产总计 15.58 亿元，负债 10.01 亿元；2015 年 1—8 月的净利润为 1.72 亿元。

（2）深南茂业：深圳市茂业百货深南有限公司成立于 2000 年，是茂业商业控股股东茂业商厦的全资子公司,主营业务为商品零售百货。截至 2015 年8 月 31 日,深南茂业资产总计 2. 51 亿元,负债 2. 17 亿元;2015 年 1—8 月的净利润为 0. 11 亿元。

(3) 东方时代茂业:深圳市茂业东方时代百货有限公司成立于 2005 年,是茂业商业控股股东茂业商厦的全资子公司,主营业务为商品零售百货。截至 2015 年 8 月 31 日,东方时代茂业资产总计 16. 95 亿元,负债 14. 75 亿元;2015 年 1—8 月的净利润为 0. 71 亿元。

(4) 珠海茂业:珠海市茂业百货有限公司成立于 2001 年,是茂业商业控股股东茂业商厦的全资子公司,主营业务为商品零售百货。截至 2015 年 8 月 31 日,珠海茂业资产总计 2. 50 亿元,负债 1. 69 亿元;2015 年 1—8 月的净利润为 0. 26 亿元。

(5) 华强北茂业:深圳市茂业百货华强北有限公司成立于 2002 年,由茂业商业控股股东茂业商厦、关联方德茂投资以及和正茂投资分别持股 77%、16. 43%和 6. 57%,主营业务为商品零售百货。截至 2015 年 8 月 31 日,华强北茂业资产总计 20. 20 亿元,负债 18. 14 亿元;2015 年 1—8 月的净利润为 0. 86 亿元。

3. 交易之三

内蒙古维多利商业(集团)有限公司成立于 2003 年,在内蒙古自治区拥有 13 年的商业经验,是当地最大的商业集团,在包头及呼和浩特市拥有及经营百货店、超市及商业房地产。下属呼和浩特市 4 家百货门店(其中 2 家购物中心)和 13 家超市及包头市 2 家百货门店(其中 1 家购物中心)和 2 家超市。作为内蒙古商业零售的龙头,维多利集团在内蒙古乃至华北区域内具有较大的市场影响力,是内蒙古乃至华北市场的领军商业企业,其中呼和浩特市的 4 家百货门店(其中 2 家购物中心)均占据城市黄金地段区位优势,商业价值显著。

4. 交易之四(进展中)

(1) 秦皇岛茂业:成立于 2008 年,是茂业商业控股股东茂业商厦的全资子公司中兆投资的全资子公司。公司主要经营业态为商业零售,以经营百货门店为主,在秦皇岛市有 5 家百货门店和 1 家超市。秦皇岛茂业下属门店地处秦皇岛市内传统商业中心区,经过多年持续投入与精细运营管理,"茂业"品牌在当地已形成良好的口碑与较高的市场影响力,具有稳定客户群。

(2) 重庆茂业：成立于2008年，由茂业商业控股股东关联方茂业百货(中国)以及中兆投资分别持有65%和35%的股权。重庆茂业下属1家全资子公司，为重庆百福乐商贸有限公司。公司主要经营业态为商业零售，以经营百货门店为主，在重庆市有1家百货门店(茂业江北店)，子公司重庆百福乐商贸有限公司主要从事茂业江北店地下一层的相关经营。茂业江北店处于繁华的观音桥商圈，是重庆市最知名的商业中心区之一。该商圈中高端消费人群集中，并且商业配套设施较为完善。

二、收购事件一览

- 2015年12月26日，茂业商业公告收购报告书，宣布通过其全资子公司成商控股分别以支付现金方式购买仁和集团持有的人东百货100%的股权、纪高有限持有的光华百货100%的股权(交易之一)。
- 2016年1月11日，茂业商业停牌，拟筹划新一起重大资产重组事项(交易之二)。
- 2016年1月16日，茂业商业发行股份购买资产重大重组事宜(交易之二)获得中国证监会并购重组委有条件审核通过。
- 2016年2月5日，茂业商业收购人东百货100%的股权及光华百货100%的股权的交易(交易之一)通过商务部反垄断局审查。
- 2016年2月22日，茂业商业发行股份购买资产重大重组事宜获得证监会正式批复，同意此次发行股份购买资产事项(交易之二)。
- 2016年2月23日，茂业商业公告向茂业商厦发行股份购买和平茂业100%股权、深南茂业100%股权、东方时代茂业100%股权、珠海茂业100%股权和华强北茂业77%股权，向德茂投资发行股份购买华强北茂业16.43%股权，向合正茂投资发行股份购买华强北茂业6.57%股权(交易之二)。
- 2016年2月26日，茂业商业发行股份购买的和平茂业、深南茂业、东方时代茂业、珠海茂业以及华强北茂业(交易之二)已完成过户。
- 2016年3月29日，茂业商业签署收购意向书，拟收购内蒙古维多利商业(集团)有限公司70%股权(交易之三)。
- 2016年4月5日，茂业商业更名，由成商集团变更为茂业商业。

● 2016 年 4 月 20 日，茂业商业股东大会通过公司收购维多利商业（集团）有限公司 70%股权（交易之三）的议案。

● 2016 年 5 月 25 日，茂业商业收购的维多利商业（集团）有限公司 70%股权（交易之三）已完成股权过户。

● 2016 年 6 月 7 日，茂业商业发布非公开发行股票预案，称拟通过定向增发收购控股股东旗下的秦皇岛茂业、泰州一百以及重庆茂业股权（交易之四）。

● 2016 年 8 月 11 日，茂业商业修改定增方案（交易之四），终止收购泰州一百 97.13%股权。

● 2016 年 9 月 28 日，中国证监会受理了茂业商业的定向增发事项。截至 2016 年 12 月 31 日，该事项还未获得证监会核准。

三、收购方案

（一）交易之一

茂业商业以现金方式通过全资子公司成商控股分别收购人东百货和光华百货各 100%股权，两笔股权收购互为前提，合计对价 24.74 亿元，构成中国证监会规定的重大资产重组事项。资金来源为自筹资金，包括公司自有资金、银行借款或其他合法渠道及方式筹集的资金。

（二）交易之二

根据方案，茂业商业以发行股份方式购买资产，具体以每股 7.92 元的价格向控股股东茂业商厦发行股票 1 093 203 558 股购买和平茂业 100%股权、深南茂业 100%股权、东方时代茂业 100%股权、珠海茂业 100%股权和华强北茂业 77%股权；向关联方德茂投资发行 48 818 053 股购买华强北茂业 16.43%股权；向正茂投资发行股票 19 521 278 股购买华强北茂业 6.57%股权；注入资产作价合计 856 057.11 万元。

本次交易中注入的 5 家公司的资产总额 559 956.32 万元，超过上市公司 2004 年（茂业商业上一次实际控制人发生改变时）经审计合并财务会计报告期末资产总额的 100%，构成借壳上市。

本次交易后，茂业商业的控股股东不变，仍为茂业商厦，实际控制人也未

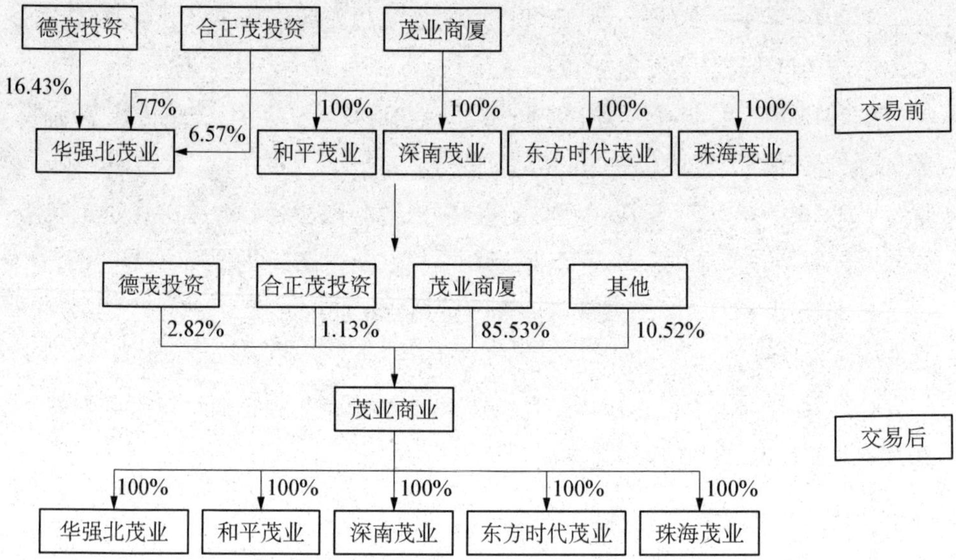

图 36　茂业商业发行股份购买资产交易前后股权变化

变，仍为黄茂如。

表 19　交易前后茂业商业股权结构变化表

股东名称	交易前		交易后	
	股份数量（股）	占比	股份数量（股）	占比
茂业商厦	388 226 763	68.06%	1 481 430 321	85.53%
德茂投资	—	—	48 818 053	2.82%
合正茂投资	—	—	19 521 278	1.13%
其他股东	182 212 894	31.94%	182 212 894	10.52%
合计	570 439 657	100%	1 731 982 546	100%

（三）交易之三

茂业商业以现金方式收购内蒙古维多利集团 70%的股权，属于证监会《重组办法》规定的重大资产重组事项。本次交易所需资金来源为自筹资金，包括上市公司自有资金、银行借款或其他合法渠道及方式筹集的资金，交易价款分四期支付。

本次交易标的资产维多利集团 70%的股权采用资产基础法进行评估。以 2015 年 12 月 31 日为评估基准日，维多利集团 100%股权的评估值为

225 759.95 万元，维多利集团 2015 年 12 月 31 日经审计的归属于母公司股东权益的账面价值为 −1 317.98 万元，评估增值 227 077.93 万元，增值率为 17 229.24%，最终交易价格确定为 156 530.00 万元。

本次交易亦约定了业绩补偿承诺，业绩承诺期间为交割专项审计的审计基准日次日起连续 3 年。如标的公司下属超市业务在业绩承诺期累计的实际净利润低于累计的承诺净利润数，茂业商业将获得补偿金额。补偿金的计算办法为：应补偿金额 =（累计承诺净利润数 − 累计实际净利润数）× PE，其中，PE 为 20 倍。

（四）交易之四（进展中）

茂业商业拟通过向不超过 10 名特定投资者发行不超过 37 287.42 万股的 A 股股票，募集资金总额不超过 226 707.46 万元，用于收购控股股东茂业商厦旗下位于秦皇岛和重庆的百货资产。其中，以 154 918.94 万元收购中兆投资（中兆投资系控股股东茂业商厦的全资子公司）持有的秦皇岛茂业 100% 股权，以合计 43 788.52 万元收购茂业百货（中国）和中兆投资分别持有的重庆茂业 65% 和 35% 股权。本次定向增发购买资产构成关联交易，同时也构成重大资产重组。截至 2016 年 12 月 31 日，该方案仍在进展中，尚未通过证监会审核。

四、案例评论

2016 年，"茂业系"掌门人黄茂如为投资者导演了一幕幕资本大戏。2016 年全年，茂业商业成功完成了 3 起收购交易，均构成重大资产重组，其中收购和平茂业等 5 家百货公司的股权还构成了借壳上市；除此之外，茂业商业于 2016 年 8 月还宣告了一笔通过非公开发行股份募集资金收购控股股东茂业商厦旗下位于秦皇岛和重庆的百货资产，目前此次交易仍在进展中，等待证监会的审核。茂业商业一连串的并购重组活动引起了资本市场的广泛关注。

（一）逆势收购，意欲何为？

茂业商业所处零售业行业与经济景气程度相关度较高，消费者往往在经济增长期内增加消费，在经济衰退期内则减少消费。目前，国内经济仍面临着下行的压力，消费市场整体偏弱。另外，随着人们消费观念的不断变化以及网络购物的快速发展，依托实体店铺经营的百货零售业受到了较大冲击。在零售百货业呈日渐萎缩的颓势之下，作为巨头之一的茂业集团旗下控股的A股上市公司茂业商业却逆势收购，开启了一条并购重组之路，此举究竟有何意图？

资本市场对"茂业系"掌门人黄茂如并不陌生，有媒体戏称黄茂如是资本市场里不折不扣的"野蛮人"。2005年至今，黄茂如以其高超的资本运作能力，先后掌控了成商集团（即现在的茂业商业）、茂业物流、*ST商城等A股上市公司。此外，茂业系还在二三线城市实施"大抢购"战略，购进大量商业地产，先后收购并控股了泰州第一百货、无锡第一百货、扬子江百货等近10家百货企业，在国内10多个城市大量跑马圈地。收购整合、买地自建，茂业系的商业网络得以迅速枝繁叶茂。公开资料显示，截至2015年6月30日，茂业集团在全国17个城市拥有41家门店，其中华南7家，西南9家、华东12家、北方13家。这也为现阶段集团同业整合打下了基础。

梳理一下茂业商业2016年的几笔收购交易，可以发现两个特点。第一，茂业商业注入的控股股东旗下的关联公司如深圳茂业、华强北茂业等均为百货零售行业公司。也就是说，茂业商业控股股东正在整合旗下的百货零售业务，逐步注入茂业商业，企图建立一个庞大的百货零售帝国。整合既可以迅速扩大茂业商业的规模，实现规模效应，又可以解决控股股东旗下公司同业竞争的问题。第二，从茂业商业收购的标的资产所处地域来看，人东百货和光华百货地处四川，和平、深南等5家百货覆盖广东，维多利集团雄霸内蒙古。茂业商业正通过资本运作将经营触角辐射全国，通过并购，茂业商业的业务范围涵盖了西南、华南、华北，一张布局全国的商业地图正逐渐呈现在人们的眼前。

（二）持续收购，警惕风险

一年之内，4次重大资产重组，涉及资金超过140亿元，其中有3笔近62.3亿元规模的收购交易由现金支付。在现金支付的三起交易中，有43亿元资金需要茂业商业通过自有资金或借贷资金解决。回顾一下茂业商业自筹资金收购人东和光华百货100%股权，以及收购维多利集团70%股权两笔交易时的茂业商业的财务状况，可以发现茂业商业是债台高筑，财务费用剧增。

在茂业商业收购人东百货100%股权以及光华百货100%股权的交易中，

交易对价 24.7 亿元全由茂业商业以现金支付。交易完成后,茂业商业的负债规模提高(如表 20),资产负债率由交易前的 44.36%增加至交易后的 78.71%,增长了 34.35%,公司财务风险增大。但上市公司对此并不是很担心,认为公司主要从事零售业务,现金流充沛,负债率的提高对公司清偿能力造成的影响有限。公告中并未披露此次交易需借债的规模,因此由这笔交易导致的财务费用增长情况并不清楚。

表 20 茂业商业收购人东和光华百货 100%股权前后资产负债情况 (单位:万元)

项目	交易之一前	交易之一后	增幅
	2015 年 6 月 30 日	2015 年 6 月 30 日	
资产总额	234 407.77	610 105.44	160.28%
负债总额	103 989.41	480 272.08	361.85%

然而,随后进行的收购内蒙古维多利 70%股权的交易,交易对价为 15.65 亿元,占上市公司 2015 年度经审计的合并财务会计报告期末资产总额的比例超过 54.27%。茂业商业 2015 年财报显示,公司的账面货币资金余额仅为 2 749.10 万元,自有资金不足,公司只能通过银行借款或其他方式筹集资金支付本次交易对价,从而导致财务费用的增加。更令人担忧的是,本次交易的标的资产维多利集团也是债台高筑。截至 2015 年底,维多利集团的负债总额高达 50.4 亿元,资产负债率高达 100.26%,且大部分借款(披露的 29 笔主要负债中的 21 笔负债)将于 2016 年下半年到期。入主后的茂业商业将不得不为其还款提供资助,以应对集中还款的压力。巨额的债务也将使得茂业商业的负债由交易前的 15.67 亿元增加至 87.40 亿元,增幅高达 457.66%。这些都无疑将使得茂业商业的收购面临重重风险。

表 21 茂业商业收购维多利集团 70%股权前后财务状况 (单位:万元)

项目	交易之三前	交易之三后	增幅
	2015 年 12 月 31 日	2015 年 12 月 31 日	
资产总额	288 404.98	1 056 412.39	266.29%
负债总额	156 735.25	874 045.52	457.66%

续表

项目	交易之三前	交易之三后	增幅
	2015 年度	2015 年度	
营业收入	190 924. 03	591 780. 98	209. 96%
营业利润	10 274. 25	450. 01	-95. 62%
利润总额	10 677. 95	1 444. 68	-86. 47%
归属于母公司股东的净利润	7 696. 21	-2 258. 24	-129. 34%

表 21 中，值得我们关注的还有，重组后的茂业商业除了营业收入，营业利润、利润总额及净利润都出现了下降，且降幅不低。主要原因之一正是缘于高企的负债所导致的高额财务费用。或许茂业商业看重的是维多利集团的商业地产资产，正如茂业系之前的并购那样，期待从商业地产的增值中获得甜头。但现在来谈这笔收购是否成功还为时过早，需要重组后的茂业商业的努力，也需要时间来检验。大举并购的确是迅速扩张企业规模的重要途径，然而，并购给企业带来的各类风险绝对需要谨慎对待。

（三）重新整合，顺应变化

与发达国家相比，中国零售业的市场集中度相对较低。到 2012 年，国内商业公司的跑马圈地已基本结束，核心商圈的地块已基本瓜分完毕，大多数城市的购物中心总量已经饱和，部分城市甚至已经出现过剩。在此背景下，茂业集团在进入 2016 年后，开始对旗下零售百货业务进行整合以消除集团同业竞争问题，同时打造茂业商业这个零售帝国。茂业商业曾公开自己的商业逻辑：未来将打造“百货大平台”。公司还表示，自 2015 年开始的未来 4 年内，要将茂业系旗下所有境内百货公司都整合进茂业商业。

面对电商冲击、消费者购物习惯发生转变、零售业态多元化发展及城市新商圈的兴起等挑战，茂业商业应当积极寻找适应新形势的商业模式及发展方向，完成好重组后的整合任务，真正将茂业商业打造为成功的“百货大平台”，雄霸一方。

五、市场表现(600828)

茂业商业交易前后的股价变化情况如图 37 所示。

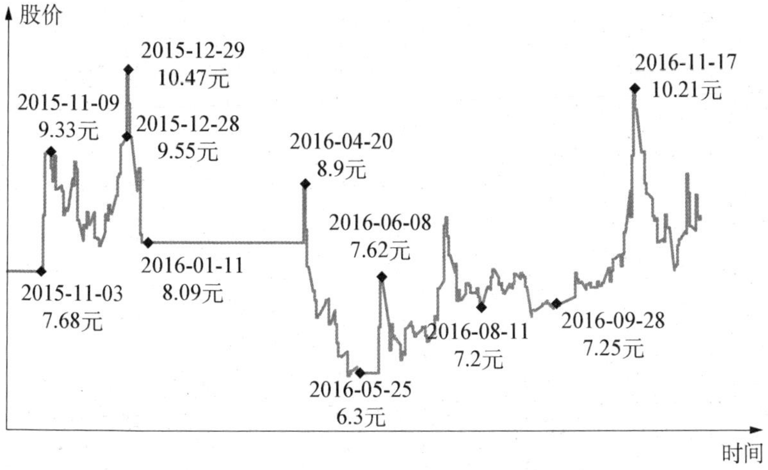

图 37　茂业商业交易前后的股票价格走势

第四辑　中概股回归并购

002558
巨人网络(原世纪游轮):
中概股回归开启新"征途"

一、收购相关方简介

(一) 收购方: 世纪游轮

重庆新世纪游轮股份有限公司成立于 2006 年 11 月 24 日,于 2011 年在深圳证券交易所上市。公司注册资本为 6 545 万元,彭建虎、彭俊珩父子合计持有世纪游轮 74.28%的股权,为公司控股股东及实际控制人。上市公司主要从事内河豪华游轮休闲旅游服务的开发和运营,属于"休闲度假旅游产品"。与以景点、游乐园、酒店为特征的传统观光旅游产品不同,游轮成为产品的重要载体,在游轮上的观赏、休憩和娱乐成为产品的主要内容。公司现拥有 7 艘世纪系列豪华游轮。

但近年来受宏观经济增速放缓、行业竞争加剧及需求不足等因素影响,加上行业内"东方之星"游船沉船事故影响,游客显著减少,公司营业收入及其他业务均有所下降。世纪游轮营业利润在 2012 年度至 2014 年度分别为 4 298 万元、-4.43 万元、670 万元,2015 年 1 月至 9 月营业利润为 -3 446 万元。

(二) 标的公司: 巨人网络

巨人网络前身为上海征途网络科技有限公司,成立于 2004 年 11 月 18 日,于2007年更名为上海巨人网络科技有限公司,注册资本为人民币3 680.875 6万元。截至2015年9月30日,巨人网络经审计的资产总计为173 762.62万元。史玉柱通过兰麟投资及其一致行动人腾澎投资实际控制巨人网络47.57%的股权,为巨人网络的实际控制人。

巨人网络是一家以网络游戏为主的综合性互联网企业,是国内最早进入客户端网络游戏市场的公司之一。巨人网络始终坚持走自主研发精品战略,曾获"金翎奖十大网络游戏""中国游戏行业年会最受欢迎的网络游戏"等荣誉。公司品牌产品《征途》更是上线十年经久不衰,在国内首创自动打怪、自动寻路、给玩家发工资等全新游戏玩法与运营措施,被业内誉为中国的"网游大百科全书"。随着移动互联网市场的快速发展,玩家开始向移动端网络游戏市场转移,这一现象对传统的端游收入产生一定冲击。巨人网络于2014年起全力拓展移动游戏业务,推出《征途口袋版》、《大主宰》等多款移动游戏,实现在移动游戏市场的战略布局。在巩固自身游戏生态业务优势的同时,巨人网络不忘开拓互联网社区生态系统业务,向更广阔的互联网领域发展。目前,巨人网络设立互联网社区研究院,策划开发移动社区工具,已成功向市场推出《嘟嘟语音》、《WIFI共享》等产品。

2006年至今,巨人网络经历了搭建红筹架构境外上市、私有化退市、拆除红筹架构的过程。截至本次交易前,巨人网络产权控制结构图如图38所示。

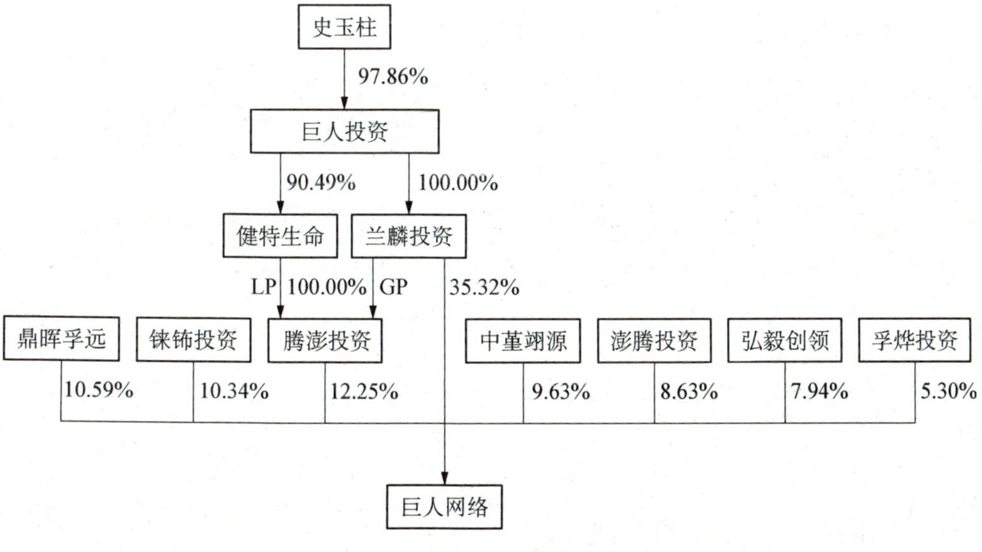

图38　巨人网络产权控制结构

二、收购事件一览

● 2014年10月27日，世纪游轮因筹划重大事项开始停牌。

● 2014年12月13日，世纪游轮披露《关于筹划重大资产重组停牌公告》，确认本次筹划的重大事项涉及重大资产重组。

● 2015年9月30日，世纪游轮与上海巨人网络科技有限公司及其实际控制人史玉柱签订了《重大资产重组意向框架协议》。

● 2015年10月29日，世纪游轮召开第四届董事会第三次会议，审议通过本次重组预案及相关议案。

● 2015年12月11日，世纪游轮召开第四届董事会第四次会议，审议通过本次重组正式方案及相关议案；同时，发行股份购买资产交易对方兰麟投资、腾澎投资、鼎晖孚远、铼钸投资、中堇翊源、澎腾投资、弘毅创领、孚烨投资均已作出执行董事决定或执行事务合伙人决定，同意以所持巨人网络股权参与上市公司本次重大资产重组事宜。

● 2015年12月30日，世纪游轮召开2015年第二次临时股东大会，审议通过本次交易具体方案，并同意巨人网络控股股东、实际控制人及其一致行动人免于发出要约收购上市公司股票。

● 2016年3月2日，本次重大资产重组事项获得中国证监会并购重组委审核有条件通过，并于2016年3月3日开市起世纪游轮股票复牌。

● 2016年4月5日，世纪游轮收到了中国证监会下发的证监许可〔2016〕658号《关于核准重庆新世纪游轮股份有限公司重大资产重组及向上海兰麟投资管理有限公司等发行股份购买资产并募集配套资金的批复》的文件，本次交易获得证监会核准。

● 2016年4月8日，巨人网络100%股权的过户手续及相关工商变更登记工作已经完成。世纪游轮成为巨人网络的唯一股东，巨人网络成为公司的全资子公司。

三、收购方案

（一）交易方案

本次交易总体方案包括：重大资产出售、发行股份购买资产、募集配套资金。具体内容如下：

1. 重大资产出售

世纪游轮向彭建虎出售公司全部资产及负债(母公司口径)，彭建虎以现金方式支付。为便于出售资产交割，彭建虎将新设一家有限责任公司承接上市公司的拟出售资产。上市公司将拟出售资产中的全部资产、负债、人员及业务注入到彭建虎新设的公司，并办理拟出售资产交割手续。

2. 发行股份购买资产

上市公司向巨人网络的全体股东非公开发行股份购买其持有的巨人网络100%股权。

3. 募集配套资金

上市公司采用询价发行方式向不超过10名符合条件的特定对象非公开发行股份募集配套资金，总金额不超过500 000万元，上市公司的控股股东或其控制的关联人不参与募集配套资金部分的认购，配套资金总额不超过本次交易拟购买资产交易价格的100%。

本次交易构成关联交易、重大资产重组及借壳上市。本次交易完成后，上市公司现有资产、负债、业务和人员等将被剥离出上市公司，巨人网络将整体注入上市公司。

（二）交易价格

本次交易注入的资产为巨人网络100%股权，交易作价为1 312 424.00万元。截至评估基准日，拟购买资产采用收益法的评估值为1 312 424.08万元，拟购买资产经审计的归属于母公司股东权益合计为96 496.33万元，增值额为1 215 927.75万元，增值率为1 260.08%。

截至评估基准日，拟出售资产采用成本法的评估值为60 423.62万元，拟出售资产经审计的母公司账面价值为60 940.34万元，净资产减值516.72万元，减值率为0.85%。各方协商确定的交易价格为60 424.00万元。

上市公司向交易对方以发行股份的方式支付对价，发行股份数量为443 686 270股。以上市公司第四届董事会第三次会议决议公告日为定价基准日，发行价格为经除权除息调整后的定价基准日前20个交易日上市公司股票交易均价的90%，为29.58元/股。

本次交易配套融资发行股份的价格为29.58元/股。公司拟募集配套资金总金额不超过500 000万元,占本次交易拟购买资产交易价格的比例为38.10%。以募集配套资金上限和发行底价计算,本次交易募集配套资金所发行股份数量不超过169 033 130股。

(三) 股权变动

交易前后世纪游轮股权变动情况如表22所示。

表22 世纪游轮交易前后股权变化

股东名称	重组前		本次增减股份数量(股)	重组后	
	持股数量(股)	持股比例		持股数量(股)	持股比例
兰麟投资	—	—	156 723 643	156 723 643	30.78%
腾澎投资	—	—	54 326 299	54 326 299	10.67%
鼎晖孚远	—	—	46 996 884	46 996 884	9.23%
铼钸投资	—	—	45 862 513	45 862 513	9.01%
中董翊源	—	—	42 724 440	42 724 440	8.39%
澎腾投资	—	—	38 306 386	38 306 386	7.52%
弘毅创领	—	—	35 247 663	35 247 663	6.92%
孚烨投资	—	—	23 498 442	23 498 442	4.62%
彭建虎	43 721 700	66.80%	—	43 721 700	8.59%
彭俊珩	4 895 000	7.48%	—	4 895 000	0.96%
其他社会股东	16 833 300	25.72%	—	16 833 300	3.31%
总股本	65 450 000	100.00%	443 686 270	509 136 270	100.00%

注:本测算不考虑募集配套资金的影响

四、案例评论

(一) 巨人网络回归A股,大佬云集投资加磅

随着2014年下半年以来中国股市尤其是中小创股票的连续上涨,中概股掀起了一波回归热潮。除了股市表现,政府力促科技创新增强经济活力,跨境市场估值差异巨大,回归本土市场的优势等等都成为中概股回归的强劲动力。

2004年成立的巨人网络于2007年11月便登陆纽约证券交易所,公司总市值达到42亿美元,成为在美国发行规模最大的中国民营企业。在中概股回归

热潮中，史玉柱先知先觉，早在2013年便宣布私有化，至2014年7月，巨人网络已经在众多游戏中概股中率先完成私有化并从美国退市。自此，巨人网络经历了搭建红筹架构境外上市、私有化退市、拆除红筹架构的全部过程，目前巨人网络红筹架构已拆除完成，相关VIE协议均已解除。

在本次重组后的股权结构中，出现了铼钸投资、弘毅创领、鼎晖孚远和孚烨投资等股东名称。公开信息显示，铼钸投资设立于由阿里巴巴董事局主席马云和聚众传媒创始人虞锋等10余位知名企业家共同发起创立的云锋基金旗下，而弘毅资本则是联想控股旗下的投资基金，董事长为联想集团董事长柳传志。铼钸投资和弘毅创领在交易后分别持有世纪游轮9.01%、6.92%的股份，均是巨人借壳上市的参投者和主要股东。这些明星财团的身影出现在巨人网络的股东名单中，显示了史玉柱在资本领域强大的朋友圈和资本运作能力，也同时肯定了巨人网络的升值空间，为“网游第一股”回国上市加磅不少。

（二）估值缩水市场疑，利润大降遭问询

2014年巨人网络在美国完成退市交割，其股价终结于11.92美元，市值约为28.7亿美元，折合约200亿元人民币，与其在美上市之初的市值相比，缩水幅度较大。而在此次收购中作价也仅为131亿元，是退市价格的61%。这与2014年7月巨人网络CEO纪学锋放话“巨人网络再上市的市值底线1 000亿元人民币”相差甚远。

就在上市前夕，巨人网络的各项财务指标都出现了较大幅度的下滑。根据世纪游轮披露的巨人网络近年业绩，2014年净利润为11.61亿元，同比下降11%；2015年1—9月，巨人网络净利润仅为2.18亿元；净资产自2013年的60.63亿元下滑至2014年的48.42亿元，截至2015年9月30日，其资产总额仅为17.38亿元。对此，巨人网络解释净资产波动的主要原因是2014年为私有化股票回购而向股东进行了大额分红，且因红筹架构拆除需要，采取了偿还私有化贷款、债务重组等方案。

与此同时，市场对巨人网络的业绩表现出明显的担忧。众所周知，《征途》系列游戏将巨人网络推向端游时代的巅峰，但在近年手游用户高速增长并逐渐超过端游时，巨人网络未及时转型抓住移动游戏的新风潮，仍然过度依赖于端游。虽然巨人网络在2014年便成立手游发行公司，但在目前主打的游戏产品

中,已经上线10年的端游《征途》仍然是最主要的营收来源。在此次披露的重组报告书中,《征途》和《征途2》在报告期内总收入占比达到近70%。而随着移动游戏的迅速发展,手游市场已经呈现出"肉多狼更多"的局面。腾讯游戏一家独大的同时,盛大、完美世界以及中手游等中概股游戏公司也纷纷从纳斯达克退市,回归A股。一大波游戏巨头的回归必然会加剧游戏市场的竞争,开发成本和推广成本也正持续上涨。面对白热化的市场竞争,巨人网络难以摆脱外界对其业务结构的质疑和担忧,这次重组报告书中也再次提及"对征途系列游戏依赖的风险"。

针对巨人网络业绩持续下滑、创新研发能力等问题,证监会在审核其借壳事项时也提出了相关问询。核心游戏的运营情况、储备游戏资源的运营规划等都被重点关注。根据巨人网络的解释,净利润下滑主要受计入管理层股权支付费用等非经常性因素影响,预计未来三年净利润分别不低于10亿元、12亿元及15亿元。

尽管当前用户获取成本高,发力手游已非最佳时机,但意识到端游转型重要性的巨人网络已将战略重心全面转向手游业务。总裁纪学锋曾表示:"随着移动互联网时代的来临,产业模式和用户习惯都在发生着深刻的变革。如果不创造创新、不重新焕发创业时敢抢敢拼的热情,一定会被后浪拍死在沙滩上。"隐退近3年的史玉柱于2015年底重回一线,开始对公司架构进行调整,原CEO刘伟出任总裁,原总裁纪学锋专注研发。为加大研发力度,补齐手游业务短板,史玉柱宣布给全体研发一线人员加薪,平均幅度超过50%,并表示"公司唯一的出路是研发出精品手游。谁研发出精品手游,公司就给该项目责任人发奖金、发股票,使你身价过亿"。

(三)展开全面布局,开启全新征途

除了用于调整管理架构、奖励研发人员等举措外,此次募集的近50亿元配套资金,也将被用于网络游戏的研发、代理与运营发行、在线娱乐与电子竞技社区、互联网渠道平台的建设、网络游戏的海外运营发行平台建设和大数据中心与研发平台的建设。

巨人网络对研发的积极投入打消了市场曾经对其业务结构的疑虑,其借壳世纪游轮自2015年11月11日复牌以来,股价连拉20个涨停,股价由34.82

元/股涨至最高时的231.1元/股，足见市场信心及其品牌效益。

根据2016年半年报，也是完成重大资产重组后的首份财报，巨人网络旗下工作室Superpop Games开发的休闲竞技类手游《球球大作战》于2016上半年取得突出成绩，6月月活跃用户人数(MAU)已达5 481万人。在第二季度，公司手游玩家充值额首次超过端游，"手游化"研发战略已取得不小成果。

转型初现成效的同时，巨人网络揭开了在移动电竞、娱乐产业等方面的全面布局。巨人网络借壳上市后，频频做出大动作，与阿里体育达成基于移动电竞的战略合作，305亿元收购以色列棋牌游戏公司Playtika，宣布成立巨人影业等，其野心早已不止于游戏产业。巨人网络还在财报中披露，已经组建了互联网与金融领域、医疗健康领域内的专业团队，并在海内外寻找投资并购机会，布局全新业务领域，欲将巨人网络打造为领先的综合型互联网增值服务商。当前，定位于综合性互联网企业的巨人网络正依托旗下游戏及新兴影视等优势打造泛娱乐战略，同时更在投资方面发力，全面展开布局，踏上了充满挑战的全新"征途"。

五、市场表现(002558)

世纪游轮交易前后股票价格变动情况如图39所示。

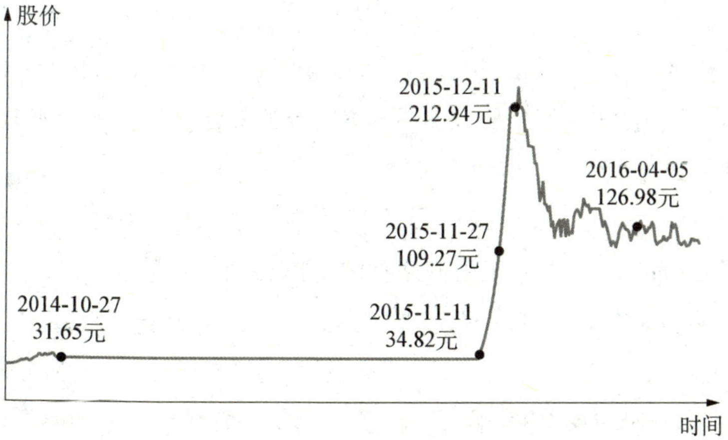

图39 世纪游轮交易前后股价走势

300071
华谊嘉信：
中概股回归，华谊一石二鸟

一、收购相关方简介

（一）收购方：北京华谊嘉信整合营销顾问集团股份有限公司

华谊嘉信2003年成立于北京，是国内领先的大型整合营销服务公司，实际控制人为刘伟。公司主要从事数字营销、体验营销、内容营销、大数据营销以及公关广告五大业务，旗下拥有华谊信邦、迪思传媒、好耶集团等在业内颇负盛名的全资子公司和关联品牌。华谊嘉信在大力推进“大数据、大内容”战略的同时，积极打造全域营销生态圈，实现了从“执行服务型”到“资源价值型”整合营销体系的全面升级。

（二）被收购方：北京凯铭风尚网络技术有限公司

凯铭风尚于2006年4月成立，是国内第一个定位于引领高端时尚消费、服务高品质时尚生活的网络平台与时尚新媒体，为250余个品牌提供服务，包括LV、HERMES、BURBERRY等，目前设有一家上海分公司。公司以YOKA时尚网为主要运营平台，从事时尚媒体的互联网运营业务，收入大部分来自互联网广告发布。随着移动互联网的兴起，公司很早就开始布局YOKA移动端，其开发的 APP 产品已超过 200 个，多款产品在 App Store 和各大应用商店中排名前十。

本次交易前，凯铭风尚曾为实现境外融资上市而搭建了境内投资人通过境外公司返程投资的股权结构(即 VIE 架构)，且于 2007 年 3 月与尤卡风尚签署了一系列控制协议：《独家技术咨询和服务协议》、《非专利技术转让协议》、《非专利技术使用许可协议》、《独家购买权合同》、《知识产权独家认购合同》、《股权质押合同》，是 YOKA 开曼 VIE 架构下的境内业务实体。具体股权控制关系如图 40 所示。

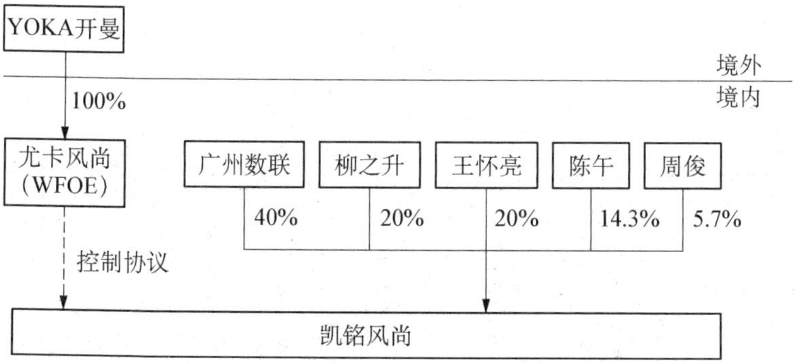

图 40　凯铭风尚交易前股权结构

(三) 交易对方：YOKA 开曼

YOKA 开曼于 2006 年 6 月设立，是一家依据开曼群岛法律设立并有效存续的豁免型有限责任公司。截至 2013 年底，该公司先后获得 IDG、美国最大的多媒体文化集团之一赫斯特(Hearst)、经纬创投、时尚传媒集团以及百度等的投资。该公司先后经历四轮融资，通过境内设立的外国法人独资企业(WFOE)尤卡风尚协议控制凯铭风尚。具体股权结构变革如表 23 所示：

表 23　YOKA 开曼四轮融资情况

	初始	A 轮后	B 轮后	C 轮后	D 轮后
陈午	22.22%	12.50%	7.40%		
柳之升	44.44%	25.00%	14.80%	12.16%	9.49%
王怀亮	33.34%	18.75%	11.11%	9.12%	7.12%
IDG Venture		43.75%	25.91%	21.27%	18.70%

续表

	初始	A轮后	B轮后	C轮后	D轮后
Glory Charm			5.92%	4.86%	8.45%
IDG Growth			11.97%	14.63%	12.86%
IDG Media			10.30%	9.84%	8.62%
IDG Investors			0.98%	1.19%	1.06%
Hearst Communications			11.61%	11.09%	9.80%
Capital Decade				6.08%	4.74%
Matrix Partners				9.75%	8.76%
Asia Ventures					3.46%
Baidu Holdings					6.92%

二、收购事件一览

● 2015年12月24日，与凯铭风尚股东签署意向协议。

● 2016年1月15日，首次停牌，筹划重大资产重组事项。

● 2016年5月27日，披露重大资产购买预案，公司拟以现金增资收购凯铭风尚69.76%股权；尤卡风尚、YOKA开曼股东会决议同意与凯铭风尚终止系列VIE控制协议。

● 2016年7月13日，临时股东大会通过公司重大资产购买事项。

● 2016年8月5日，华谊嘉信向凯铭风尚支付交易价格的30%，即1.74亿元作为首笔增资款。

● 2016年9月30日，尤卡风尚取得北京市工商管理局朝阳分局签发的内资法人营业执照。

三、收购方案

华谊嘉信此次收购凯铭风尚69.76%的股权采用了现金增资的方式。由于标的资产——凯铭风尚系属于原VIE架构下的境内业务实体，故该笔交易涉及原VIE架构的拆除，总共分四步进行：

（一）现金增资标的公司

在 YOKA 开曼中国境内业务综合体(尤卡风尚和凯铭风尚)全部股东权益估值为 74 874. 32 万元的基础上,加入 YOKA 开曼对尤卡风尚 7 319. 55 万元债权投资以及 YOKA 开曼 181. 71 万美元账面现金两项资产因素,上市公司以 5. 81 亿元现金增资收购凯铭风尚 69. 76%的股权。

（二）标的公司解除控制协议,收购 WFOE

增资价款 5. 81 亿元构成凯铭风尚从 YOKA 开曼处收购尤卡风尚(WFOE)100%的股权以及拆除红筹架构的对价,尤卡风尚变更为内资企业,YOKA 开曼完成对应海外股东 69. 76%股权的注销,同时凯铭风尚与尤卡风尚签署终止协议,解除协议控制关系。

（三）YOKA 开曼剩余股权境内回落

设立天津锐智创新、天津瑞兆创新和天津荣昌创新为 VIE 架构下 YOKA 开曼剩余股权(含 ESOP 期权)回落境内的管理层和员工持股平台。Glory Charm 持有的剩余 1. 45%股权以及 ESOP 下的 23. 80%股权通过该平台实现境内持股,员工激励计划的标的由 YOKA 开曼股权对应变更为凯铭风尚股权;YOKA 开曼现有股东王怀亮持有的剩余 4. 98%的股权将通过在中国境内直接持有凯铭风尚 4. 98%股权的方式实现境内股权回落;广州数联、柳之升、王怀亮、陈午和周俊分别向该平台转让初始出资。境内股权回落完成后,凯铭风尚的股权控制关系如图 41 所示。

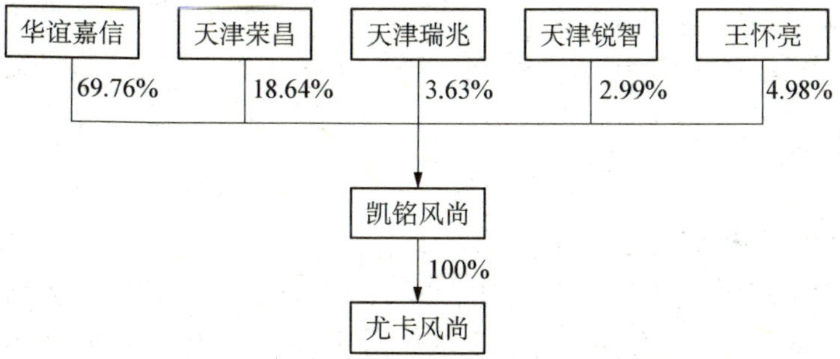

图 41　重组后凯铭风尚股权结构

（四）YOKA 开曼予以注销

YOKA 开曼层面股东完成退出后，YOKA 开曼依据适用法律予以注销。

四、案例评论

上市之初，华谊嘉信主要从事较为单一的线下营销服务。近年来，通过频繁的并购，华谊嘉信已拥有五大业务板块，成为利用资本市场打造全产业链的典范。此次收购凯铭风尚 69.76%的股权，无论是并购动机，还是拆"V"手法，无疑为国内其他有 VIE 架构的互联网企业提供了回归 A 股之借鉴。

（一）"一石二鸟"，成功布局新媒体领域

凯铭风尚是时尚娱乐领域新媒体的先行者，专注为高端客户提供一站式全方位服务，集垂直门户、无线互联、电商多位于一体的时尚新媒体服务。旗下 YOKA 时尚网属于行业深度垂直网站，其客户数量和业务规模都在不断扩大。近 10 年的网站运营使公司树立了优质的行业品牌，聚集了大量流量，因而获得了下游轻奢行业大型广告客户的认可和稳定的媒介资源投放，是相关客户进行品牌建设和产品推广的重要媒介平台。广告行业的并购盛行之风与该行业的同业禁止经营有很大关系，并购是实现业务扩张的主要手段，因此并购背后的业务布局值得细究。华谊嘉信借此次收购，一方面将下游时尚奢侈品行业的高端优质客户纳入囊中，横向拓展了业务规模；另一方面优化了对上游数字营销媒介资源的控制能力，将采购成本内部化，实现"网络广告位提供方—广告交易平台—广告投放商"的互联网广告营销全产业链布局，最终形成在战略、业务、客户资源等多层面的协同，从而稳固在竞争日益激烈的营销传播行业市场中的领先地位。

（二）收购 VIE 标的，拆"V"有讲究

本次收购的标的凯铭风尚是典型的 VIE 架构公司。VIE 架构也称协议控制，是指境外上市实体与境内运营实体相分离，境外上市实体通过协议的方式控制境内运营实体，使该实体成为上市实体的可变利益实体。早期的互联网企

业,因具商业模式、技术等方面的新颖性,获得的创业资金大多来自海外,同时受制于中国 ICP 牌照对外资准入、境外返程投资等方面的限制,一般采用 VIE 架构。凯铭风尚作为互联网公司,也曾为规避法律、绕道监管而实现境外融资及上市搭建了 VIE 架构。华谊嘉信作为收购方,面对带有 VIE 架构的标的,为什么选择拆“V”而不是直接收购其境外主体呢?究其原因,首先若单纯向外资股东发起收购,双方面临的风险都大到难以承受;其次 VIE 架构的控制力度较弱,当境内运营主体名义股东违背 VIE 协议规定时,境外主体很容易丧失对实际经营主体的控制,且在协议本身可能违背外商投资产业限制规定的情况下,境外主体也很难通过有效的法律途径来夺回控制权。若 VIE 架构不拆除,面对风险如此之高的资产,哪家上市公司敢出手?

拆“V”成为该起收购的必经之路。而正是由于凯铭风尚在境外上市的计划未施行,此次重组在拆除标的资产的 VIE 架构时面临的麻烦大大减少。VIE 架构拆除的核心在于解除 WFOE 与境内运营实体签署的一系列控制协议,将 WFOE 变更为内资企业,同时注销境外主体,这其中还涉及境外股权回购、终止境外员工股权激励计划等问题,整个过程复杂多变。华谊嘉信收购一例中,新设境内持股平台对接境外股权回落,增资金额构成 WFOE 变更为内资企业和拆“V”的对价。凯铭风尚成功拆“V”回归 A 股,也为其他带 VIE 架构的互联网企业打通了一条新的回归之路。

(三) 多重风险隐现,盈利承诺“信心十足”

华谊嘉信 5.81 亿元的收购资金全部来源于自筹现金,主要通过银行贷款和授信方式。现金支付虽为上市公司省去了证监会的审核程序,却使公司面临庞大的资金压力。截至 2016 年度半年报,公司货币资金仅为 1.14 亿元,不及收购金额的 1/4,资产负债率高达 58.98%。上市公司未来选择债务融资筹集收购资金,公司的资产负债率会进一步上升,而这会对公司的长期资本结构产生不利影响。

“商誉的减值是悬在公司头上的一把利剑。”尤卡风尚(合并凯铭风尚)的估值增值率高达 1 193.32%,过高的估值使得上市公司商誉高企,减值的风险大幅度增加。根据草案,凯铭风尚对未来的业绩相当有信心,承诺 2016 年、2017 年和 2018 年的扣除非经常性损益后净利润分别不低于为 4 000 万元、5 200 万元及 6 425 万元，但凯铭风尚与尤卡风尚合并业务 2014 年和 2015 年归属于母公司股东的净利润（扣除非经常性损益）仅为 479 万元和 1 010. 61 万元。在奢侈时尚商品广告收入萧条的背景下，如何保证扣非后净利润节节攀高令人担忧。如果凯铭风尚未来经营欠佳，华谊嘉信将存在较大的商誉减值风险。

五、市场表现(300071)

华谊嘉信交易前后股价变化情况如图 42 所示。

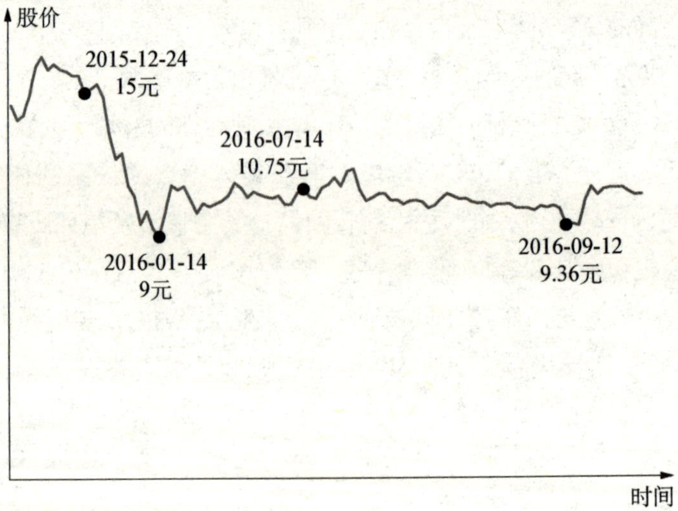

图 42　华谊嘉信收购前后股票价格走势

第五辑　跨境并购

000333
美的集团：巨资跨境并购，"双智"战略布局

一、收购相关方简介

（一）收购方：美的集团

美的集团股份有限公司成立于 2000 年 4 月 7 日，注册资本为 4 265 714 504 元，公司股份于 2013 年 9 月 18 日在深交所成功上市交易。美的集团的控股股东为美的控股有限公司，实际控制人为何享健。美的集团是一家以家电制造业为主的大型综合性企业集团，旗下拥有小天鹅、威灵控股两家子上市公司。2016 年 7 月 20 日，美的集团进入《财富》世界 500 强名单。

公司的主营业务可以分为四大板块，分别为大家电业务板块、小家电业务板块、电机业务板块以及物流业务板块。公司以"产品领先、效率驱动、全球经营"三大战略主轴为指引，聚焦产品与用户、清晰业务结构、精简组织层级，推动组织再造与协同化平台的搭建，推动创新机制与研发能力提升，使得产品品质与口碑持续改善，企业盈利能力与经营质量持续增强，多品类协同的市场竞争优势进一步稳固。

（二）标的公司：KUKA Aktiengesellschaft

KUKA Aktiengesellschaft（库卡集团）于 1889 年在德国奥格斯堡成立并于

1980 年在德国法兰克福证券交易所上市。库卡集团是全球主要的工业机器人生产厂商之一。

同时,库卡集团也是全球领先的机器人、自动化设备及解决方案的供应商。其专注于工业机器人制造、自动化控制系统两大业务,且拥有经验丰富的管理团队和研发团队。公司分别在 2013 年和 2014 年收购机器人制造商 Reis Group 51%的股权和 Alema Automation SAS 的 100%股权,而且在收购瑞士 Swisslog 之后,在自动化系统集成上更进一步。目前,库卡 50%的机器人与控制系统应用于汽车行业,库卡机器人板块处于市场领先地位,在汽车工业机器人行业位列全球市场前三、欧洲第一。

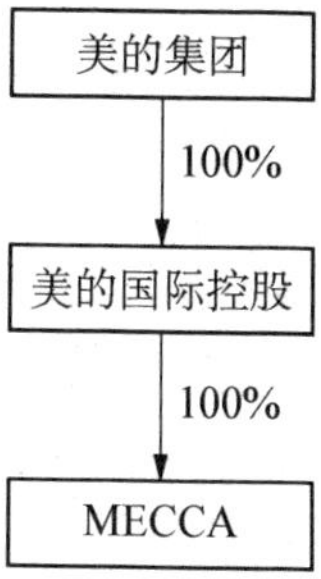

图 43　收购主体 MECCA 股权结构

(三) 收购主体: MECCA

本次收购的收购主体为 MECCA,由美的集团香港全资子公司美的国际控股持有 100%的股权,具体股权结构如图 43。

二、收购事件一览

- 2016 年 5 月 18 日,公司因筹划重大事项停牌。
- 2016 年 5 月 25 日,美的集团召开第二届董事会第十二次会议,审议通过了《关于〈美的集团股份有限公司要约收购 KUKA Aktiengesellschaft 报告书〉及其摘要的议案》等与本次收购相关的议案。
- 2016 年 5 月 27 日,国家发改委向本公司出具了《境外收购或竞标项目信息报告确认函》(发改外资境外确字〔2016〕223 号),对本公司进行本次收购予以确认。
- 2016 年 6 月 6 日,美的集团 2016 年第三次临时股东大会审议通过本次要约收购。
- 2016 年 6 月 15 日,德国联邦金融监管局审核通过了公司就本次要约收购向其提交的要约收购文件。
- 2016 年 10 月 13 日,本次要约收购关于欧盟反垄断审查的交割条件已经获得满足。

- 2016 年 12 月 30 日，本次要约收购关于美国外资投资委员会（CFIUS）和国防贸易管制理事会（DDTC）审查的交割条件已经获得满足。
- 2016 年 1 月 7 日，本次要约收购已全部实施完毕。

三、收购方案

此次交易中，上市公司通过境外全资子公司 MECCA 以现金方式全面要约收购库卡集团的股份，要约收购价格为每股 115 欧元。通过本次收购，公司最低意图持股比例为 30%。若库卡集团除 MECCA 以外的其他股东全部接受要约，按照要约价格为每股 115 欧元计算，本次收购总价约为 292 亿元人民币。

本次交易对价支付来源为境外银团借款同自有资金相结合。美的集团根据本次交易最终确定的总金额、自有资金余额、银团贷款可用额度、本公司正常生产经营所需现金等多方面因素，进而合理配置本次交易对价的自有资金和银团借款比例。

本次交易前，MECCA 持有库卡集团 13. 51%股权；收购完成后，美的集团共计持有库卡集团 94. 55%股权。

本次收购不以库卡集团退市为目的。

四、案例评论

本次巨资跨境收购库卡集团将是美的集团推进“智慧家居 + 智能制造”的“双智”战略、推进集团全球化发展、优化产业布局、深入全面布局机器人产业的关键一步，具有十分重大的战略意义，也是资本市场上极具吸引力的典型收购案例。

（一）并购背景及目的

随着中国经济逐渐步入“新常态”，很多行业发展都进入了瓶颈期，白色家电也同样陷入了行业性衰退的困境。美的集团公布的 2015 年度财务报告显示，美的空调及零部件产品业务的营业收入约 644 亿元人民币，同比 2014 年度下滑11.30%;空调业务占美的集团营收比重从2014年的51.32%下降至46.58%。市场逐渐饱和,行业发展缓慢,再加上人工成本居高不下,美的集团必须寻找新的市场增长点。而美的集团在早期投入1 000多台机器人、自动化改造预计50亿元、与日本安川设立工业机器人与服务机器人合资公司、参股安徽埃夫特智能装备有限公司等举措都反映了美的在智能制造转型方面的长远布局。

库卡集团作为一家机器人及自动化生产设备和解决方案供应商,是机器人企业“四大家族”之一,其研发的工业机器人并不限于在传统的汽车行业和大批量生产领域中应用,还进入了汽车工业之外的许多其他行业,例如食品、塑料、金属加工、铸造、电子、医疗技术和娱乐业。标的公司在中国拥有多项专利知识产权,具有很强的技术实力,是美的集团欲提高目前的智能制造水平所急缺的战略伙伴。同时,美的集团与库卡集团在产品结构、市场分布、品牌定位、市场策略、销售渠道、产业架构等方面存有各自的独特优势,互补空间较大。

(二)并购技巧

1. 通过境外子公司实施并购

本次收购主要通过美的集团旗下全资境外子公司MECCA向库卡集团股东发起全面收购要约。

通过海外子公司进行并购重组可以使收购资金来源的渠道更加多元化,同时海外子公司融得的海外资金可以直接在境外进行交易,无须通过外汇管理局审批,有利于缩短境外审批部门对并购交易审核的时间,在政策审批方面可以为上市公司进行重组交易争取更高的效率。此外,鉴于当前全体中资公司手上所持有的真正海外子公司已有相当的体量,且拥有无须国内监管机构审批的资质,本身就具有一定融资能力,上市公司可以利用收购主体公司在标的公司当地进行一系列的贷款准备,有效避免外汇风险,甚至还可能有利于上市公司利用控股子公司所在地政策享受税收优惠。更进一步,通过海外子公司进行并购还有利于上市公司在未来直接通过转让子公司股权的方式快速退出。

所以在上市公司已经拥有境外子公司的前提下,利用这条途径的可操作性在目前阶段相较跨境换股和境外股权质押贷款更强,这也是美的集团此次并购采用此种并购手段的亮点之一。

2. 以现金支付的方式全面要约收购

公司兼并收购过程中采用现金作为支付方式可以使并购交易迅速达成，尽快排除其他竞争对手，同时也可以保证收购公司本身的股权结构不发生变化。

本次美的集团要约收购德国库卡集团的交易正是利用现金收购来把握收购时机，收购资金来源为公司自有资金以及银团借款。上市公司在要约收购发出前就已经在资金方面做好了充足准备。2015 年，美的集团归属于上市公司股东的净利润为 127.07 亿元，同比增长 20.99%，而 2016 年一季度财报也显示，其当期经营活动产生的现金流净额为 65.95 亿元，同比增加 163.94%。此外，美的集团在 2015 年全年产生的现金流净额高达 267.64 亿元，现金流相当充裕。同时，子公司 MECCA 还与中国工商银行(欧洲)有限公司巴黎分行和中国工商银行法兰克福分行签订了一份融资协议，积极寻求银行贷款，拟以企业自有资金加银行贷款，以现金支付的方式全面要约收购，通过高昂的报价诱使控股股东主动退出从而保证收购交易的顺利执行。

(三) 并购的意义

1. 优化上市公司财务结构

从财务的角度而言，本次要约收购后美的集团合并库卡集团报表，将对上市公司现有资产总额与结构、负债总额与结构、营业收入规模和结构、期间费用以及各项财务指标产生一定影响。

一方面，标的公司将显著提升上市公司的资产规模，另一方面，标的公司也将提升上市公司的业务多样性。2015 年度标的公司的营业收入约 217.7 亿元人民币，其中 45.74%来自欧洲，34.92%来自北美，仅约 19.34%来自亚洲和其他地区，此次重组交易可以使库卡集团与上市公司形成地域互补，有利于上市公司扩展欧洲市场，进一步增加上市公司的销售规模，同时也有利于标的公司库卡集团进军中国市场，拓展中国业务，优化合并报表。上市公司将凭借全球化的市场、多元化的产品定位以及国际化的管理团队，促进双方的品牌与渠道资源合作，推动市场份额的快速提高；以卓越的管理能力和强大的资本优势增强研发实力，发挥所长，实现优势互补和协同效应；通过扩大市场规模和提高盈利能力，增强核心竞争力。

2. 推动“双智”战略布局

“双智”战略指的是“智慧家居 + 智能制造”，具体来说，“智慧家居”和“智能制造”战略分别瞄向服务机器人市场和工业机器人市场。对美的集团而言，践行“双智”战略不仅是要生产智能产品和提升制造水平，而且还要直接进入机器人市场，寻找新的市场增长点。

美的集团在机器人领域已经开始有针对性的布局，其在 2015 年与安川电机合作时成立了两家合资公司，分别为工业机器人公司和服务机器人公司。美的作为家电制造商，自身也是工业机器人用户，目前美的机器人应用已经超过 1 000 台。库卡作为机器人和解决方案供应商，可以为美的供应相应的产品，促进美的提升制造水平；此外，库卡集团的子公司瑞仕格能够提供仓储、分拣、运输、物料处理等自动化解决方案，与美的子公司安得物流业务产生协同效应，也是美的此次收购的动力之一。

从战略角度而言，本次收购围绕着库卡技术对接美的已有业务和开拓中国市场来展开，是上市公司深化“双智”战略的重要举措。交易完成后，美的集团不仅可以深入全面布局机器人产业，与库卡集团联合开拓广阔的中国机器人市场，还可以凭借库卡集团在工业机器人和自动化生产领域的技术优势，提升公司生产效率，推动公司制造升级，拓展 B2B 产业空间，成为中国制造业先进生产的典范；而上市公司子公司安得物流将受益于库卡集团子公司瑞仕格领先的物流设备和系统解决方案，提升物流效率，拓展第三方物流业务，双方可通过加强合作来驱动不断发展中的中国物流市场仓储及物流自动化进程；更为重要的是，美的集团与库卡集团还将共同发掘服务机器人的市场，提供多样化与专业化的服务机器人产品，合力拓展多领域的机器人市场。

3. 实现传统制造业产业转型

跨境并购新兴产业是传统产业转型的重要途径之一。近年来，中国经济增速放缓让国有企业的经营面临巨大压力，国家明确要采取强力措施整合国有企业，而制造业整合成为中国应对快速经济下行的重要战略方式。同时，在“工业 4.0”政策的拉动下，自动化技术与智能制造已经成为中国市场上不可或缺的一股新兴力量。

本次美的巨资跨境收购库卡的交易是中国传统家电企业在互联网、人工智能等新兴技术风口下的一次重要转型，通过收购快速弥补自身技术以及市场上的不足。在技术及经济快速增长的今天，凭借外部资源进行产业转型可以较快地突破行业壁垒，尽快地走上正轨。

中国服务机器人、工业机器人发展的滞后，以及GDP高速增长之后造成的人力成本快速上涨，都促使以美的集团为代表的家电企业开始进行新一次的“工业革命”。而此次交易正是中国家电制造业巨头美的集团进行传统产业转型的一次尝试，对于国内众多家电企业如何产业升级、中国企业如何捕获国际大品牌均具有十分重要的实战指导意义。

五、市场表现(000333)

美的集团交易前后股价变动情况如图44所示。

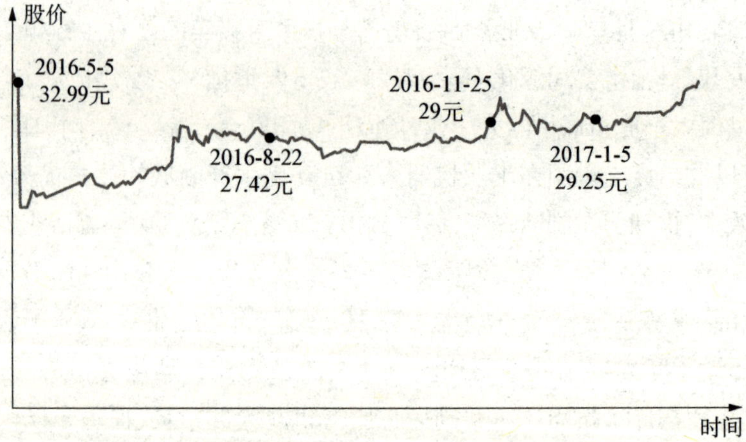

图44　美的集团交易前后股价走势

000639
西王食品：
“上市公司 + PE”，海外并购“蛇吞象”

一、收购相关方简介

（一）收购方：西王食品

西王食品股份有限公司成立于 1987 年 3 月，并于 2011 年在深圳交易所成功上市。当前公司的控股股东为西王集团，实际控制人为王勇。公司的主营业务为精炼玉米油的生产和销售，其主要产品为小包装玉米油、散装玉米油和玉米油加工的副产品胚芽粕。公司是国内唯一一家拥有全产业链控制条件的玉米油生产企业，也是最早从事玉米油生产研发的企业之一。经过长期的积累沉淀，公司在玉米油生产研发领域具有明显的技术优势。

（二）标的公司：Kerr Investment Holding Corp.

Kerr Investment Holding Corp. 是加拿大安大略省的一家专注于运动营养和体重管理健康食品的非上市公司，成立于 1998 年，目前已发展成为拥有 Hydroxycut 等 4 个品牌的体重管理产品和 MuscleTech 等 7 个品牌的运动营养产品的全球知名企业。公司目前拥有近 350 名员工，并且拥有超过 60 项专利，其销售团队在加拿大、美国以及澳大利亚拥有超过70名员工。Kerr在保健食品行业处于市场领先地位，具备较长的品牌历史和毛利较高的产品组合，尤其是在北美市场，其产品具有较高的知名度。根据Euromonitor International在2015年发布的*Sports Nutrition in Canada*报告显示，2015年Kerr在加拿大地区以约11%的保健品市场占有率位于领导地位。近三年来，Kerr拥有较好的盈利增长趋势。

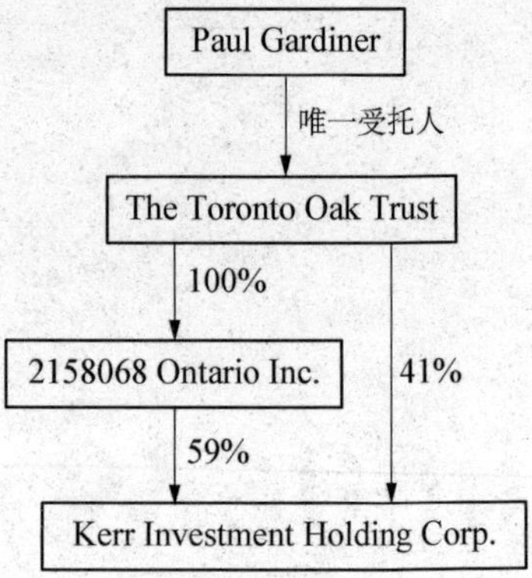

图45　Kerr股权结构图

二、收购事件一览

- 2016年5月10日，国家发展改革委外资司下发《境外收购或竞标项目信息报告确认函》(发改外资境外确字〔2016〕141号)。
- 2016年5月26日，公司因筹划重大事项停牌。
- 2016年7年15日，公司董事会已审议通过了《关于收购Kerr Investment Holding Corp. 100%股份并签署〈股份购买协议〉及其附属协议的议案》。
- 2016年7月21日，加拿大竞争委员会依照加拿大竞争法案批准本次交易并出具预先裁决证明。
- 2016年7月22日，第十一届董事会第二十七次会议同意公司与春华资本集团下春华景禧(天津)投资中心(有限合伙)签署《投资协议》并合资设立境内合资公司、境内销售公司以及设立100%子公司加拿大SPV1、加拿大SPV2用于承接公司正在筹划的重大资产重组拟收购的海外资产。
- 2016年7月26日，公司与春华资本集团合资设立的境内合资公司已完成工商注册登记手续，并取得了营业执照。
- 2016年8月30日，国家发改委下发《项目备案的通知》(发改办外资备〔2016〕390号)，对西王食品(青岛)有限公司收购加拿大Kerr Investment Holding Corp.全部股权项目予以备案。
- 2016年9月14日，标的公司完成并通过加拿大IRD投资审查。

● 2016年10月17日，公司2016年度第三次临时股东大会审议通过了西王食品联合春华资本以现金方式收购Kerr Investment Holdings Corp. 100%股权事项。

● 2016年10月31日（加拿大多伦多时间），交易各方确认交割条件全部达成，加拿大SPV2已根据《股权购买协议》的约定，全额支付了本次交易首期购买价款503 437 190美元，本次交易首期收购股权已完成交割。

三、收购方案

本次收购中，西王食品以现金支付的方式收购Oak Trust和2158068 Ontario Inc.合计持有的Kerr 100%的股权，包括：(1)标的公司首期80%股权收购；(2)标的公司剩余20%股权后续收购。

（一）标的公司首期80%股权收购

西王食品联合春华资本共同收购交易对方Oak Trust和2158068 Ontario Inc.合计持有的Kerr 80%的股权。公司与春花资本共同设立境内合资公司西王食品（青岛）有限公司，其中公司持股75%，春华资本持股25%。西王青岛在加拿大境内设立全资子公司Xiwang Iovate Holdings Company Limited（加拿大SPV1），后者设立全资子公司Xiwang Iovate Health Science International Inc.（加拿大SPV2）。由加拿大SPV2收购标的公司Kerr 80%的股权。标的公司首期80%股权收购完成后，公司可通过境内外子公司合计持有Kerr 60%的股权。春华资本将间接持有Kerr 20%的股权。

本次交易标的公司100%股权的基础交易价格为7.30亿美元（折合人民币约为487 537.80万元），其中标的公司首期80%股权的收购价格相当于该价格的80%，即5.84亿美元，折合人民币约390 030.24万元。公司与春华资本向西王青岛合计出资人民币225 700万元，约为3.384亿美元；西王青岛对外贷款16.75亿元人民币，约为2.5亿美元，合计约为5.88亿美元以支付本次交易首期收购股权对价。

本次交易架构示意图如图46所示：

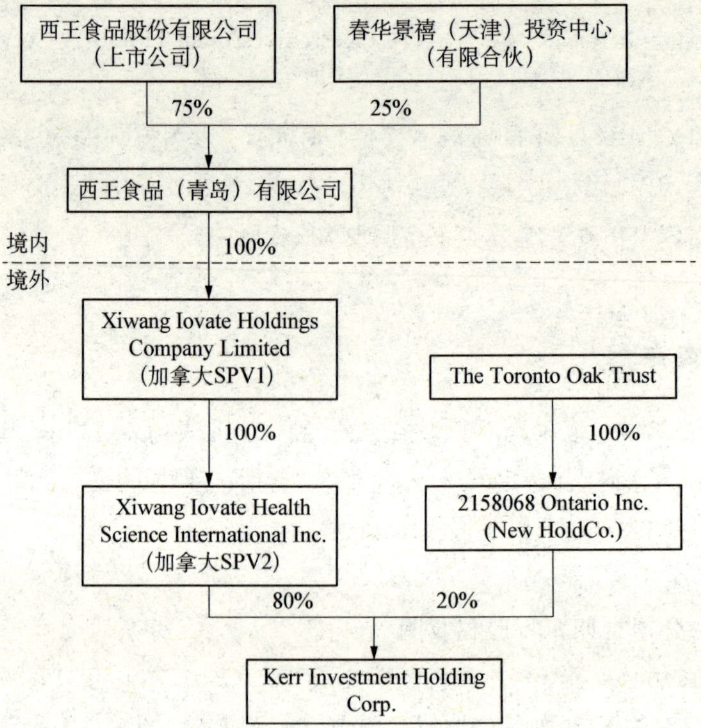

图 46　西王食品重组交易结构

（二）标的公司剩余 20% 股权后续收购安排

上市公司将在标的公司首期 80%股权交易完成后三年内向卖方收购 Kerr 的剩余 20%股权。具体而言：(1)在交割日周年届满至之后的 90 日内收购剩余股权的 25%(即 Kerr 5%的股权)，交易作价为本次交易交割日后标的公司第一个完整的 12 个日历月期间的 EBITDA×10×5%；(2)交割日二周年届满至之后的 90 日内收购剩余股权的 25%(即 Kerr 5%的股权)，交易作价为本次交易交割日后标的公司第二个完整的 12 个日历月期间的 EBITDA×10×5%；(3)交割日三周年届满至之后的 90 日内收购剩余股权的 50%(即 Kerr 10%的股权)，交易作价为本次交易交割日后标的公司第三个完整的 12 个日历月期间的 EBITDA×10×10%。

根据公司与春华资本签署的《投资协议》，收购剩余股权的交易对价由西王食品予以支付，春华资本无需就此提供任何进一步的资金。假设标的公司剩余

20%的股权收购全部完成，公司将直接及/或间接合计持有 Kerr 80%的股权，春华资本将间接持有 Kerr 20%的股权。

四、案例评论

（一）海外并购的动机

在企业内部发展需求的驱动及宏观经济背景“走出去”和“一带一路”战略的推动下，近年来中国企业海外并购发展迅速。2015 年中国海外并购创下历史新高，全年中资海外并购总计为 478 宗，涉及资金超过 2 268 亿美元，而 2016 年上半年，中国大陆企业的海外并购投资金额几乎是 2015 年的 3. 5 倍，其中有 51 宗大额海外投资交易金额超过了 10 亿美元，几乎是 2015 年的两倍。

上市公司之前从未有过跨国并购经验，也没有管理海外企业的历史，在此次海外并购浪潮中积极“走出去”，可以实现自有业务的拓展，有效推进公司的国际化进程。

标的公司作为一家北美地区领先的运动营养与体重管理健康食品经营商，具有良好的品牌形象与市场知名度。本次海外并购完成后上市公司将增加运动营养与体重管理健康食品业务，进一步完善公司在健康食品领域的布局，积极响应公司品牌建设三步走的长期发展战略。同时，Kerr 拥有的国际化品牌、技术和经验，有助于公司现有业务的国际化进程，增强公司全球竞争能力，实现公司海外和国内业绩均衡发展的战略目标。

（二）并购过程中的技巧

本次西王食品跨境收购北美健康食品巨头 Kerr 的案例中，交易金额达 57 亿元人民币，首期交付金额约为 39 亿元人民币，对于 2015 年资产规模仅为 17. 42 亿元的西王食品而言，无疑是“蛇吞象”，此时募资策略就显得尤为重要。西王食品通过“联合 PE + 两层并购贷款 + 股东借款 + 定增融资 + Earn out”五大手段安排，完美地解决了资金问题，收购资金的来源及安排成为本次并购交易中的最大亮点。

1. “上市公司 + PE”：引入强力外援，减轻资金压力

对比上市公司和标的公司的体量，融资安排成为整个交易中最核心的一环。西王食品在交易开始就引入 PE 即春华资本，通过与春华资本合资设立境内公司西王青岛，然后通过西王青岛在加拿大设立的 SPV 购买 Kerr 80%股权。西王食品和春华资本分别持有西王青岛的 75%股权和 25%股权，首期交割完成后，西王食品可间接持有 Kerr 60%的股权，成为其实际控制人。

在整个过程中，购买 Kerr 80%股权的资金来源有三个：首先，西王食品对西王青岛出资 16.93 亿元，其中包括信善投资（宁波梅山保税港区信善投资合伙企业）提供的 10.05 亿元贷款，以及控股股东西王集团提供的最多为 6 亿元的贷款；其次，春华资本对西王青岛出资 5.64 亿元；最后，西王青岛取得信善投资提供的贷款 16.75 亿元，通过自有资金 0.88 亿元和筹集的资金共计 39.32 亿元收购标的公司 80%的股权。

借助强力外援，上市公司仅使用自有资金 0.88 亿元人民币，就推动了本次收购金额高达 57 亿元人民币的巨额交易，巧妙地利用了财务杠杆，撬动了整个交易。

另外，在本次交易中还有一个极为巧妙的安排，即将剩余 Kerr 20%的股份进行留存，以类似业绩对赌的 Earn-out 方式分三年支付（依次为标的公司 EBITDA × 10 的 5%、5%和 10%）。选取这样灵活的分期支付方式，也极大地缓解了上市公司的筹款压力。

2. 引入过桥贷款：快速募集资金

宁波梅山保税港区信善投资合伙企业（有限合伙）为参与交易的过桥资金方。信善投资共计为本次交易提供过桥贷款 26.80 亿元，分别向收购方西王食品和境内子公司西王青岛提供 10.05 亿元和 16.75 亿元。境内子公司西王青岛通过股权融资 22.57 亿元，债务融资 16.75 亿元，合计 39.32 亿元，用于覆盖 Kerr 80%股权的作价。

上市公司与西王青岛快速取得了信善投资合计 26.80 亿元的 1 年期过桥贷款，募集了交易的启动资金，有效地满足了并购方的短期融资需求，拓展了资金来源，避免了资金链的破裂，为本次交易的成功奠定了基础。

3. 内保外贷：减轻资金换汇压力和风险

西王青岛通过内保外贷的方式，在海外募集了与债务融资金额 16.75 亿元等额的资金，实现了 16.75 亿元并购贷款的“间接出海”：首先，西王青岛在境内招商银行青岛分行处开立保证金账户并存入人民币 169 610 万元保证金；然后招商银行青岛分行同意为西王青岛或加拿大 SPV2 向招商银行离岸金融中心开

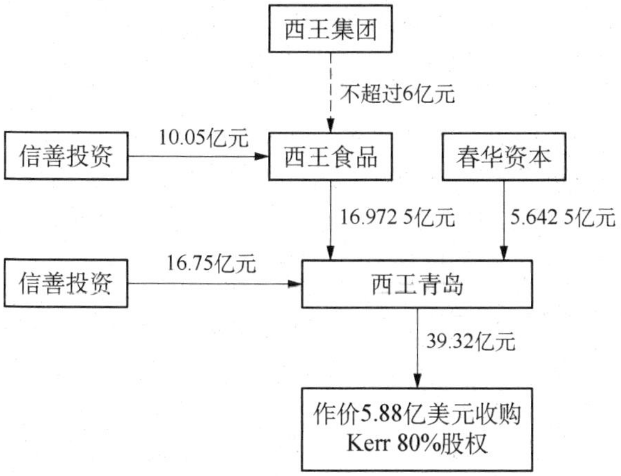

图 47　西王食品收购资金的来源

具 24 967 万美元的保函；最后，加拿大 SPV2 与招商银行签署《离岸授信协议》，约定招商银行通过离岸金融中心向加拿大 SPV2 提供 25 000 万美元的授信额度，加拿大 SPV2 可通过招商银行离岸金融中心提供的贷款 24 967 万美元，用以支付本次交易首次收购股权对价。

上市公司境内子公司西王青岛共募集资金 39. 32 亿元人民币，其中股权融资 22. 57 亿元(32 867 万美元)，债务融资 16. 75 亿元(24 967 万美元)。在资金跨境出海交易的过程中，西王青岛的股权融资 22. 75 亿元实现出海，换成 32 867 万美元，但债务融资 16. 75 亿元的部分资金依然留在国内。

西王食品通过资金间接出海的方式，有效地避免汇率波动的风险，同时将繁琐的审批手续变为较为简单的登记手续，借助境内公司的实力有效地为海外企业提供支持，获得的贷款也能享受到比境内银行更低的利率，还可以合理享受人民币升值带来的好处。

4. 后续还款安排：定向增发募集资金，解决还款问题

在披露重大资产购买报告书的同时，西王食品也披露了其 2016 年度非公开发行预案，拟通过定增方式募资 16. 7 亿元，用于联合收购 KERR 80%股权，未来将用定增资金替换贷款。

上市公司为收购 Kerr 向境内子公司西王青岛合计出资 16. 93 亿元，其中 10. 05 亿元来自信善投资提供的贷款，剩余资金为自有资金。分析整个收购资金的来源与构成情况，最有利于上市公司的是以下两种：一是若上市公司能在

2017年10月前通过定增方式募资10亿元左右,可以有效缓解公司的还款压力;二是若上市公司最终能够募集资金16亿元,那么定增募资的金额几乎能够覆盖上市公司前期对西王青岛出资16.93亿元,相当于上市公司参与交易的资金最终可由发行股份的方式解决,公司的正常运营不会因为收购重大资产而产生现金流断裂的问题。

(三)并购的意义

1. 拓展业务范围,进军海外市场

上市公司作为国内玉米油生产及销售的龙头企业,已经建立起面向全国的营销渠道。此次并购北美知名营养品公司Kerr积极寻求新品类拓展,可以更高效地利用现有渠道,增加利润增长点。

本次重组交易完成后,上市公司将进入运动营养与体重管理健康食品市场,运动营养与保健食品业务将成为公司新的利润增长点。上市公司通过并购全球知名的运动营养及体重管理企业,可以获得更加多样的健康食品及其相关产品在全球的研发核心和销售能力。此次收购能够进一步拓展公司在健康食品领域的业务体系,构建多元化健康食品产业的竞争优势。

公司还可进一步深入了解境外健康食品行业的市场、经营、法律环境,丰富海外并购和跨国企业管理经验,借助成熟市场健康食品行业经营经验,为上市公司的发展打开新的增长源泉。

2. 发挥协同效应、提高上市公司赢利能力

目前,中国的运动营养与体重管理健康食品行业还处于起步阶段,相关企业和部门在研发实力、技术水平、品牌推广等方面与发达国家企业之间仍存在较大的差距。但近几年来,随着中国经济进一步增长,居民人均收入逐步提高,中国居民消费总体购买力进一步提升。随着消费者的生活水平逐步提高、医药卫生体制进一步改革,中国消费者医疗保健意识不断加强,国内运动营养与体重管理健康食品市场实现了较快增长,相关市场具备较大的成长空间。

标的公司作为北美健康食品巨头,具有良好的赢利能力和广大的市场知名度。从财务角度而言,标的公司经营业绩具有良好的可预见性,可以推高西王食品的业绩,给股东带来更好的回报。本次交易完成后,公司营业收入规模预计会出现较大增长。并且,本次交易有利于公司借助国内运动营养与体重管理

健康食品行业快速发展的契机，积极引进标的公司现有业务，利用西王食品国内现有的销售网络及团队，加快标的公司业务在中国市场的推广，提高上市公司的收入及盈利水平。

3. 强化战略布局，实现产业完美转型升级

此前，上市公司已经制定了品牌建设三步走的长期发展战略：第一步是成为中国玉米油第一品牌，第二步是打造中国高端食用油第一品牌，第三步是塑造中国健康食品第一品牌。

本次跨境收购完成后，上市公司不仅可以获取运动营养及体重管理健康食品优质资产，在增加整体实力的同时，强化拓展健康食品的战略布局，有助于上市公司提升未来持续经营能力和巩固未来发展趋势，而且还可以帮助上市公司增加运动营养与体重管理健康食品业务，进一步完善在健康食品领域的布局，为实现"塑造中国健康食品第一品牌"发展战略奠定坚实的基础。

更为重要的是，上市公司可以通过并购融合的方式，引入北美健康行业的相关业务，在拓展业务范围的同时实现企业产业结构的优化，在引进先进技术的基础上消化吸收，实现企业完美转型升级。

五、市场表现(000639)

西王食品交易前后股价变动情况如图 48 所示。

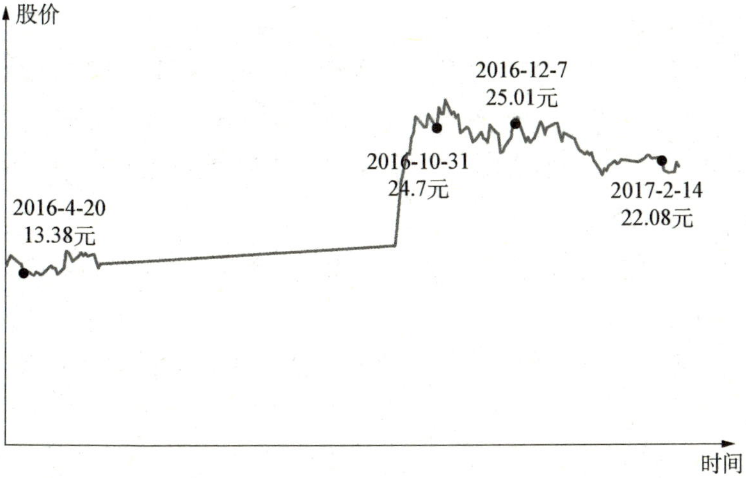

图 48　西王食品交易完成前后股价变化走势

000901

航天科技：

步步规划“走出去”，出海并购拓市场

一、收购相关方简介

（一）收购方：航天科技控股集团股份有限公司

航天科技控股集团股份有限公司(以下简称“公司”)注册资本3.24亿元，是中国航天科工集团公司所属中国航天科工飞航技术研究院控股的军民融合型高科技上市公司。航天科技目前主营业务分为五大板块，依托大股东军工技术优势及资源优势，大力推进军民融合、创新引领、人才强企、两轮驱动和国际化发展的战略，现已在北斗应用及车联网及工业物联网、航天应用产品、汽车电子、石油仪器设备、电力设备五大业务板块形成核心竞争力，致力于为客户提供优质产品和行业整体解决方案，相关业务遍及全国31个省、市、自治区以及全球30多个国家和地区。

2010年公司进行了一次重大资产重组，航天科技向航天三院非公开发行28 599 124股股票，收购航天三院所持有的惯性公司93.91%的股权、时空公司86.9%的股权及机电公司100%的股权，购买标的股权作价为318 308 255.56元。

（二）标的公司：IEE International Electronics & Engineering S.A.

IEE公司正式成立于2007年12月14日，是一家全球领先的汽车安全传感技术、产品和解决方案提供商，长期、持续为领先的OEM厂商开发主动及被动安全传感技术产品，在细分的乘员识别及乘员分类产品领域属于创新者和领导者，产品细分领域已经形成一定的品牌影响力。IEE公司的主要客户涵盖众多世界知名汽车OEM厂商，包括通用、宝马、日产、戴姆勒、大众等，主要销售区域为北美、欧洲和亚洲。

（三）标的公司：Hiwinglux S.A.

2015年3月18日，Hiwinglux公司在卢森堡成立，注册资本31 000欧元，全部股份由益圣国际持有。Hiwinglux公司为控股型公司，无实际经营业务。

（四）标的公司：Navilight S.àr.l.

2014年6月5日，Navilight公司在卢森堡成立，注册资本20 000欧元，股份总数为20 000股，全部股份由国新国际持有。Navilight公司为国新国际的全资子公司，为控股型公司，无实际经营业务。

二、收购事件一览

- 2015年8月19日，航天科技发布公告拟筹划重大事项，向深交所申请股票临时停牌。
- 2015年11月20日，由于本次重大资产重组交易标的涉及境外资产，沟通协调工作量较大，上市公司航天科技预计不能在原定的2015年12月1日前披露本次重大资产重组预案，申请继续停牌至2016年2月18日，并将该议案提交至股东大会审议。
- 2015年12月24日，Easunlux公司召开股东会，同意向上市公司出售其持有的IEE公司97%股权，并接受上市公司以现金及其股份支付对价。
- 2015年12月30日，益圣国际召开股东会，同意向上市公司出售其持有的Hiwinglux公司100%股权，并接受上市公司以其股份支付对价。

● 2016年1月14日,国新国际履行完毕内部决策程序,同意向上市公司出售其持有的Navilight公司100%股权,并接受上市公司以现金支付对价。

● 2016年1月14日,国务院国资委原则同意本次重组的交易方案。

● 2016年1月15日,航天科技召开公司第五届董事会第三十六次会议,审议通过了《关于公司发行股份及支付现金购买资产并募集配套资金暨关联交易具体方案的议案》。

● 2016年4月28日,本次交易方案获得国务院国资委的正式批复。

● 2016年9月30日,本次交易方案获得中国证监会核准。

三、收购方案

本次重大资产重组方案包括发行股份及支付现金购买资产和募集配套资金两个部分。

(一) 发行股份及支付现金购买资产

航天科技以发行股份的方式收购益圣国际持有的Hiwinglux公司100%的股权;以发行股份及支付现金相结合的方式收购Easunlux公司持有的IEE公司97%的股权;以支付现金的方式收购国新国际持有的Navilight公司100%的股权。三个标的资产合计交易作价174 188.99万元。

本次交易中,上市公司为购买资产发行股份共计31 456 252股,其中上市公司将向益圣国际发行股份6 038 554股,向Easunlux公司发行股份25 417 698股;上市公司募集配套融资发行股数不超过54 380 006股。

(二) 发行股份募集配套资金

航天科技以询价的方式向不超过10名特定对象发行股份募集配套资金不超过167 055.38万元。本次募集配套资金规模不超过标的资产交易价格的100%。

本次重组募集配套资金全部用于支付本次交易中的现金对价、支付本次交易各中介机构费用和税费以及补充 IEE 公司的流动资金。

表 24　交易完成前后航天科技股权结构变化情况　（单位：万股）

公司	本次交易前		本次交易后（募集配套资金前）		本次交易后（募集配套资金后）	
	持股数量	持股比例	持股数量	持股比例	持股数量	持股比例
航天三院	6 910.50	21.35%	6 910.50	19.46%	6 910.50	16.88%
科工集团	4 569.00	14.12%	4 569.00	12.87%	4 569.00	11.16%
运载分院	135.86	0.42%	135.86	0.38%	135.86	0.33%
其他股东	20 747.05	64.11%	20 747.05	58.43%	20 747.05	50.67%
益圣国际	—	—	603.86	1.70%	603.86	1.47%
Easunlux 公司	—	—	2 541.77	7.16%	2 541.77	6.21%
配套融资认购对象	—	—	—	—	5 438.00	13.28%
合计	32 362.42	100.00%	35 508.04	100.00%	40 946.04	100.00%
科工集团合计	11 615.36	35.89%	14 760.99	41.57%	14 760.99	36.05%
航天三院合计	6 910.50	21.35%	10 056.13	28.32%	10 056.13	24.56%

四、案例评论

（一）借助外部资源实现业务转型升级，收购资产拓展业务领域

在近年来的业务发展过程中，上市公司航天科技的汽车电子业务面临一定的技术和销售渠道的制约。技术开发和产品升级方面，航天科技面临着高端车用电子产品技术和研发经验不足的制约，无法获得进入高端车用电子产品市场的机会；销售渠道方面，航天科技的汽车电子业务存在对单一客户的依赖性强、销售渠道受限等问题，使现有业务进一步扩大市场受到制约。完成重组后，航天科技将依托收购的海外标的强大的研发实力及世界领先的生产能力，在综合配置现有的研发和生产能力的基础上，协同发展现有其他业务板块，加快布局以车联网为核心的物联网、推动航天应用产品的研发和升级。此外，交易完成后，上市公司将获得医疗电子、工业及能源等新的利润增

长点，有助于新兴业务的拓展，打开国内外电子产品新的应用领域和新的市场。

（二）设立境外子公司 SPV 进行曲线收购

本次重组的标的公司为 Hiwinglux 公司、IEE 公司及 Navilight 公司，而实际上，本次航天科技真正想要并购的标的是 IEE 公司和 AC 公司。上述三家被收购公司中，IEE 公司为设立在卢森堡的一家从事汽车电子器件生产和研发的公司，而 Hiwinglux 公司为益圣国际在卢森堡设立的特殊目的公司（SPV），Navilight 公司为国新国际在境外设立的特殊目的公司，后面两家公司目前均无实际经营业务。本次收购前标的公司及相关公司的股权关系如图 49 所示。

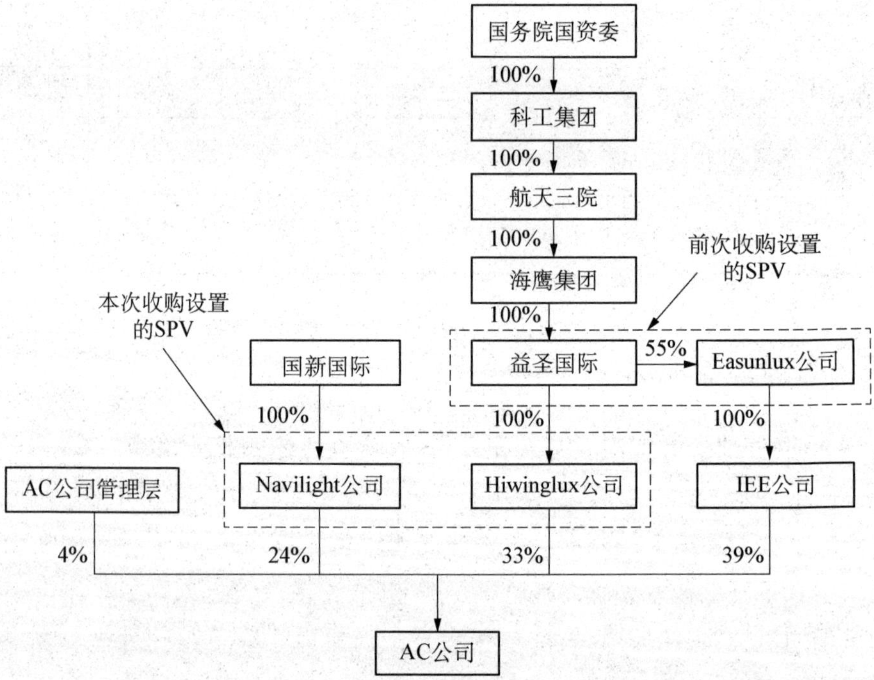

图 49　收购前标的公司股权结构关系

本次收购策划已久，早在 2013 年、2015 年本次重组的几个标的公司已由两个 SPV 即益圣国际和 Easunlux 公司顺利完成收购，也就是说，此次收购的几个公司早已在航天科工集团(上市公司航天科技的第一大股东)的掌控之下了。航天科技本次定向发行股票购买资产的交易对方为益圣国际及Easunlux公司。益圣国际、Easunlux公司都是航天科工集团全资下属企业海鹰集团为前次收购IEE公司、AC公司资产而在境外设立的特殊目的公司,两个公司都已经是航天科工集团绝对控制下的国有性质企业,并非“外国投资者”,这保证了航天科工集团可有效控制该等境外机构、境外资产。

这样的安排可以加快并购的效率。因为,如果采用直接收购的方式,将耗费大量的时间,审批过程较为复杂、历时较长。另外,通过设立卢森堡SPV公司,可避免标的公司未来分红时资金转回须在卢森堡缴纳的代扣代缴所得税的情况。通过新设SPV进行股权收购,可以适当隔离航天科技与标的公司,避免上市公司直接成为标的公司的股东,使得所投资项目运营风险独立,合理隔离海外各投资项目之间的法律风险。

(三) 国企践行“走出去”战略,收购资产拓展海外市场

航天科技本次收购的资产是全球领先的汽车安全传感技术、产品和解决方案提供商及汽车电子制造商。此次交易一方面是为了获得新技术、实现业务的转型升级,另一方面也是为了进入新领域、开拓新市场,践行“走出去”战略,利用收购海外公司,更快速更有效地融入国际市场。

本次交易将为上市公司开拓海外市场,扩大海外高端客户群体奠定基础。IEE公司和AC公司在全球主要地区均有较强的客户覆盖,拥有完整的专业销售服务团队,包括销售管理、产品技术市场、客户服务等部门,提供一系列成体系的销售服务。作为供应商,IEE公司和AC公司与客户保持了良好的合作关系,可直接接触OEM厂商,并从OEM厂商直接获得资源。收购完成之后,这些资源和海外客户将为航天科技所掌握。

IEE公司和AC公司在欧美完善的客户体系和良好的客户关系能够为上市公司汽车电子产业的技术和产品提供有效的国际市场进入平台,有利于其国际市场的开发和拓展,为上市公司进入世界知名汽车主机厂的供货商名录提供重要契机。除此之外,本次交易还将推进上市公司国际化经营商业模式创新,实现国际化经营多元发展,有效地提高了国有企业的运营效率。利用海外并购的方法“走出去”符合中国企业“走出去”战略的发展趋势。

五、市场表现(000901)

航天科技交易前后股票价格变动情况如图 50 所示。

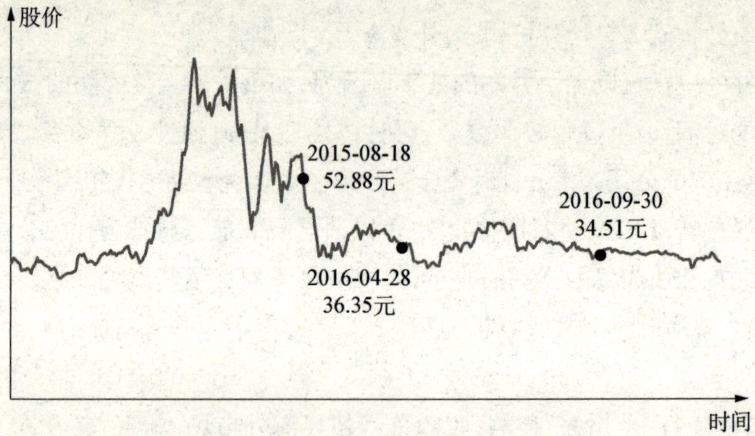

图 50　航天科技交易前后股票价格走势

002180
艾派克：
洪荒之力融资术，民企跨国“蛇吞象”

一、收购相关方简介

（一）收购方：珠海艾派克科技股份有限公司

本次交易的收购主体珠海艾派克科技股份有限公司，原名为珠海万力达电气股份有限公司，其前身为珠海经济特区万力达实业发展公司。1998 年 8 月在原珠海经济特区万力达实业发展公司的基础上组建的珠海万力达电气有限公司，于 2007 年 11 月 13 日在深圳证券交易所上市交易。2014 年 7 月 23 日，万力达与赛纳科技通过资产置换及非公开发行股票的方式进行重大资产重组，其中赛纳科技所持的珠海艾派克微电子有限公司股份为置入资产。上市后，公司更名为艾派克科技股份有限公司。艾派克是一家集设计、生产、销售为一体的，由国家工业和信息化部认定的集成电路设计企业。公司以国产 32 位 CPU 为核心，以 ASIC 和 SOC 为解决方案，拥有齐全的产品阵列，在欧洲、美国、中国台湾设有分公司。

（二）标的公司：Lexmark International, Inc.

Lexmark 公司于 1990 年 5 月 25 日在美国特拉华州注册设立，1995 年在纽交所成功上市，是世界领先的打印产品及服务供应商。Lexmark 在全球范围内拥有 156 个子公司，在超过 170 个国家销售产品和提供服务，是受许多高科技产业分析公司认可的打印行业全球领导者。自 2010 年，Lexmark 收购整合了 ReadSoft、Kofax 等几家软件公司，进一步扩展了产品广度。Lexmark 的企业发展战略聚焦金融、医疗等特定行业，通过其激光打印硬件平台、打印管理软件平台以及内容及流程管理平台，为企业客户提供集打印、内容管理、流程管理等服务于一身的一站式企业办公解决方案。

二、收购事件一览

- 2016 年 2 月 26 日，珠海艾派克因筹划重大资产重组事项开始停牌。
- 2016 年 4 月 19 日，珠海艾派克召开第四届董事会第三十次会议，审议通过关于《珠海艾派克科技股份有限公司重大资产购买报告书(草案)》以及相关预案。同日，艾派克、太盟投资、君联资本与 Lexmark International, Inc. 签署《合并协议》。
- 2016 年 5 月 10 日，公司股票复牌。同日，珠海艾派克召开 2016 年第三次临时股东大会，审议通过了本次重大资产重组的相关议案。
- 2016 年 7 月 26 日，珠海艾派克收到国家发改委的《项目备案报告书》，本次重大资产重组交易获得了国家发改委的审核通过，国家发改委同意对该项目予以备案。
- 2016 年 8 月 3 日，本次重大资产重组获得广东省商务厅的境外投资备案通过。
- 2016 年 9 月 30 日(美国东部时间 2016 年 9 月 29 日)，珠海艾派克本次重大资产重组通过了 CFIUS 审查，且与 CFIUS 监管机构于中国时间 2016 年 10 月 1 日(美国东部时间 2016 年 9 月 30 日)签署了《国家安全协议》。
- 2016 年 11 月 23 日，艾派克发布重大资产购买进展公告，调整了本次交易的交易结构。
- 2016 年 11 月 30 日，交易各方向特拉华州州务卿提交按照特拉华州公司法规定的合并证书，合并生效，Lexmark 公司股票在纽交所停止交易，联合投资者在瑞士设立的子公司 Apex Swiss Holdings SARL 成为 Lexmark 的唯一股东，本次交易的标的公司的 100%股份完成交割。

三、收购方案

(一) 交易方案

本次并购的交易方案是支付现金购买资产，交易构成重大资产重组，不构成关联交易，也不构成借壳上市。

珠海艾派克与太盟投资及君联资本管理的投资机构上海朔达投资中心（有限合伙）（以下简称“朔达投资”）在开曼群岛共同设立开曼子公司Ⅰ，开曼子公司Ⅰ在开曼群岛设立开曼子公司Ⅱ，开曼子公司Ⅱ在开曼群岛设立开曼子公司Ⅲ，开曼子公司Ⅲ在香港设立香港子公司Ⅰ。香港子公司Ⅰ在瑞士设立瑞士子公司Ⅰ，瑞士子公司Ⅰ控股在美国特拉华州设立的合并子公司用于本次合并交易；另外，香港子公司Ⅰ在香港设立香港子公司Ⅱ，香港子公司Ⅱ在香港设立香港子公司Ⅲ，香港子公司Ⅲ在瑞士设立瑞士子公司Ⅱ，作为本次交易贷款的担保人或用于交割后的架构调整之目的。

本次交易将通过合并子公司和 Lexmark 合并的方式实施，合并后合并子公司停止存续，Lexmark 作为合并后的存续主体。合并实施完成后，瑞士子公司Ⅰ持有 Lexmark 的 100%股份。

交易结构如图 51 所示：

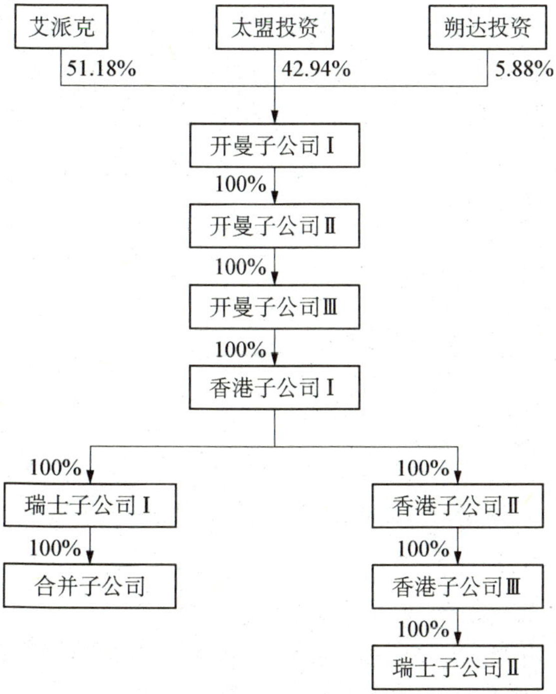

图 51　交易结构关系图

（二）融资方案

根据开曼子公司Ⅰ、开曼子公司Ⅱ、艾派克、太盟投资和朔达投资于2016年11月21日签署的《认购协议》，艾派克、太盟投资和朔达投资以自有资金共计出资约15.18亿美元（约合人民币104.74亿元），具体为：

(1) 艾派克出资现金约7.77亿美元；

(2) 太盟投资出资现金约6.52亿美元；

(3) 朔达投资出资现金约0.89亿美元。

本次交易的剩余款项将由海外子公司向银行申请中长期并购贷款取得。

（三）交易价格

本次交易中，Lexmark公司股东全体股份的每股交易价格为40.5美元。截至2016年4月13日，Lexmark已发行的普通股股数为62 639 833股，综合考虑限制性股票和期权对股份稀释的影响后，Lexmark公司充分稀释后的股份数为66 661 904股。因此，本次交易股东全体股份的金额预计约27亿美元。同时，根据Lexmark现有债务协议，在Lexmark控制权变更时需对截止交割日的所有带息负债进行再融资，截至2015年12月31日，Lexmark全部带息债务净额为9.14亿美元。综合考虑约4.30亿美元潜在负债事项的预算后，本次交易的内含企业价值约为40.44亿美元。

四、案例评论

（一）并购技巧

作为民营企业在海外的战略性并购，艾派克收购Lexmark在融资方式、并购技巧上都有很多亮点。

1. 果断放弃股权融资，谋求多元化融资收购

艾派克要收购Lexmark，首先面对的是双方在体量上的巨大差距。Lexmark自脱离IBM独立发展，在打印市场具有强大的竞争力。2015年，Lexmark的总资产为39.12亿美元，是艾派克的8倍多，营业收入达到35.51亿

美元,是艾派克的10倍多;并且,Lexmark的营收能力也很强,剔除非经常性损益,2015年利润达到了2.18亿美元。这次收购的交易对价是40.44亿美元,两者在规模上的差异暂且不提,收购金额对于艾派克而言也远超过了自身的资产规模和营业收入。

艾派克在这场交易中的优势,主要来源于其在A股的市值。艾派克的市值约278亿元,远超Lexmark 23亿美元(约合人民币160亿元)的市值,也略高于收购资金。如果艾派克在收购中全部运用股权融资,其控股股东珠海赛纳打印科技股份有限公司的股份即使从69.74%降到39.37%,仍旧能保持对公司的控制权。

然而,股权融资虽然能够让资金压力得到有效缓解,但是耗时较长,艾派克并没有足够的时间进行大规模的股权融资再收购。另外,由于增发股票还需要经过繁琐严格的审批程序,有可能影响收购的顺利完成。为了把握市场机遇,艾派克并没有因为体量的差异和资金方面的困难而停止兼并的步伐,而是通过多元融资手段一步步吞并了Lexmark这个"大象"。

2. 娴熟运用五大融资手段,杠杆效应"以小博大"

艾派克为了收购Lexmark,运用了吸引私募、大股东借款、股权质押、私募EB、并购贷款的"花式"融资手段。在出资并购Lexmark的资金里,艾派克的出资金额为7.77亿美元,联合收购方太盟投资和朔达投资分别出资6.52亿美元和0.89亿美元。对于艾派克而言,联合PE进行收购,能够拓宽融资的渠道,稳定资金来源,降低并购的风险。在艾派克的出资资金里,除了大约1亿美元是自有资金,其余都来自控股大股东赛纳科技的借款。塞纳科技利用艾派克在A股市场上的高估值,合理运用股权质押发行EB,获取资金支持收购。在艾派克自有和联合投资方的资金确认到位的同时,艾派克设立了复杂的收购体系,以位于第二层级的开曼子公司Ⅱ和第五层级的瑞士子公司Ⅰ为主体,将子公司股权和Lexmark的资产做抵押和自身担保,成功取得银行的贷款支持。

(二)并购影响

1. 延长高端产业链,助力公司跨越式发展

上市公司在本次重组前的主营业务包括集成电路芯片、打印耗材的研发、生产及销售,但是产品定位主要集中在中低端领域,在高端市场上竞争力十分有限，而标的公司Lexmark的市场定位基于高端市场，拥有先进的科技水平和成熟的服务体系。通过本次交易，艾派克可以将自身在中低端市场的优势同Lexmark的高端领域优势相结合，充分发挥协同效应，增强竞争力，扩大市场份额，提升公司核心竞争力。另一方面，Lexmark的加入使得艾派克的全球化战略往前迈进了一大步，并且未来有能力与国际打印巨头进行更激烈的市场争夺。

2. 后期“去杠杆”压力

艾派克这次的收购使得公司股东甚至标的企业都背负起巨大的债务压力，运用杠杆撬动资金，后期必然也要面对去杠杆的压力。艾派克自身因为这次的并购，抛开担保，仅仅从大股东赛纳科技处的借款，就使得其资产负债率飙升到80.7%，还债无疑成为未来艾派克面临的极大挑战。在Lexmark方面，Lexmark在收购完成后作为续存主体，承担了合并子公司的债务，也成为艾派克重要的还债来源。Lexmark的经营效率一直处于较高的态势，然而2015年，因为其自身的并购重组，使得经营收入和利润都出现了明显的下滑，公司的负债率也因此提高。

过高的财务杠杆和两家公司都有前期并购需要整合消化，使得后期的整合难度变大，如何调整好交易完成后的资源，充分挖掘Lexmark的潜能，化解杠杆压力，是艾派克需要面对的棘手问题。

五、市场表现（002180）

艾派克交易前后股票价格变动情况如图52所示。

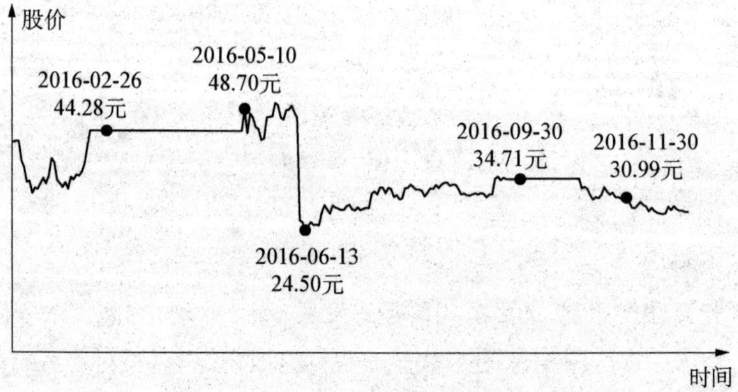

图52 艾派克交易前后股票价格走势

002432
九安医疗：
跨境并购搭上移动医疗平台

一、收购相关方简介

（一）收购方：天津九安医疗电子股份有限公司

天津九安医疗电子股份有限公司在2007年由公司前身柯顿（天津）电工电器有限公司整体变更设立成股份有限公司，2010年6月10日在深圳证券交易所挂牌上市。九安医疗是一家从事家用医疗健康电子产品生产的专业厂家，主要生产与家用医疗保健工程相关的家用医疗产品，包括电子血压计、血糖仪等家用生理参数测试仪器，以及低频治疗仪、多路低频治疗仪等家用保健器械等。

（二）标的公司：eDevice

eDevice位于法国，是国际领先的医疗设备数据信息系统解决方案提供商。eDevice在2000年创立之初从事物联网产品的研发，基于自身在网络通信中的硬件和软件优势，自2007年起，eDevice公司专注于移动医疗行业，推出了其核心产品WireX系列，为客户提供医疗设备数据系统解决方案。公司致力于为大型医疗器械生产商和医疗服务机构，以高效、稳定、安全、加密的方式，解决病患体征数据的提取、传输和远程监控。

二、收购事件一览

● 2016年6月20日,九安医疗发布公告,公司因涉及重大资产重组停牌。

● 2016年6月26日,九安医疗召开第三届董事会第二十一次会议,审议通过了本次重组交易的相关议案。

● 2016年6月28日,九安医疗发布非公开发行股票收购eDevice的100%股权的公告,公司继续停牌。

● 2016年7月12日,天津市发改委出具了津发改许可〔2016〕124号《天津市境外投资项目备案通知书》,同意对天津九安医疗电子股份有限公司赴法收购eDevice S.A.公司100%股权项目予以备案。

● 2016年7月13日,天津市商委出具了《企业境外投资证书》,核准天津九安医疗电子股份有限公司赴法收购eDevice S.A.公司100%股权事项。

● 2016年7月19日,九安医疗召开2016年第二次临时股东大会,审议通过了本次重组交易的相关议案。至此,上市公司收购eDevice100%股权的条件全部达成。

三、收购方案

本次交易的收购方案为九安医疗通过境外子公司九安欧洲以现金方式收购eDevice公司100%的股权,资金来源为公司非公开发行股票筹资,以自筹资金先行投入,待非公开发行股票获得核准且募集资金到位后予以置换。若公司非公开发行股票未获核准,则使用公司自筹资金。

根据双方协定,以评估机构的评估值作为依据,eDevice的100%股权作价9 388.43万欧元,约合人民币6.98亿元。

四、案例评论

随着经济的快速发展,医疗健康受到了更广泛的关注,在国家政策给予支持的同时，资本的热度也持续上涨。特别是在移动互联网经济的推动下，移动医疗的发展前景非常可观。不仅传统的医院、医疗设备供应商有意在移动医疗市场抢得发展先机，互联网巨头也加入了市场的争夺中。此次九安医疗收购eDevice，就是典型的市场对于移动医疗领域的资本热度的体现。

（一）花7亿元买下30人小公司的双赢交易

本次交易的标的企业eDevice虽然已经创立了17年，但是它从2008年才开始专攻移动医疗领域，公司发展至今，上下员工只有30人，体量较小。根据财报，截至2015年12月31日，eDevice的账面净资产为8 803.97万元，评估机构给出了67 310.51万元的估值，相比账面净资产增值58 506.53万元，增值率为664.55%。

不过，eDevice虽然现阶段规模小，但是已经显露出了自身出众的条件。2014年和2015年eDevice的营业收入分别达到了6 145.45万元和1.35亿元，净利润分别为2 388.75万元和5 288.21万元；营收和利润增长均超过100%，净利润率接近40%，公司正处于高速增长时期，业绩表现十分优秀。

通过这次交易，最直接来说，eDevice良好的盈利能力能够在一定程度上缓解九安医疗的亏损压力。九安医疗2015年营业收入为3.98亿元，同比下降6.49%，亏损1.51亿元。虽然上市公司正积极开拓业务新板块，支出较大，但是持续亏损可能被“ST”，寻找新的利润增长点对于当前的九安医疗非常关键。本次交易完成后，九安医疗的业务规模、总资产、净资产和营收能力都将得到大幅提升，综合竞争力、抗风险能力进一步增强。

标的公司作为世界领先的医疗设备数据信息系统供应商，与九安医疗专注的医疗健康领域相合，能够助力上市公司向移动医疗领域的转型。而eDevice能够通过九安医疗快速打入亚太地区市场。这样的交易，对双方都是有益的。

（二）本土移动医疗市场火热，未来发展受困盈利模式

根据Grand View Research在2012年发布的研究报告，全球移动医疗行业在2013年至2020年期间将保持47.6%的复合增长率，市场潜力巨大。九安医疗发布的收购报告书提到，相比欧美发达国家，中国的移动医疗行业起步较晚，但是发展速度极快，在过去的5年，中国移动医疗行业市场规模正以50%的速

率持续增长。

近年来,移动医疗市场在国内非常火热,大量的资本也闻风而入。除了传统的医疗服务供应商开始寻求移动互联网的平台推力,互联网巨头 BAT 也开始布局医疗领域,竞争异常激烈。但是在资本热度下,我们仍能看到移动医疗企业发展面临的寒冬。中国的医疗行业受困于非市场化的国家医疗体制,“互联网+医疗”模式走得非常艰难,且不提严格的药品管制,公立医院掌握着绝大多数资源,留给企业的空间显然非常有限。九安医疗通过收购 eDevice 布局移动医疗,虽然目前看来在欧美市场的发展可观,在国内要探索出盈利模式却绝非易事。

五、市场表现(002432)

九安医疗交易前后股票价格变动情况如图 53 所示。

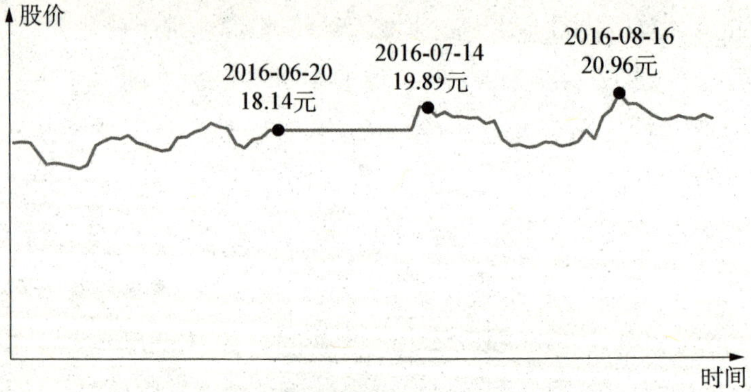

图 53　九安医疗交易前后股票价格走势

300298
三诺生物：
间接海外并购，巧妙交易设计

一、收购相关方介绍

（一）收购方：Abbey Merger Sub, Inc.（Abbey）

Abbey在本次交易前是三诺生物的全资子公司，是为此次并购交易而设立的、根据交易对方所在地法律成立的境外特殊目的公司(SPV)。并购交易完成后，该公司将被吸收合并到标的公司，并予以注销。

（二）收购方母公司：三诺生物传感股份有限公司

三诺生物前身为长沙三诺生物传感技术有限公司，于2002年创立，是国内血糖监测系统行业的龙头企业。公司致力于以生物传感技术为基础的相关慢性疾病即时检测(POCT)产品的研发、设计、生产和销售，引领糖尿病、心血管疾病等慢性疾病POCT产品的规模化和市场化，主要产品为微量血快速血糖测试仪及配套血糖检测试条组成的血糖监测系统。公司产品目前有安稳系列、安准系列、金系列、双功能EA-11血糖尿酸测试系统以及手机血糖仪等。同时，公司积极向糖尿病医疗服务领域拓展，打造"硬件+软件+服务"模式。

（三）被收购方：Polymer Technology Systems, Inc.（PTS）

PTS于1992年11月成立，总部位于美国印第安纳州印第安纳波利斯市，是全球领先的快速血脂监测系统生产商。PTS的主营业务为POCT诊断设备的研发、制造和销售，其主要产品为CardioChek系列血脂、血糖监测系统和A1CNow系列糖化血红蛋白(HbA1c)监测系统等。经过多年的发展，PTS的血脂、糖化血红蛋白监测系统产品销售范围覆盖全球一百多个国家和地区，在国内医院市场也占有较高的市场份额。

二、收购事件一览

- 2016年4月29日，与美国Polymer Technology Systems, Inc.签署附条件生效的《并购协议》，公司拟出资11 000万美元，通过境外SPV(Abbey公司)收购标的公司并进行合并。
- 2016年5月20日，董事会审议通过《关于对外投资设立子公司的议案》，公司拟与建投嘉孚(上海)投资有限公司共同出资75 000万元，成立本次交易的境内SPV长沙三诺健康管理有限公司。
- 2016年5月24日，子公司三诺健康完成设立与相关工商登记，取得营业执照。
- 2016年6月17日，董事会通过本次并购交易。公司与三诺健康签订《股份及权利义务转让协议》，拟将持有的Abbey公司的全部股份以及在《并购协议》中的权利与义务全部转让给三诺健康，最终由三诺健康收购PTS。
- 2016年7月6日，临时股东大会通过本次并购交易相关事项。
- 2016年7月9日，公司将持有的三诺健康的26.49%股权、12%股权分别转让给长城国融投资管理有限公司与湖南高新财富医疗产业投资企业。
- 2016年7月22日，三诺健康向PTS支付全部股权并购款项110 132 500美元(约合人民币73 907.72万元)，Abbey公司与PTS公司进行合并，三诺健康持有PTS公司100%股权。

三、收购方案

三诺生物此次跨境收购不是直接以上市公司为平台进行的，而是采用间接收购方式。基本思路为与战略合作伙伴成立合资公司(境内 SPV),由合资公司作为收购价款的支付方,通过设立在境外的 SPV 对标的资产进行收购。

(一) 与投资公司共同设立境内特殊目的公司三诺健康

三诺生物联合战略合作伙伴建投嘉孚共同出资 75 000 万元设立长沙三诺健康管理有限公司,并将三诺健康作为此次跨境收购的境内 SPV。其中三诺生物出资 55 134 万元,持股比例为 73.51%;建投嘉孚出资 19 866 万元,持股比例为 26.49%。

(二) 三诺健康部分股权转让,引入新投资方

三诺生物将持有的三诺健康的 26.49%股权、12%股权分别转让给长城国融投资管理有限公司与湖南高新财富医疗产业投资企业。股权转让后,三诺生物仍持有诺健康 35.02%的股权。

(三) 转让境外 SPV 全部股份至三诺健康

三诺生物将《并购协议》中的全部权利与义务、持有的境外 SPV 全部股份均转让给三诺健康,三诺健康成为收购主体,支付全部并购价款。

(四) 三诺健康完成价款支付,境外 SPV 吸并注销

三诺健康向标的公司支付全部股权收购价款 110 132 500 美元(合计 73 907.72万元),成为 PTS 唯一的控股股东。境外特殊目的公司 Abbey 法人主体资格注销,与 PTS 公司进行合并。

(五) 标的公司业务收入目标达成付款计划

三诺生物将根据 PTS 公司未来经营业绩是否达到设定的三档里程碑业绩要求,支付不超过 9 000 万美元的对价,付款期自交割日起至 2017 年 12 月 31 日止。

此次并购交易前后股权结构变化图如图 54 所示。

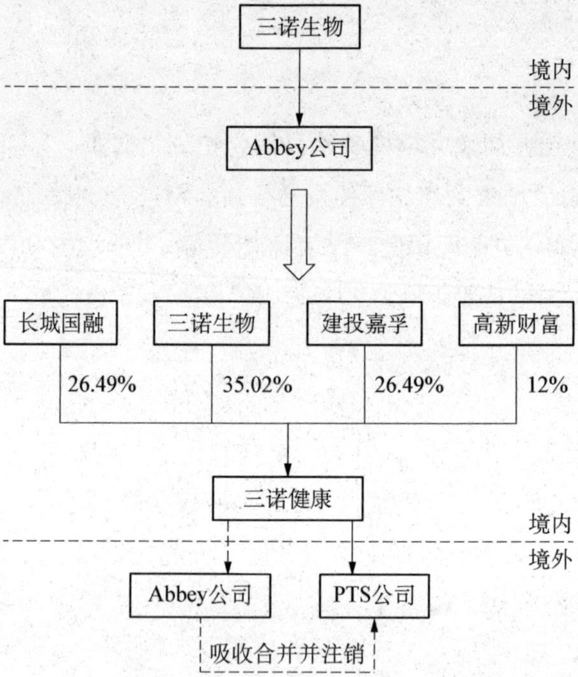

图 54　交易前后三诺生物股权控制变化

四、案例评论

三诺生物此次斥资 1. 1 亿美元收购美国领先的 POCT 诊断设备公司 PTS，是该公司继 2015 年以 2. 73 亿美元收购全球第六大血糖仪企业 Trividia 之后的又一宗大手笔并购。纵观这起海外并购，在并购背景、目的以及交易方案的设计方面均有亮点。

（一）海外收购再下一城，加速国际化进程

三诺生物是国内血糖监测系统行业的龙头企业，致力于成为“全球血糖监测行业领导者”以及“糖尿病管理服务专家”。为实现“全球血糖监测行业领导者”的发展战略，公司一直以来积极寻求并参与海外同行业资产与股权的投资并购。从建立印度子公司未达预期、与 Bionime 的合作搁浅，到收购拜尔血糖业务的失败，再到成功收购尼普洛诊断和 PTS 两家 POCT 行业的知名公司，三

诺生物的海外并购之路并非一帆风顺,但其发展思路坚定且清晰: 一是坚持走向国际化,开拓海外市场;二是将旗下的产品从单一的血糖监测仪扩充到慢性病监测相关产品,完善现有产品组合。同时,国家政策频繁出台鼓励有条件的中国企业"走出去",积极开拓国际市场,三诺生物抓住了该轮国际产业结构调整的机会,通过海外并购的方式将产业链和市场延伸扩展到海外,提升公司在全球血糖监测产品的市场占有率和品牌影响力,在全球范围进行产业布局。

(二) 瞄准"三高",加码大健康业务

此次并购涉及金额最高达 2 亿美元的 PTS 公司收购,使三诺生物在补强现有血糖监测产品的同时获得了两款新产品,即血脂监测设备和尼古丁检测设备。而血糖、血脂和尼古丁正好对应老百姓常说的"三高"——高血糖、高血脂和高血压。三诺生物和此次的收购标的 PTS 均处于 POCT 行业。POCT(即时检测)是体外诊断行业的子行业,POCT 产品使原本烦琐的生化测试过程以十分简单且低廉的方式实现,方便非专业人员使用,可便捷、快速地在患者身边现场检查,即刻取得诊断结果。POCT 是体外诊断行业近几年重要的发展方向和增长最快的领域,在中国有无限辽阔的蓝海市场。国内 POCT 市场中,强生、罗氏等进口品牌因为进入时间早、品牌优势强,在大型医院和高等级医院中,相对国内品牌具有更高的市场占有率。而国内品牌在零售消费市场具有较明显的优势,所以三诺生物此次收购志在争夺 POCT 设备的家用市场。

PTS 是一家拥有 20 多年历史的美国企业,销售遍布美国、欧洲、拉丁美洲等地区。三诺生物虽然已是国内市场本土血糖仪品牌的领头羊,但在海外的销售进展却不尽如人意,且主要销售目的地为古巴和委内瑞拉。收购 PTS 使两家公司在市场渠道方面产生协同效应,三诺生物可将现有产品通过 PTS 的渠道销往欧美,将 PTS 的产品引进国内,取得事半功倍的效果。同时,通过整合 PTS 的产品、Trividia 产品线以及公司自有产品,三诺生物与 PTS 形成优势互补,采用"美国研发 + 中国生产制造"的组合,在成本降低的同时共同打造覆盖糖尿病以及多种慢性疾病即时检测的产品组合,以便提供一体化的慢性病管理解决方案。

（三）间接并购，交易设计有看点

上市公司在设计海外并购时，其交易架构、路径、实施方法均有讲究。而在设计跨境收购交易合同时，支付方式、资金来源和交易实施方式三个因素需重点关注。三诺生物收购 PTS 案中，上市公司选择了现金支付，引入财务投资者，未采用直接收购的模式。

首先，支付方式方面。上市公司采用现金收购时，即使交易构成重大资产重组也无须上报证监会审批，境外投资并购的效率从而大大提高。

其次，资金来源方面。三诺生物与投资公司共同出资设立合资公司，并以该合资子公司作为并购价款支付平台。其中三诺生物对应出资额源于自有资金。通过转让部分股权后，三诺生物为合资子公司引入两位新的财务投资者，这一行为有助于减轻上市公司的财务负担，从而推进海外收购进程。

最后，交易实施方式方面。三诺生物收购 PTS 时没有以上市公司为平台直接收购，而是采用了间接收购的方式，即与财务投资人合资设立境内 SPV，将境外 SPV 的全部股权划转至境内 SPV 旗下，进而以境内 SPV 为支付平台，通过境外 SPV 将 PTS 公司 100%股权纳入囊中，之后择时在境内以发行股票的方式收购财务投资人持有的境内 SPV 股权。如果上市公司直接去收购，审批环节较多，大大提升了交易的不确定性，而且并购成功后面临的税务成本很高，但若通过在境外设立 SPV 去进行收购，以上的顾虑均可消除。SPV 是指仅为特定专项目的而设立的、没有独立经营业务的法律实体，实践中通过 SPV 进行并购主要基于对隔离法律风险、灵活操作、降低成本、避税等方面的考虑。SPV 的设立地点也有讲究，此次交易的并购标的 PTS 公司落户于美国印第安纳州，该州有着强大的政府支持、便利的运输条件、诱人的税收优惠，三诺生物将境外 SPV 设立于此可节约税收成本。考虑到最后采用的是 SPV 被吸收合并至 PTS 公司，在印第安纳州宽松的政府管理程序下，设立境外 SPV 于此能够更高效快捷地完成该起海外并购交易。

五、市场表现（300298）

三诺生物交易前后股价变动情况如图 55 所示。

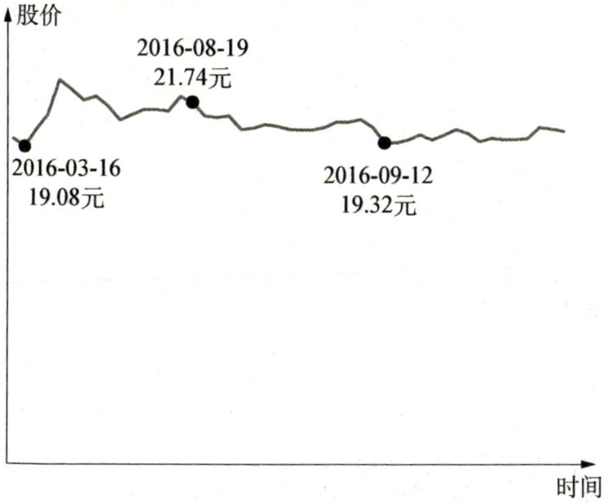

图 55 三诺生物收购前后股票价格走势

300407
凯发电气：
航母式跨境并购德国保富

一、收购相关方简介

（一）收购方：天津凯发电气股份有限公司（300407.SZ）

凯发电气的前身为天津新技术产业园区凯发电气成套设备有限公司，于2000年1月25日在天津新科技产业园区注册成立。2008年，凯发电气成套设备有限公司整体变更为股份有限公司。天津凯发自成立以来一直专注于轨道交通自动化领域，主要产品领域有铁路供电自动化系统、城市轨道交通自动化系统、轨道交通供电检测装备、相关技术咨询服务等。

（二）标的公司

1. Balfour Beatty Rail Signal GmbH（BB Signal）

BB Signal成立于1994年12月15日，主要从事轨旁信号设备、轨旁检测器以及50赫兹供电系统等领域的设计、安装业务，其控股股东是BICC。BB Signal具有WSSB型继电信号箱的适配能力，以及传统信号设备的生产许可。50赫兹辅助供电系统部门专门从事轨旁检测器的安装，例如热轮检测、失速制动器和道岔加热系统，并具有复杂50赫兹供电系统（含支架产品的安装）的设计和应用设计能力，作为业务补充还涉及车站和站台音响系统、旅客信息系统和铁路远动调度系统。公司本次拟收购其50赫兹供电系统相关业务，其原有的信号业务将出售。

2. Rail Power Systems GmbH(RPS)

RPS系德国保富为本次交易而专门设立的全资子公司。德国保富主要从事电气化铁路、高速铁路及城市轨道交通牵引供电系统设计、相关设备制造、系统集成和咨询服务，拥有一流的、经验丰富的专家型管理团队和技术团队。RPS承继了德国保富在接触网业务、供电系统业务的核心竞争优势及品牌影响力。RPS作为铁路电气化业务综合解决方案供应商，主要采用项目制的运营模式，营业收入依赖于客户的项目需求。该公司的第一大客户为德联邦铁路集团，与其相关的营业收入占比近70%。但德国保富在财务方面处于亏损状态，原因之一是德国劳动力成本高，原因之二是其毛利率较高的国际项目大幅度收缩。RPS获得的订单大致分为德国境内订单和海外订单两种类型，而激烈的市场竞争和高企的人工成本导致德国境内订单毛利率始终处于低位，长年维持在6%到8%之间，导致其账面处于亏损状态。

3. **天津保富电气有限公司**

天津保富系由凯发电气与德国保富共同出资于2009年8月20日设立，初始注册资本为2 000万元。其中，凯发电气控股51%，德国保富持有49%。天津保富的主营业务为城市轨道交通直流开关柜设备的研发、生产和销售，主营产品包括直流开关柜、隔离开关柜、轨电位限制装置等，属于直流牵引供电系统中直接参与电能变换的一次设备。天津保富自2009年成立以来，先后承接了北京地铁15号线、北京地铁6号线、北京地铁9号线、昆明地铁6号线、苏州地铁2号线、杭州地铁二号线、南京宁天城际、宁波地铁2号线、杭州地铁四号线、天津地铁5号线等项目，其产品质量和服务已获得用户的肯定。

二、收购事件一览

- 2015年8月17日，凯发电气筹划境外资产购买事项，鉴于该事项存在重大不确定性，自即日上午开市起停牌。
- 2015年12月7日，BBR的股东BICC作出决议，批准向Keyvia

Germany GmbH(凯发德国)RPS 的所有股份,授权和指示管理层执行实施上述出售所需要的措施。同日,BICC 的股东作出决议,批准向凯发德国出售 BB Signal 的所有股份。

● 2015 年 12 月 22 日,凯发电气董事会审议通过了《关于投资设立德国全资子公司的议案》、《关于同意签署〈股权购买协议〉的议案》和《关于授权 Georg Philipp Cotta 代表公司签署〈股权购买协议〉的议案》;同日,BB Signal 股东(BICC)作出决议,批准 BB Signal 向凯发德国出售其所有股份。

● 2016 年 1 月 27 日,凯发电气董事会审议通过了《天津凯发电气股份有限公司重大资产购买预案》的议案。

● 2016 年 2 月 4 日,对于境外买壳作为收购主体的事项取得天津市发改委颁发的《天津市境外投资项目备案通知书》。

● 2016 年 3 月 9 日,对于买壳事项取得天津市商务委员会颁发的《企业境外投资证书》。

● 2016 年 4 月 12 日,关于收购 RPS 100%股权、BB Signal 100%股权的事项取得天津市发改委颁发的《天津市境外投资项目备案通知书》。

● 2016 年 4 月 21 日,关于收购 RPS 100%股权、BB Signal 100%股权的事项取得天津市商务委员会颁发的《企业境外投资证书》。

● 2016 年 7 月 5 日,就本次交易之外汇登记事项,取得招商银行天津市南京路支行出具的业务登记凭证。

● 2016 年 7 月 25 日,凯发电气临时股东大会审议通过本次交易的相关议案。

● 2016 年 10 月 24 日,本次交易已完成标的资产的过户手续及相关股权变更登记,公司本次购买的天津保富 49%的股权已全部登记至 RPS 名下,RPS、BB Signal 100%股权已全部登记至公司全资子公司 Keyvia Germany 名下。

三、收购方案

在本次交易中,凯发电气以买壳方式收购 Quickstart16/2015 Vermögensverwaltungs GmbH 100%股权,并将其名称变更为 Keyvia Germany GmbH(凯发德国),以作为本次交易之收购主体。之后,以现金方式收购 Balfour Beatty Rail GmbH(德国保富)所持有的 Rail Power Systems GmbH

(RPS) 100%的股权以及 BICC Holdings GmbH (BICC)所持有的 Balfour Beatty Rail Signal GmbH (BB Signal) 100%的股权。其中,德国保富已于 2016 年 4 月将其持有的天津保富的 49%股权转让予 RPS,故凯发电气将间接获得天津保富 49%的股权。

本次交易支付的基础对价为 1 325.00 万欧元,公司通过自有资金及银行融资等方式支付,并满足标的公司后续运营资金需求。公司以房产作为抵押,向中国银行、平安银行、招商银行等申请总计不超 7 000 万欧元的贷款及综合授信额度。

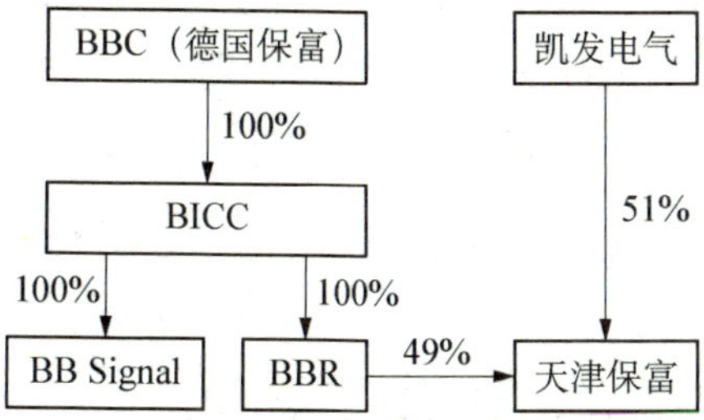

图 56 交易前相关公司的股权结构

交易完成后,公司直接或通过收购主体间接持有 RPS 100%的股权、天津保富 100%的股权,以及 BB Signal 100%的股权。

在本次交易前,相关公司的股权结构如图 56 所示。

四、案例评论

在本次交易中,德国保富事先将欲出售的资产和业务交由 RPS 承接,比如将接触网业务、供电系统业务转让给 RPS;另外,还将其所持有的天津保富 49%的股权也一并转至 RPS 名下,如此一来,凯发电气只需收购 RPS 的股权即可。这样将相关资产与业务整合后再出售,可以简化交易流程,减少很多繁琐的手续。

就这次跨境收购的意义来看,有以下两个方面可以关注:

(一) 跨境并购需求正旺,欧洲或更受青睐

凯发电气收购 RPS 反映了国内企业在跨境并购市场上日益膨胀的需求。本次交易完成后,凯发电气的跨国经营能力和国际竞争力也将得到极大提升。可见,随着上市公司市场地位的逐渐稳固,加上资本运作经验的不断积累,跨国并购已经成为上市公司增强综合竞争实力、提升公司价值及品牌影响力、深度参与全球化竞争的有效途径。

另外,从全球范围看,中国企业跨境并购的重心也正从美国、加拿大、澳大利亚向欧洲转移。与这样的趋势相一致,中国企业跨境并购的标的也由原先的大宗商品转向品牌、技术、渠道,并且民营企业的参与度在不断攀升。

(二) 借并购之手,延伸业务范围

此次并购完成后,凯发电气在轨交行业的业务将从电力二次设备衍生到一次设备,在轨交领域偏好集成商、综合方案解决供应商的背景下,有利于公司获取订单,营收体量也将变成原来的3倍,同时,也可以借助国外的先进技术和品牌来实现企业的转型升级。从地域上来看,RPS业务范围已覆盖欧洲、亚洲等世界范围内的多个国家和地区,实质性地突破了凯发主营业务以国内轨道交通建设领域为主的局限性,在全球范围内实现资源的有效配置,增强了公司抵抗风险的综合竞争力。今后,凯发也将重整RPS组织结构,降低成本,通过RPS实现国外优质产品引进中国市场、国内优质业务海外发展的互补效应。

五、市场表现(300407)

凯发电气交易前后股价变化情况如图57所示。

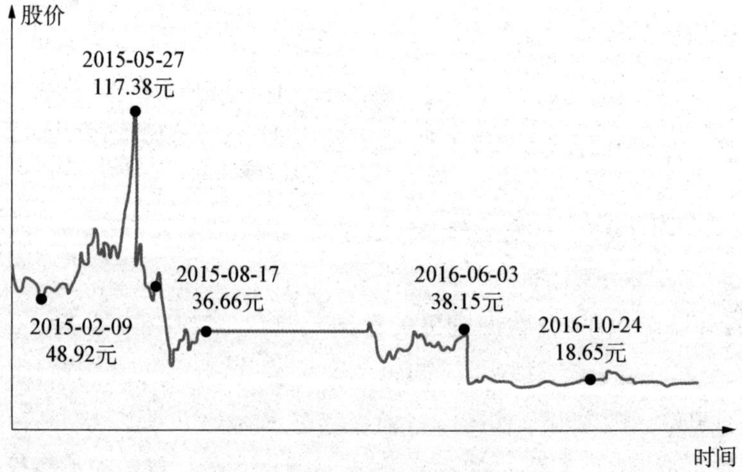

图57 凯发电气交易前后股票价格走势

300418

昆仑万维：

联手360，跨境拿下“Opera”

一、收购相关方简介

（一）收购方：北京昆仑万维科技股份有限公司

昆仑万维设立于2011年6月8日，由成立于2008年的昆仑有限整体变更而来。2015年1月21日，昆仑万维正式在深交所挂牌上市，总市值高达80亿元。一直以来，公司的控股股东、实际控制人都是周亚辉。昆仑万维从网络游戏开发和全球发行起家，兼营软件应用商店业务。为了避开国内巨头，昆仑万维率先进军海外市场，先后成功引进了芬兰Supercell公司开发的经典策略游戏《部落冲突》、芬兰Rovio公司开发的休闲类经典续作《愤怒的小鸟2》等游戏。因此，国际市场成为昆仑万维发展的根基，境外代理收入占比超过七成。昆仑万维从2012年起就开始转型移动游戏厂商，战略性地降低了页游和端游的业务比例，主营业务收入手游的比重逐渐上升到了81.94%。近年来，昆仑万维陆续发行了如《武侠Q传》、《时空猎人》、《全民奇迹》、《太极熊猫》手游产品，并成功扶植了一批国内研发商进军海外市场。这家成立于2008年的年轻公司是目前国内最大的游戏开发及运营企业之一，最新市值为294.5亿元。

（二）标的公司：Opera Software AS

Opera Software ASA 成立于 1995 年，总部位于挪威首都奥斯陆，在奥斯陆证券交易所挂牌上市，是世界著名的跨平台浏览器公司之一。Opera 浏览器因其快速、小巧和极佳的标准兼容性，在世界上获得了终端用户和业界的广泛认可与追捧。Opera 虽然相对小众，但跨平台能力表现很好，是较早实现横跨 Windows、Linux 和 Mac 三大系统、多种设备的浏览器。Opera 浏览器原来全球排名是第三，在 2015 年跌到第五。Opera 在中国的产品名为“欧朋浏览器”，涉及 PC 端和手机端。然而，它是一家持续亏损的公司，2015 年营收有 6 亿美元，但公司当年亏损 5 000 万美元。

而 Opera Software AS 则是 Opera Software ASA 业务中最终消费者业务的拆分重组实体。重组后的 Opera Software AS 拥有包含 Opera 桌面浏览器、移动浏览器、移动隐私与安全业务中 Opera MAX 产品相关的所有资产、员工、各项相关权利和业务。另外，重组后的 Opera Software AS 也拥有相关的市场、PR、商务、法务、财务、HR 人员等，但 Opera Software ASA 中 Opera Mediaworks 移动互联网广告业务、Opera TV 业务和应用、游戏相关的应用商店业务、Surfeasy VPN 业务和 Skyfire 针对运营商的视频压缩服务业务资产不包含在本次并购之内。

二、收购事件一览

- 2016 年 2 月 9 日，北京昆仑万维与奇虎 360 软件（北京）有限公司、金砖丝路基金管理（深圳）合伙企业（有限合伙）成立买方团，并签订《买方团协议》，对 Opera Software ASA 进行 100%股权公开要约收购。

- 2016 年 7 月 15 日，经买方团各方协商，对《买方团协议》进行了重大修订及重述契据，变更了买方团结构及收购标的。昆仑万维董事会审议通过了《关于公司参与设立买方团对 Opera Software AS 进行 100%股权收购的议案》。

- 2016 年 8 月 15 日，买方团与 Opera Software AS 就《股份购买协议》签署了修订协议，经买方团各方一致同意，对上述关联交易投资比例作出调整。同日，董事会审议通过了《关于公司关联交易交易金额变更的议案》。

- 2016 年 10 月 31 日，美国投资委员会批准中资财团收购挪威浏览器公司

Opera Software 旗下业务。

- 2016 年 11 月 3 日，买方团通过在境外新设立的特殊目的公司 SPV，已完成了 Opera AS 的 100%股权转让的交割，最后的购买价格为 5.75 亿美元。

三、收购方案

本次收购的具体方案为，昆仑万维以全资子公司 Kunlun Tech Limited(香港万维)为投资主体，拟和 Future Holding L. P. (FH)、Keeneyes Future Holding Inc(KFH)、Qifei International Development Co. Limited(奇虎香港)、Golden Brick Capital Private Equity Fund I L. P. (金砖开曼)成立买方团，向 Opera 持有的 Opera Software AS 进行 100%股权收购。Opera Software AS 为 Opera Software ASA 业务中最终消费者业务的拆分重组实体。重组后的 Opera AS 拥有包含 Opera 桌面浏览器、移动浏览器、移动隐私与安全业务中 Opera MAX 产品相关的所有资产、员工、各项相关权利和业务。

买方团成员拟在中国之外的司法辖区设立一家或多家全资控股的特殊目的公司(SPV)，通过境外 SPV 实施交易。根据《买方团协议》以及《股份购买协议》，买方团最终以 5.75 亿美元的交易对价交割股权。其中，香港万维以自有资金出资，占买方团对境外 SPV 总出资金额的 33.33%，KFH 出资占 21.67%，FH 出资占 12.5%，奇虎香港出资占 27.5%，金砖开曼出资占 5%。

四、案例评论

(一) 初次收购未获批，换个“姿势”再出击

原本提出的收购方案是，由买方团对 Opera 实施要约收购，以实现全面私有化。然而直到截止日期前，仍未收到来自监管部门的批准，12 亿美元的收购方案也只好“流产”。最主要的原因在于，Opera 广告业务涉及在美国一亿以上的手机里装有软件开发工具包(SDK)，这部分私有化有可能涉及隐私安全，因此，美国政府的审核需要相当长的时间。

经多方重新商议，很快就提出了替代方案。考虑到全盘私有化 Opera 会存在繁琐的流程，因此将收购案简化为收购 Opera 部分核心资产，从而可以大大

加快整个交易的进度。最终方案变更了买方团成员结构和收购标的,以近6亿美元收购了Opera部分特定消费者业务,包括浏览器和应用运营业务。如此一来,此次交易既能很快获得批准,又能获得中意的资产业务。

(二)与昆仑携手拿下Opera,助力360回归A股市场

2015年,昆仑万维高管王立伟与奇虎360共同出资成立了摩比神奇,这家公司成了昆仑万维与360之间的橄榄枝,并帮助前者从游戏厂商进入软件工具领域。而此次参与收购Opera是360在私有化关键时期所开展的一项重要交易。尽管近两年Opera呈现颓势,但依然拥有不小的用户群,这对于360在海外推广其手机安全及广告等产品很有帮助。此外,Opera自主研发的内核等技术对360富有吸引力。

而对于Opera而言,其目前的处境并不如人意。截至2015年8月,Opera全球市场份额仅为1.27%,大约是Firefox的十分之一,Chrome的二十分之一,IE的五十分之一,其市场地位滑落程度可见一斑。Opera也打算通过此次交易,借助中国互联网公司的资源,进一步释放公司潜力。

(三)将国际知名浏览器收入囊中,行业地位得到巩固

昆仑万维相中持续亏损的Opera,主要有以下两个方面的原因:

一是品牌的全球知名度。不管是已在国际市场上稍有建树的昆仑万维,还是在国内名声较大的360,它们在国际市场的品牌知名度都还很小。虽说Opera浏览器已经从全球第三跌到第五,但其知名度和影响力还在,对于昆仑万维、360都是利好。

二是聚合效应。这三家公司的资源若能充分整合,则能产生良好的聚合效应。周亚辉指出,待收下Opera后,首先是要将Opera的移动端、PC端以及广告平台的产品进行升级改造,通过打通双方大数据平台来提升用户体验,着力进行Opera移动端增量市场和盈利模式的改变。

(四)围绕主业多元布局,“流量+变现”逻辑持续强化

2015年上市之后,周亚辉个人以及昆仑万维已经投资布局了超过33亿元,培养出至少5家独角兽公司,昆仑万维堪称一台“独角兽挖掘机”。

回顾昆仑万维的投资，其收购对象涵盖多个领域。比如美国同性社交网络Grindr、直播平台映客的母公司蜜莱坞网络科技有限公司、设计生产交互式机器人的Woobo、生产VR穿戴设备的北京蚁视科技有限公司，甚至还有网红使徒子创立的文化公司北京徒子文化有限公司，地域范围上从东到西，横贯全球。不仅如此，近期昆仑万维又将豪掷10.2亿元将休闲游戏公司闲徕互娱纳入麾下。这家刚在2016年4月成立的游戏公司利润惊人，在短短的5个月内就扭亏为盈，净利润从亏损133万元爆发式增长到2.84亿元，其主要产品有“闲来麻将”“闲来跑得快”“熊猫四川麻将”三款地方特色的休闲竞技APP游戏，推出之后迅速占领了湖南、四川等大省的细分领域市场，日活跃用户超过300万，平台累计用户量达3 000万人次。昆仑万维看中的正是小城镇和农村居民这块最易被忽视的待开发游戏市场。闲徕互娱的成功也展现出农村消费群体惊人的增长空间。另外，公司还涉及互联网金融；用户端有随手记、游戏互动P2P平台；资产端有趣分期、银客网、英国P2P平台LendInvest等。

至此，昆仑万维在工具软件、社区、游戏、互联网金融和视频五大生态板块的整合布局已然形成。公司连续收购海外垂直领域的巨头流量公司，如Grindr、Opera等，将为海外市场延伸提供庞大的用户入口，新成长空间正在凸显。昆仑万维未来五年的战略规划，就是成为国际最大的新媒体和数字娱乐平台之一，昆仑万维将围绕着这一战略完成整个新媒体与数字娱乐生态系统的构建：以Opera为中心的媒体资讯；以Grindr为中心的社交网络；以代码S为中心的视频社交平台；以Kunlun为中心的游戏影视泛IP经营平台；以摩比神奇为中心的工具软件平台。这五大平台将覆盖全球5亿的月活跃用户，“流量+变现”逻辑持续强化，将创造巨大的市场价值。

（五）依靠IPO与外部融资支撑庞大的资本支出

上市以来，昆仑万维用于收购在内的净投资达到了35亿元，2016年前三季度达到18亿元。如果不是IPO以及大举借款从外部获得的融资38亿元，昆仑万维可能无法维持如此庞大的资本开支。纵使如此，昆仑万维手里持有的现金依然较年初大幅下降。到2016年三季度末期，其手里持有的现金为4.9亿元，年初这一金额还达到10.5亿元；而其资产负债率达到了5年以来的最高水平，为近50%。之前为了交易的顺利进行，昆仑万维未曾增发再融资，但近期公司也有点"心有余而力不足",向证监会申请了非公开发行,以支持后续的投资活动。

五、市场表现(300418)

昆仑万维交易前后股价变化情况如图 58 所示。

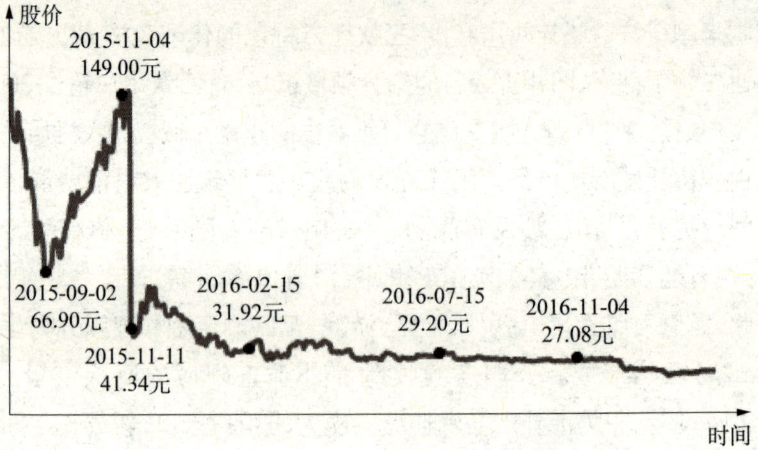

图 58　昆仑万维交易前后股票价格走势

600690
青岛海尔：跨境并购通用家电，海尔大踏步进军北美

一、收购相关方简介

（一）收购方：青岛海尔股份有限公司

青岛海尔于1989年4月28日在山东省青岛市注册成立，并于1993年11月19日在上海证券交易所上市。青岛海尔注册资本为6 105 103 927元，主要从事家用电器的研发、生产和销售，是全球最大的白色家电制造企业之一。据统计，青岛海尔冰箱、洗衣机、热水器、空调等产品份额在国内市场以及全球市场中都保持着领先的优势。2014年青岛海尔品牌零售量的全球市场份额为10.2%，第六次蝉联全球第一。最近三年来青岛海尔持续整合集团资产，并通过引入战略投资者KKR协助公司整合全球优质资源，大力促进公司品牌全球范围内的推广，推动公司大数据应用与系统的建设、互联网精准营销战略的发展和创新型渠道的开拓，为公司未来提升赢利能力，改善赢利质量奠定了良好的基础。

青岛海尔的控股股东为海尔电器国际，实际控制人为海尔集团公司，自上市以来，公司实际控制人未发生变更。

（二）并购标的资产：通用电气及其子公司所持有的家电业务资产

通用电气成立于1892年4月15日，并在纽约证券交易所上市，是世界上最大的提供技术和服务业务的跨国公司，也是主营业务非常多元化的一家跨国公司。青岛海尔拟通过此次交易收购通用电气及其子公司所持有的家电业务资产①，拟购买的标的资产包括股权及非股权资产②，同时将受让相关负债③。其中股权包括：

1. 十家全资子公司股权：

编号	公 司 名 称	转让股权
1	Advanced Services, Inc.	100%
2	GEA Bloomington Production Operations, LLC	100%
3	GEA Parts, LLC	100%
4	GEA Products, L. P.	100%
5	Monogram Refrigeration, LLC	100%
6	Microfactory, Inc.	100%
7	Product Distribution Company	100%
8	Roper Corporation	100%
9	GE Appliances (Bermuda), Ltd.	100%
10	GE Appliances Caribbean and Co.	100%

① 拟收购的家电业务资产的范围包括：(1)住宅和商业用途的电器及相关产品的开发、设计、制造、仓储、分销、交付、安装、回收、采购、营销、广告、推广、出售和服务等；(2)运营主要家用电器的售后服务网络；(3)出售和/或管理主要家用电器的服务合同。

② 青岛海尔拟收购或承接的非股权资产的具体内容包括通用电气及其子公司所持有的与业务相关的：不动产、相关产品、原材料、库存等、与业务相关的合同权利、相关应收款、预付款和相关追索权、相关知识产权、软件和技术、相关政府许可及授权、与业务相关的档案和记录、与业务相关的商誉、员工协议下的相关资产、相关债券、现金及现金等价物、其他与业务有关的所有资产、GE Brillion 智能化应用程序。

③ 青岛海尔拟承接通用电气的资产出售方的与拟转让资产相关的全部负债，包括：最终修订的营运资本报表中反映的相关负债、所承接的合同下产生的负债、税务协议下收购方需缴纳的相关税负、协议所约定的环保、自然资源、健康及安全等相关事宜产生的债务(除协议约定的例外情况)、与业务及产品相关的返修、质保或类似债务导致的负债、员工协议下的相关责任、工业收益债券、特定生产协议、保理偿付义务等的相关债务、交易双方在《购买协议》和《披露函》中约定的与部分未决法律程序相关的负债。

2. 三家合资公司股权：

编号	公 司 名 称	转 让 股 权
1	Wuxi Little Swan General Appliances Co., Ltd. ①	30%
2	Controladora Mabe, S. A. de C. V.	48.42%
3	Middle East Air Conditioning Company, Limited	49%

3. 三家公司中的少数股权：

编号	公 司 名 称	转 让 股 权
1	Precision Tool, Die and Machine Co., Inc.	1 667 722 股 A 类普通股,895 股 A 类可转换优先股,555 000 股 B 类普通股,500 000 股 B 类可转换优先股
2	International Wire Group, Inc.	0.049 2%(总计 2 283 股普通股)
3	Appliance Recycling Centers of America, Inc.	3%(总计 207 391 股普通股)

二、收购事件一览

- 2015 年 10 月 19 日,青岛海尔拟筹划重大资产收购并开始停牌。
- 2016 年 1 月 14 日,青岛海尔召开第八届董事会第二十九次会议,会议审议通过了青岛海尔收购通用电气及其子公司所持有的家电业务资产交易的相关议案。
- 2016 年 2 月 26 日,青岛海尔收到青岛市商务局下发的《企业境外投资证书》(境外投资证第 N3702201600044 号)。
- 2016 年 3 月 3 日,青岛海尔此次交易的相关事宜已通过美国反垄断审查。
- 2016 年 3 月 18 日,中华人民共和国国家发展和改革委员会向公司下发《项目备案通知书》(发改办外资备〔2016〕117 号),同意对本次交易予以备案。

① 鉴于无锡小天鹅股份有限公司已行使优先购买权,青岛海尔于交割日不购买通用电气(中国)有限公司持有的 Wuxi Little Swan General Appliances Co., Ltd. 30%的股权,与该等股权对应的价款 1 000 万美元从交易对价中相应扣除。

● 2016 年 3 月 31 日，青岛海尔召开 2016 年第二次临时股东大会，审议通过本次交易的相关议案。

● 2016 年 5 月 21 日，青岛海尔收到墨西哥联邦经济竞争委员会做出的决议，本次交易的相关事项已通过墨西哥反垄断审查。

● 2016 年 6 月 6 日(美国东部时间)，通用电气向青岛海尔提供其秘书执照经过公证的真实副本并确认通用电气董事会已授权其签署、交付及履行《股权和资产购买协议》并完成本次交易。

● 截至 2017 年 1 月 12 日，青岛海尔及相关各方已依照《股权和资产购买协议》约定履行了大部分标的资产的交割义务，未履行交割的不存在实质上法律障碍，亦不会对公司经营产生实质性影响。

三、收购方案

根据青岛海尔重大资产购买方案，此次交易的总对价全部以现金方式支付。交易资金的来源为青岛海尔自筹资金，即通过申请并购贷款等多种融资方式获取(并购贷款金额不超过交易对价的 60%)。本次交易的标的资产 2014 年末账面净资产额为 18.40 亿美元(未经审计)，经双方协商，标的资产交易的基础价格为 54 亿美元，最终交易价格按本次交易交割前，通用电气应预估截至紧临交割日前一天的修订营运资本和目标营运资本之间的差额进行交割调整。2017 年 1 月 10 日，交易双方及相关各方签署《补充协议》并根据《购买协议》约定的价格调整机制将本次交易的最终交易对价确定为 5 611 601 583 美元。

根据本次交易方案，青岛海尔已通过其香港全资子公司海尔香港在美国、荷兰、新加坡、印度、韩国、BVI 等国家和地区设立公司，用于承接交易标的并支付交易价款。

四、案例评论

在中国制造业“走出去”的背景下，青岛海尔收购通用电气及其子公司所持有的家电业务资产是中国家电行业迄今为止最大的一笔海外并购。通过这次并购,海尔在全球家电市场的品牌知名度和竞争力得到显著提升,并且在资本市场上引起了激烈反响。

(一)“走出去、走进去、走上去”战略推进海尔全球化

国际化一直是青岛海尔发展战略规划的重要一环。2011 年青岛海尔收购松下电器旗下的三洋品牌在日本等地的家用电器业务,并在 2012 年实现在日销售额按年增长约 4. 5 倍。2014 年 7 月,青岛海尔成功引入全球顶级私募股权投资机构 KKR 作为公司战略投资者,KKR 通过整合其全球资源积极协助促进公司在厨电业务、卡萨帝品牌业务、U+业务、成本控制等方面发展,为公司国际化发展进一步夯实基础。2015 年上市公司收购海尔集团在亚洲、欧洲、中东、非洲以及美国等国家和地区的海外白电业务并受托管理斐雪派克相关资产,实现公司在海外市场的全产业链布局,极大地增强了公司在海外市场的业务能力。收购通用家电是继上述动作后的又一次大手笔,有助于青岛海尔深入美国、加拿大和拉美市场,持续推动公司在全球范围内的战略布局。

(二)海外投资办厂 VS 跨境并购

美国家电市场规模位列全球第二,且其稳步攀升的态势为中国家电企业拓展全球家电业务的发展孕育了广阔的增长空间。但由于美国家电市场相对成熟,竞争比较激烈,青岛海尔要进入一个成熟市场树立品牌,投入是非常大的,且风险也比较大。通用家电是美国家喻户晓的家电品牌,在美国家电市场拥有领先的市场地位和品牌认可度,并积累了丰富深厚的行业经验、领先的研发技术和水平、强大的战略营销网络和世界级的物流与分拨能力。借力通用家电,青岛海尔能高效、迅速地拓展和深入美国家电市场,获取美国家电市场份额,形成覆盖低、中、高端客户人群的全系列品牌,同时通过 Mabe 公司在拉美和加拿大市场建立三位一体的布局和市场地位。

(三)发挥协同效应,缔造家电行业的全球领导者

青岛海尔与通用家电均为全球领先的家用电器制造商,本次交易完成后,双方将在以下几方面实现协同效应,为实现家电行业全球领导者夯实基础:

第一,销售网络互补、细分市场拓展。青岛海尔可凭借通用家电在美国全

覆盖的销售网络扩大其在美国家电市场的销售份额,并可借助通用家电享誉全球的品牌效应和丰富的国际销售经验积极开拓欧洲、澳洲、日韩等新市场,进一步助推国际化战略的实现。另一方面,在细分产品方面,通用家电覆盖了美国市场主流的大白电产品系列(如冰箱、洗衣机、灶具等);青岛海尔则以缝隙产品为主,正向美国主流产品转型。本次交易将有助于青岛海尔进一步丰富和完善其家电业务产品线,向高端产品市场发起进攻,从而形成纵向深化、横向拓展的多元化产品线。

第二,采购成本节约。本次交易完成后,通过进行全球采购优化供应商资源,整合采购量进行集中采购,从而节约采购成本,这将为交易双方带来最为直观和显著的成本协同效应。

第三,研发及技术优势共享。本次交易完成后,双方可实现全球研发资源的共享,显著提升研发效率和效益。具体而言,青岛海尔在全球拥有5个研发中心,可与通用家电拥有的4个研发中心进行全球研发资源共享,大幅提升上市公司在全球范围内的研发实力。同时,青岛海尔可充分利用通用家电在业内领先的研发实力和技术,实现关键模块及零部件的生产技术和相关专利的共享,以及前瞻性科技产品的研发能力、协同及创新能力共享。

(四) 三足鼎立,鹿死谁手

在家电行业低迷的情况下,近期中国白电的三大巨头(海尔、格力、美的)均有收购动作出现,说明三家企业都亟需寻求进一步的突破。格力电器(000651.SZ)筹划收购珠海银隆新能源有限公司,意在跨界进入新能源汽车领域。美的集团(000333.SZ)拟收购东芝家电业务80.1%的股权,并正式对外宣布已向德国工业机器人制造商库卡公司发出收购要约,且与意大利著名的中央空调企业Clivet正式签署协议,拟收购Clivet 80%的股权,意在打通其上下游产业链,进一步夯实生产制造水平。海尔收购通用家电,意在进一步扩张市场和企业规模,看重的不仅是通用家电的品牌价值及优秀的管理团队,更是其在北美市场强大的渠道优势和成熟的质量控制体系。混合并购和海外并购的后续整合难度较大,风险较高,三家上市公司后续的经营绩效不确定因素较大。多元化的格力电器、质量和创新驱动的美的集团,以及积极拓展国际市场的青岛海尔究竟谁能笑到最后,让我们拭目以待。

五、市场表现(600690)

青岛海尔交易前后股价变化情况如图 59 所示。

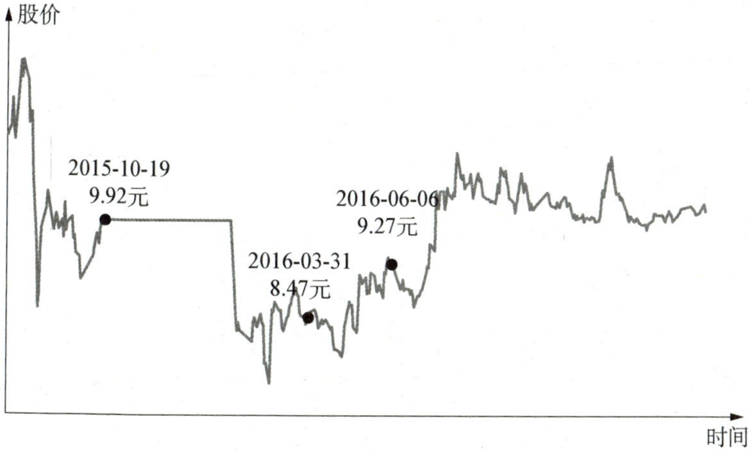

图 59　青岛海尔交易前后股票价格走势

600751

天海投资：

“杠杆撬地球”，天海大口吞下英迈

一、收购相关方简介

（一）收购方：天津天海投资发展股份有限公司

天海投资于1992年12月1日由天津市海运公司实行股份制试点、改组而来，改组后的公司股本总额为12 000万元。1996年4月30日，天海投资向社会公开发行的9 000万股B股在上海证券交易所上市交易，股票简称天海B股，证券代码为900938。同年9月，天海投资将内部职工股3 464万股转为社会公众股并在上交所上市流通（剩余部分内部职工股于1999年9月在上交所上市），公司总股本不变。2007年6月18日，天海集团将其持有的天海投资29.98%的股权转让给大新华物流，大新华物流成为公司第一大股东。2014年12月，天海投资非公开发行A股股票后，海航物流持股比例为20.76%，成为控股股东（大新华物流持有公司9.23%的股份，为海航物流的一致行动人，与海航物流合计持有公司29.99%的股份），实际控制人为慈航基金会。

天海投资原有业务较为单一，主营航运业务，经营管理以天津、上海、宁波、青岛为基本港，至韩国的国际近洋及国内沿海多个口岸的集装箱班轮货物运输航线。2015年起，公司进行业务升级，在继续夯实航运业务的基础上，向物流上下游产业以及相关配套金融产业延伸,打造物流金融基础信用平台及物流运输资源与业务交易平台,逐步搭建物流全供应链金融服务产业体系。

(二)并购标的公司:Ingram Micro Inc.

IMI原名Ingram Micro D,由Micro D和Ingram Computer合并而来。1991年1月,Ingram Micro D更名为Ingram Micro Inc.。1996年,Ingram Micro Inc.在纽交所上市,股票代码IM。IMI总部位于美国加利福尼亚州尔湾市,是IT产品传统分销以及供应链综合服务行业的龙头企业,也是集IT产品分销及技术解决方案、移动设备及生命周期服务、电子商务供应链服务和云服务为一体的供应链综合服务提供商。秉承"帮助客户全面实现技术承诺"的核心价值,2015年,公司以465亿美元的营业额在《财富》杂志公布的全球500强中排名第230位。IMI在全球45个国家均设立了分支机构,业务遍及全球160多个国家。

(三)收购主体:GCL Acquisition, Inc.

GCL系专为本次交易于2016年2月12日在美国设立的公司,是GCL Investment Holdings, Inc.的全资子公司。本次合并交易完成后,GCL将停止存续。国华人寿保险股份有限公司持有上市公司股份419 030 100股,占比约14.45%,为上市公司的关联方,也是本次交易的联合投资方。

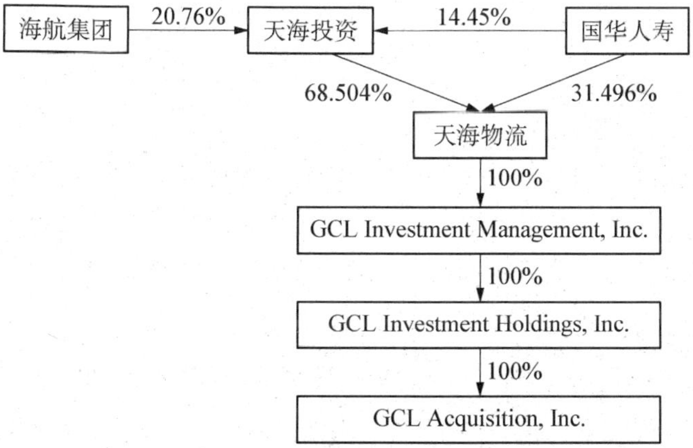

图60 交易相关方股权结构关系

二、收购事件一览

● 2016年2月15日，天海投资股票因公司筹划重大资产重组开始停牌。

● 2016年2月17日，天海投资召开2016年第一次临时董事会会议，审议通过《关于签署附条件生效的〈合并协议及计划〉(AGREEMENT AND PLAN OF MERGER)的议案》。同日(纽约时间)，IMI董事会审议通过本次交易事项。

● 2016年6月21日(纽约时间)，IMI股东大会审议通过本次交易事项。

● 2016年7月4日，天海投资召开第八届董事会第二十二次会议，审议通过《关于审议〈天津天海投资发展股份有限公司重大资产购买暨关联交易报告书〉及其摘要的议案》等与本次重大资产重组相关的议案。

● 2016年7月29日，公司召开2016年第三次临时股东大会，审议通过了《关于〈天津天海投资发展股份有限公司重大资产购买暨关联交易报告书〉及其摘要的议案》等与本次重大资产重组相关的议案。

● 截至2016年8月10日，本次交易已取得国家发改委出具的《项目备案通知书》(发改办外资备〔2016〕346号)及天津商委颁发的《企业境外投资证书》(境外投资证第N1200201600255号)。

● 截至2016年8月22日，本次交易已通过中国、美国、南非、印度、巴西、土耳其、加拿大、墨西哥、奥地利、意大利、波兰和斯洛伐克的反垄断审查。

● 截至2016年11月3日，本次交易已取得美国外资投资委员会(CFIUS)的正式信函，本次交易已经通过CFIUS审查，本次交易的CFIUS审查已经完成。

三、收购方案

2016年2月17日(纽约时间)，天海投资、GCL与IMI签署了附条件生效的《合并协议及计划》。根据重组方案，本次交易的标的为IMI公司100%股权，将通过以GCL与IMI合并的方式实施，合并后GCL停止存续，IMI作为合并后的存续主体成为公司的控股子公司。IMI原发行在外的普通股全部注销(截至2016年5月18日，IMI发行在外的全部普通股为148 522 726股)，原股权激励计划相应终止和取消。以2016年1月2日为评估基准日，综合确定IMI评估值在598 052.05万—638 331.09万美元之间，综合考虑IMI品牌、管理能力、客户关系、融资渠道和市值等影响标的公司股权价值的多种因素，协商确定交易价格为38.90美元/股。IMI原普通股股东获得38.90美元/股的现金对价，原股权激励计划的持有人获得相应偿付。本次交易的成交金额约为60.09亿美元（按照2016年2月17日美元兑人民币中间价计算约为3 920 067.07万元人民币）。其中IM全部普通股价值约为57.78亿美元，公司股权激励计划部分的偿付对价约为2.31亿美元。

本次交易的收购资金来源为天海投资的自有资金、联合投资和银行借款。其中，公司自有资金为87亿元，联合投资方国华人寿投资的金额为40亿元，剩余70%左右的部分为银行借款，并购贷款由中国农业银行牵头组建银团，中国银行、光大银行、华美银行、印度国家银行等参与。公司自有资金来自募集资金用途变更。天海投资分别于2016年10月14日召开的2016年第三次临时董事会会议、2016年10月31日召开的2016年第四次临时股东大会审议通过了《关于公司及公司子公司提供对外担保事项的议案》等议案，批准天海投资及公司子公司为公司及公司子公司向本次重大资产购买提供贷款/授信额度及开具保函/备用信用证的金融机构提供总金额不超过本次重大资产购买成交金额及所涉利息及其他相关费用的担保。

四、案例评论

天海投资2015年营业收入为7.2亿元人民币，净利润为2.5亿元人民币，而IMI同期年营业收入为430亿美元，净利润为2亿美元。400倍的营收规模差距和7倍的净利润差距使得天海投资收购IMI被业内人士称作2016年来最疯狂的“蛇吞象”案例，而60亿美元的交易价格也创下中国企业收购美国IT集团的最高纪录。如此大规模的海外并购在市场上引起了热烈的反响。

（一）“爆买模式”助海航迈向世界100强

2016年以来，海航集团及旗下上市公司已进行了一系列的国内外并购。其中，海航集团已达成的跨国并购交易有美国信息技术集团IMI、拥有雷迪森（Radisson）品牌的美国卡尔森酒店（Carlson Hotels），以及澳大利亚的航空公司维珍澳大利亚航空（Virgin Australia）13%的股份。按营收计算，总部位于海南岛的海航集团于 2014 年登上了《财富》(Fortune)世界 500 强榜单，名列第 464 位。2015 年，海航集团的营收超过 256 亿美元，而同时期，IMI 以 465 亿美元的营业额在《财富》杂志公布的全球 500 强中排名第 230 位。根据海航集团董事会主席陈峰的说法，若成功收购 IMI 后，海航集团将进入世界 100 强，营收将超过 7 000 亿元人民币(合 1 050 亿美元)至 8 000 亿元人民币(合 1 200 亿美元)。

在重建中欧之间古丝绸之路贸易路线的“一带一路”(One Belt One Road)政策下，中国企业将进行更多海外并购。面对当前并购领域如此好的时机，把握机会收购对天海投资核心业务有益的全球优质资产，能大大加强公司的国际地位和市场竞争力。因此，通过海外收购整合资源形成全球产业布局已经成为海航集团探求发展空间、实现产业转型升级、迈向国际化的重要方式。

但与此同时，以一系列并购支撑起的公司增长是不可持续的。盲目的扩张可能导致交易价格溢价过高、并购后公司的整合效益未达到预期等风险，而这些风险在跨国并购中因信息不对称等因素显得更为显著。标的公司 IMI 与天海投资在法律法规、会计税收制度、商业惯例、经营理念、企业文化等经营管理方面存在差异，且 IMI 的主营业务与天海投资的主营业务有较大的差别，相关整合计划可能无法有效实施，或者实施后未能取得预期效果，从而可能导致核心人员流失、业绩下滑等风险。

(二) 强强联手，实现公司战略布局

国际国内航运市场持续低迷、上市公司制定的经营战略发展规划(“将结合物流行业发展的新趋势，及时切入并整合物流细分领域新型业务以及高附加值业务”)和信息技术产品广阔的贸易市场等因素是上市公司收购 IMI 的背景。两家公司强强联手，以 IMI 国际为业务切入点和战略基点，加快在全球范围内推广 IMI 国际的业务模式，确立以“投资 + 运营”双轮驱动，充分发挥投资体系与运营体系协同效应，提升供应链市场份额。

首先，IMI 于 1997 年就进入了中国市场，但主要市场仍集中在欧美，本土化经验相对不足。利用海航集团国内的资源和经验，IMI 能拓展中国市场；同时 IMI 丰富的海外运营经验、庞大的经销商资源、成熟的全球供应链体系，也可以帮助天海投资“走出去”，实现双赢。

其次，IMI 是主云服务提供商，整合了来自约 2 000 个厂商的近 5 000 项云

服务功能,将云服务市场推广至世界范围内 17 个国家,涵盖了大部分服务领域。但出于安全方面考虑,IMI 的云服务至今未能进入中国市场。未来天海投资有可能将 IMI 先进的云服务带入中国市场。

最后,IMI 是全球领先的 IT 供应链管理公司,但过去并没有重点发展供应链金融业务。中国的中小企业往往面临融资难的问题,供应链金融业务在国内发展前景良好,空间巨大,海航集团拥有金融全牌照,能够帮助 IMI 在国内发展供应链金融业务。

(三)“杠杆撬地球,大佬来捧场”

此次天海投资收购 IMI 可谓运用了巨大的杠杆,以上市公司 87 亿元人民币的自有资金撬动了价格近 400 亿元人民币的交易,其中的一些手段和技巧值得琢磨。

首先,天海投资的 87 亿元人民币自有资金的来源就具有明显的战略意义。天海投资在 2014 年 12 月一次性非公开发行股票募集了高达 120 亿元的资金,海航集团正是在此次发行中成为上市公司的控股股东。从天海投资收购方案中可知自有资金来自募集资金用途的变更,2014 年底融得的 120 亿元巨款一直未得到有效利用,募资时申报的购买 14 艘油轮的项目至今并未真正实施。可以看出,海航集团以 120 亿元人民币认购天海投资非公开发行股票,从而取得上市公司控制权这一步棋是为后续战略布局作铺垫。

其次,天海投资引入二股东国华人寿为联合投资方,资本大佬刘益谦斥资 40 亿元参与并购。通过将部分股权让渡给联合投资方,一方面天海投资降低了部分融资压力;另一方面 68.504%的股权也保证了天海投资绝对控股股东的地位,顺利将 IMI 纳入上市公司合并财务报表的范围之内。

最后,并购贷款由中国农业银行牵头组建银团,中国银行、光大银行、华美银行、印度国家银行等参与。根据天海投资 2017 年 1 月 7 日发布的《关于 2016 年累计新增借款的公告》显示,截至 2016 年 12 月 31 日,上市公司及公司子公司借款余额为 3 079 321 万元人民币,较公司 2015 年末借款余额 400.00 万元人民币增加了 3 078 921 万元人民币,占公司 2015 年末经审计净资产 1 222 659.05 万元的 251.82%。其中,各类银行贷款余额为 2 979 321 万元,发行的各类债券余额为 100 000 万元。

可以看出，此次交易完成后，天海投资的资产负债率将大幅度提高，上市公司的财务风险也将加大。若并购 IMI 后天海投资的整合绩效不及预期，上市公司可能面临无法按期支付借款利息和本金的风险，且上市公司后续融资能力也将会被大大削弱，因此能不能顺利整合 IMI 是关键。

除去市场对此次收购的热切关注和激烈反响，天海投资在推进这笔巨额海外并购过程中的一些手法也是值得注意的。一是反三角并购，GCL 充当中间环节。天海投资通过①设立合并子公司 GCL；②GCL 与 IMI 合并，且合并后 GCL 停止存续、IMI 作为合并后的存续主体成为天海投资控股子公司；③IMI 原发行在外的普通股全部取消，原股权激励计划相应终止和取消三个步骤把 IMI 吞下腹中。这是一个典型的反三角并购案例，以合并子公司作为中间环节，最终并购完成后，股权过户，留下标的公司。二是合并子公司为借款主体，控股股东提供担保。天海投资以合并子公司为借款主体，最大程度降低了上市公司可能的财务风险；通过控股股东提供征信担保，并以未来上市公司现金流，或通过发股、发债等方式作为还款来源，成功地以较小的风险筹措到并购所需要的现金。

五、市场表现（600751）

天海投资交易前后股票价格变动情况如图 61 所示。

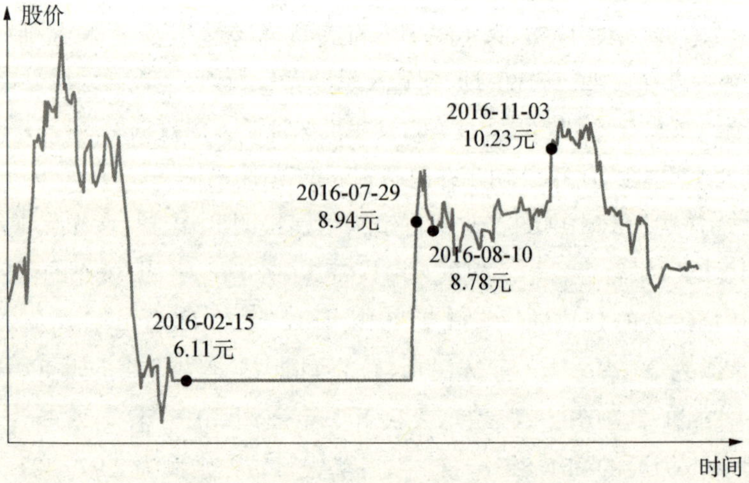

图 61　天海投资交易前后股票价格走势

603993
洛阳钼业：
矿业集团国际巨头梦

一、收购相关方简介

（一）收购方：洛阳钼业

洛阳栾川钼业集团股份有限公司（简称洛阳钼业），是以钼钨的采、选、冶、深加工为主，集科研、生产、贸易为一体的上市公司，是河南省百强企业和洛阳市16家重点企业之一。公司的主要产品包括钼（钨）精矿、氧化钼、钼铁、钼（钨）酸铵、钼（钨）粉及钼棒、板、条、丝及稀土材料与制品等30多个品种，产品远销美洲、欧洲、韩国、日本、东南亚、中国香港等国家和地区。洛阳钼业是国内最大、全球第五大钼生产商，拥有全国最大的钼铁、氧化钼生产能力；同时也是国内第二大钨精矿生产商。公司拥有三大优质钼矿资源，钼精矿自给率达到90%，生产规模居国内同行业第一，拥有三条白钨选矿生产线，矿石处理能力达3万吨/日。

（二）标的资产：英美资源集团

英美资源集团成立于1917年，是全球著名的跨国矿业公司，总部设立在英国伦敦，资产分布非洲、欧洲、南北美洲、大洋洲和亚洲，在伦敦证券交易所、约翰内森堡证券交易所、瑞士证券交易所、博茨瓦纳证券交易所以及纳米比亚证券交易所等地挂牌上市。其核心业务主要为三部分：钻石、铂金和铜，主要在南非、智利及加拿大运营。在钻石和铂金领域，英美资源集团具有世界领先地位。其非核心业务包括煤矿、锰矿、铁矿、镍、铌及磷等。

本次交易标的为英美资源集团下属 Anglo American Fosfatos Brasil Limitada（AAFB）100%股东权益及 Anglo American Niobio Brasil Limitada（AANB）100%权益及铌销售业务。AAFB 拥有目前巴西品位最高的磷酸盐资源，而 AANB 是全球三大铌矿石生产商之一。

（三）标的资产：自由港麦克米伦公司（FCX）

自由港麦克米伦公司（FCX）是纽约证券交易所上市公司。截至 2016 年 6 月 30 日，FCX 市值达到 139 亿美元，是全球最大的铜业上市企业，其总部位于美国亚利桑那州凤凰城。FCX 的产业遍布北美洲、南美洲、亚洲、非洲和欧洲，其主要矿产包括位于印度尼西亚的 Grasberg 铜金矿，位于美国亚利桑那州的 Morenci 铜矿，位于智利的 Cerro Verde 铜钼矿，以及位于刚果（金）的 Tenke Fungurume 铜钴矿。

本次交易标的为 FCX 旗下 FMDRC 100%的股权，FMDRC 间接持有位于刚果（金）境内 TFM 56%的股权。本次交易的实质为通过收购实现对 TFM 的控制。

二、收购事件一览

事件 1：洛阳钼业收购英美资源集团下属 Anglo American Fosfatos Brasil Limitada（AAFB）100%权益及 Anglo American Niobio Brasil Limitada（AANB）100%权益及铌销售业务。

- 2016 年 4 月 17 日，洛阳钼业第四届董事会第五次临时会议审议通过了《关于收购英美资源集团下属 Anglo American Fosfatos Brasil Limitada 100%权益及 Anglo American Niobio Brasil Limitada 100%权益及铌销售业务的议案》。
- 2016 年 5 月 10 日，洛阳钼业第四届董事会第六次临时会议审议通过了此次重大资产购买预案（收购境外铌磷业务）。

● 2016年6月21日，发改委对公司收购英美资源集团下属铌矿业务及磷矿和磷肥业务项目予以备案。

● 2016年7月13日，河南省商务厅同意公司对在香港设立的全资子公司洛阳钼业控股有限公司进行增资，该项增资主要用于洛阳钼业控股有限公司收购英美资源公司铌磷业务和自由港集团铜钴业务。

● 2016年7月29日，商务部反垄断局对公司收购铌与磷酸盐业务案不实施进一步审查，可以实施集中。

● 2016年9月23日，洛阳钼业2016年第一次临时股东大会审议通过了公司重大资产购买（收购境外铌磷业务）相关议案。

事件2：洛阳钼业收购自由港集团下属位于刚果（金）的Tenke铜钴矿、Kisanfu铜钴矿。

● 2016年4月17日，洛阳钼业第四届董事会第五次临时会议审议通过了此次收购议案。

● 2016年5月15日，洛阳钼业第四届董事会第七次临时会议审议通过了《关于〈洛阳栾川钼业集团股份有限公司重大资产购买预案（收购境外铜钴业务）〉及其摘要的议案》及相关议案。

● 2016年7月7日，国家发改委对公司收购自由港集团下属Tenke铜钴矿项目予以备案。

● 2016年7月7日，商务部反垄断局对公司收购铜钴矿业务案不实施进一步审查，可以实施集中。

● 2016年7月13日，河南省商务厅同意公司对在香港设立的全资子公司洛阳钼业控股有限公司进行增资，该项增资主要用于洛阳钼业控股有限公司收购英美资源公司铌磷业务和自由港集团铜钴业务。

● 2016年8月19日，土耳其竞争主管机关无条件批准公司收购自由港集团下属Tenke铜钴矿项目。

● 2016年8月24日，百慕大金融管理局（Bermuda Monetary Authority）无条件批准本次收购项目。

● 2016年8月29日，赞比亚竞争主管机关批准实施本次收购项目。

● 2016年9月6日，南非竞争委员会无条件批准公司收购自由港集团下属Tenke铜钴矿项目。

● 2016 年 9 月 23 日，洛阳钼业 2016 年第二次临时股东大会审议通过了公司重大资产购买（收购境外铜钴业务）相关议案。

三、收购方案

洛阳钼业 2016 年两起大手笔海外并购交易吸引了资本市场的足够关注，15 亿美元收购英美资源集团旗下位于巴西境内的铌、磷业务，26.5 亿美元收购 FCX 旗下位于刚果（金）的铜钴项目，两起收购均构成重大资产重组。两笔交易对价合计 41.5 亿美元，约合人民币 270 亿元，均由洛阳钼业通过自筹方式以现金进行支付。自筹资金途径包括自有资金、银行借款以及非公开发行股票募集资金，但非公开发行股票募集资金成功与否并不影响两笔并购交易的实施。

根据洛阳钼业收购境外铌磷业务方案，洛阳钼业将通过参与竞标，由香港子公司 CMOC Limited 以支付现金的方式收购英美资源集团旗下位于巴西境内的铌、磷业务，具体的收购标的包括：AAFB、AANB 各自 100%的股东权益以及 AML 的铌销售业务。

根据洛阳钼业收购境外铜钴业务方案，洛阳钼业将通过香港子公司 CMOC Limited 以现金方式购买 FCX（自由港麦克米伦公司）旗下 FMDRC 100%的股权。FMDRC 是 FCX 间接控制的全资子公司，间接持有位于刚果（金）境内 TFM 56%的股权。TFM 拥有的位于刚果（金）境内的 Tenke Fungurume 矿区是全球范围内储量最大、品位最高的铜、钴矿产之一。通过此次收购，洛阳钼业将间接持有 FMDRC 100%的股权，从而获得 TFM 56%的股权。本次交易的实质是实现对 TFM 的控制，进而获得 Tenke Fungurume 矿区的铜钴资源开采权。

四、案例评论

洛阳钼业在全球矿业寒冬期豪掷 270 亿元成功收购海外铌磷、铜钴业务，向国际矿业巨头梦又迈进了一步。

（一）矿业寒冬，海外“抄底”

受世界经济发展放缓增长乏力、大宗商品价格走低等因素的影响，国际矿业发展也进入了寒冬期，国际矿业巨头的生产经营受到一定的打击。不少矿业巨头纷纷甩卖资产以降低负债水平、改善自身财务状况，谋求核心业务的发展。本次洛阳钼业海外并购的交易对手英美资源集团以及自由港麦克米伦公司(FCX)便是本轮“断臂求生”的两大国际矿业巨头。

由于市场不景气，英美资源集团全年亏损由2014年的15亿美元增至2015年的58亿美元，市值蒸发了四分之三。为降低公司杠杆与风险，近两年英美资源集团积极进行内部重组，调整战略重心，出售非核心资产来缓解危机。2015年，英美资源集团成功处置价值21亿美元的非核心资产。同样遭遇的自由港麦克米伦公司(FCX)2014年、2015年已连续两年亏损，截至2015年底FCX负债高达210亿美元。为改善自身财务状况，FCX公开表示将通过出售资产在2016年筹集至少30亿美元以偿还债务。为改善自身财务结构，专注核心业务的发展，国际矿业公司纷纷通过出售资产来摆脱困境，这为国内大型矿业集团在行业阶段性周期底部进行战略性海外资源收购提供了有利时机。

英美资源集团旗下的铌磷业务、FCX旗下的铜钴业务虽都属于两家矿业巨头的“弃子”，但对洛阳钼业而言却绝对是优质资产，符合其整体战略部署，且收购估值水平也处于相对合理的空间。在矿业寒冬的背景下，洛阳钼业通过“抄底”海外优质资源以增加公司盈利点、提振公司业绩。

（二）现金支付，筹资有方

从资金量来看，完成这两宗海外并购所需的270亿元相当于上市公司总资产的八成左右，收购金额巨大。从支付方式来看，洛阳钼业这两笔收购均由公司自筹资金进行现金支付。现金支付方便快捷，大大提升了并购效率。至于自筹方式，洛阳钼业选择“自有资金+信贷资金+定增资金”方案进行筹资，被认为是目前最佳的收购组合方式，可谓筹资有方。

通过这种组合，可以使公司的资产负债率维持在一定合理的范围之类，是最符合股东权益的方式。此外，结合洛阳钼业的国际化战略及此前的一系列海外并购脚步来看，洛阳钼业未来还有可能进行海外并购，且目前依然是海外优质资源并购的重要窗口期，这种灵活的筹资方式和实践经验将为下一次出海奠定良好的基础。

2016年5月10日，洛阳钼业公布了非公开发行A股股票预案，拟以不低于

3.17元/股,向不超过10名特定对象非公开发行不超过57.14亿股,募集资金总额不超过180亿元,用于收购巴西铌磷资产以及刚果(金)铜钴资产两笔海外资产。值得注意的是,洛阳钼业的这两笔海外收购交易并不以成功实施此次非公开发行为前提条件,而是选择了先筹资完成并购交割,再从A股资本市场定增来置换前期垫资。这种选择避免了在并购进程中面临的证监会的审核,加快了并购进程,有助于公司国际化战略的顺利实施。

(三)海外"豪赌",国际布局

一直以来,洛阳钼业秉承着占领国内国际市场,建成国际化的资源投资管理集团的发展战略,此次洛阳钼业的大手笔海外并购被媒体戏称为一场"海外"豪赌。然而,实际上这两笔交易并非洛阳钼业的首次出海尝试。早在2013年,洛阳钼业就以约8亿美元收购力拓股份持有的澳大利亚境内NPM铜金矿的80%权益,且自收购以来该矿运行平稳,经营持续改善。洛阳钼业豪掷270亿元人民币海外收购矿产资源,正是其推进、落实国际化投资战略的重要组成部分。

洛阳钼业目前主要在中国和澳大利亚从事钼、钨、铜及黄金等金属的采选、冶炼、深加工、贸易、科研等业务,拥有上下游一体化的完整产业链条。公司是世界领先的钼生产商之一,同时也是中国最大的钨生产商之一、澳洲第四大铜矿生产商。洛阳钼业收购巴西磷业务,首次进入了农业资源领域;收购铌业务后成为全球第二大铌生产商,两笔交易都有助于提升公司盈利能力,且多品种的资源储备将分散公司的经营风险。另一收购标的刚果(金)钴矿,为世界最大的在产钴矿,通过本次交易,洛阳钼业将迅速成为全球重要的钴供应商,分享电动汽车增长带来的红利。洛阳钼业抓住矿业发展周期底部重新洗牌的机会,出手海外优质资产,快速拓展了其国际化布局。

(四)海外并购,谨慎风险

通过连续大手笔的海外并购,洛阳钼业开启了一条通往国际矿业巨头的梦之路。然而,海外并购的风险却不容小觑。

首先,最大的风险来自大宗商品价格的周期性波动。洛阳钼业的两起并购交易对价虽然相对合理,但倘若本轮矿产价格并未到底,那么大手笔的并购交易还会拖累上市公司自身业绩。其次，本次交易中，洛阳钼业支付方式的安排将给企业带来一定的财务费用增加的风险。洛阳钼业为成功完成交割先行垫付的上百亿元过桥信贷资金，在定增方案成功实施之前将会增加其不少财务费用。最后，海外并购还面临着国外政治、法律、环保、文化等多方面风险。想要获得海外并购的成功，必须要融入当地环境。由于矿产资源开采加工业务的特殊性，在生产过程中存在着环境污染事故的可能，在收购前，应当做好准备，应对种种经营风险及政治风险。

五、市场表现(603993)

洛阳钼业交易前后股价变化情况如图 62 所示。

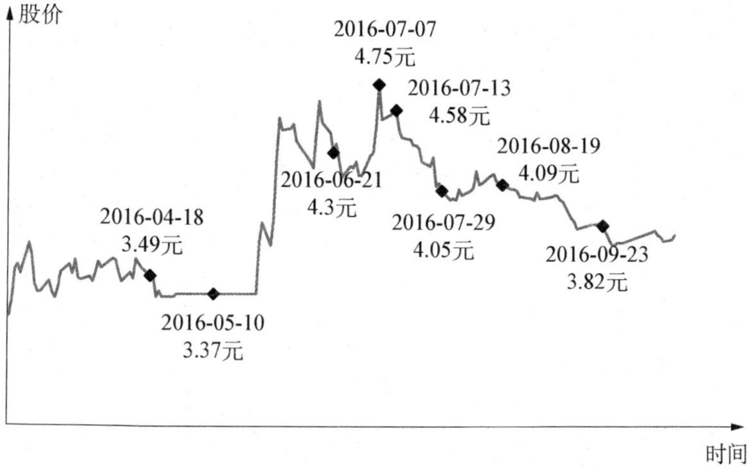

图 62　洛阳钼业交易前后股票价格走势

第六辑　其他典型并购

002212

南洋股份：

57亿元豪礼“迎娶”新三板天融信

一、收购双方简介

（一）收购方：广东南洋电缆集团股份有限公司

广东南洋电缆集团股份有限公司简称南洋股份，原为汕头市公园区中兴五金塑料制品厂（后名称变更为广东南洋电缆厂），2005年8月由广东南洋电缆集团有限公司原有全体股东作为发起人，对广东南洋电缆集团有限公司进行整体改组，发起设立广东南洋电缆集团股份有限公司。2008年，南洋股份在深圳证券交易所挂牌上市。南洋股份主要生产电线电缆以及配套生产电线电缆用PVC料等产品，其中，公司生产的NAN南牌电线电缆是国家免检产品，产品经过ISO9001国际标准质量管理体系认证，是国家重点高新技术企业。

（二）标的资产：北京天融信科技股份有限公司

北京天融信科技股份有限公司是国内最早进入信息安全行业的公司之一，于2003年12月设立，自设立以来一直专注于信息安全领域，现在已经形成具有核心竞争力的安全产品、安全服务、安全集成三条业务主线，在政府、金融、能源、电信等行业得到广泛应用。

二、收购事件一览

- 2016年5月3日，南洋股份因筹划重大事项开始停牌。
- 2016年8月2日，南洋股份召开第四届董事会第十七次会议，审议通过了《关于本次发行股份及支付现金购买资产并募集配套资金方案的议案》等相关预案。
- 2016年8月30日，南洋股份召开2016年第一次临时股东大会，审议通过了《关于本次发行股份及支付现金购买资产并募集配套资金方案的议案》等相关预案。
- 2016年11月3日，南洋股份接到中国证监会通知，公司本次发行股份及支付现金购买资产并募集配套资金暨关联交易事项获得无条件通过。
- 2016年12月31日，南洋股份本次重组交易事项全部完成，北京天融信科技股份有限公司完成股票在全国中小企业股份转让系统终止挂牌且整体变更为有限责任公司。

三、收购方案

（一）交易方案

本次并购的交易方案由发行股份及现金购买资产和募集配套资金两部分组成。

（1）发行股份及现金购买资产

南洋股份通过发行股份及支付现金的方式购买明泰资本等6家机构及章征宇等21位自然人合法持有的天融信合计100%的股权。收购价格由本次重组交易各方协商确定为570 000万元，其中以现金支付207 937.99万元，以发行股份方式支付362 062.01万元，发行股份价格为8.66元/股，共计发行418 085 467股。

（2）募集配套资金

上市公司向鸿晟汇等9个对象发行股份募集配套资金，不超过212 000

万元,未超过本次交易发行股份购买资产交易价格的100%。募集资金主要用于本次交易现金对价支付及支付本次交易相关费用。本次募集配套资金发行股份价格为不低于上市公司第四届董事会第十七次会议决议公告日前二十个交易日均价的90%,且考虑上市公司2015年度权益分派实施完毕,发行价格为9.70元/股。上市公司需向鸿晟汇等9家机构非公开发行218 556 698股。

(二)股权变化

截至2016年4月30日,上市公司总股本为510 260 000股。按本次发行股份购买资产发行的股份418 085 467股,以及配套融资发行的股份218 556 698股计算,本次交易前郑钟南持有上市公司54.63%的股份;交易完成后,郑钟南持有24.30%的股份,仍为南洋股份实际控制人。交易前后南洋股份股权持股情况见表25。

表25 交易前后南洋股份持股情况

股东类别	股东名称	本次交易前		本次交易后	
		持股数量(股)	持股比例	持股数量(股)	持股比例
原股东	郑钟南	278 746 347	54.63%	278 746 347	24.30%
原股东	其他股东	231 513 653	45.37%	231 513 653	20.19%
发行股份及支付现金购买资产交易对方	明泰资本	—	—	160 326 832	13.98%
	章征宇	—	—	56 971 412	4.97%
	陈方方	—	—	34 084 376	2.97%
	于海波	—	—	18 195 513	1.59%
	卞伟明	—	—	17 950 998	1.57%
	华安信立	—	—	16 110 236	1.40%
	天网信和	—	—	15 972 684	1.39%
	王文华	—	—	15 015 797	1.31%
	融安信和	—	—	14 786 332	1.29%
	融诚服务	—	—	13 428 050	1.17%
	王勇	—	—	11 400 915	0.99%
	张晓光	—	—	9 097 532	0.79%
	吴亚飚	—	—	7 751 061	0.68%

续表

股东类别	股东名称	本次交易前		本次交易后	
		持股数量(股)	持股比例	持股数量(股)	持股比例
配套融资交易对方	开源基金(代表前海开源)	—	—	48 969 072	4.27%
	朴真投资	—	—	42 268 041	3.69%
	华瀛创新	—	—	30 412 371	2.65%
	安赐创钰	—	—	28 865 979	2.52%
	鸿晟汇	—	—	20 618 556	1.80%
	赛麓投资	—	—	15 463 917	1.35%
	新华保险	—	—	15 463 917	1.35%
	广发信德	—	—	10 309 278	0.90%
	方圆资管(代表珞珈二号)	—	—	6 185 567	0.54%
	总股本	510 260 000	100.00%	1 146 902 165	100.00%

四、案例评论

南洋控股 57 亿元高价收购天融信受到了市场的广泛关注，该价格也刷新了新三板公司的身价。这个并购案例的亮点主要集中在两个方面——“双高”为何顺利过会和标的企业是否曲线借壳。

（一）高溢价+高业绩承诺，“双高”依旧顺利过会

根据南洋股份发布的公告，截至 2016 年 4 月 30 日，北京天融信的净资产为 7.19 亿元，天融信 100%股权的评估值为 59.02 亿元，较账面利益增加了 50 多亿元，增值率高达 719.88%。之后双方协定交易价格为 57 亿元，南洋股份以 7 倍多的高溢价收购北京天融信。而天融信，也给予了足够高的业绩承诺。天融信 2014 年和 2015 年的营业收入分别达到了 7.37 亿元和 8.55 亿元，扣除非经常性损益的净利润为 1.67 亿元和 2.09 亿元，营收能力还是很强的。在此次交易中，天融信全体股东承诺，天融信的扣非净利润在 2016 年度不低于 2.88 亿元，2016 年度和 2017 年度累积不低于 6.75 亿元，2016 年度、2017 年度和 2018 年度累积不低于 11.79 亿。

“双高”对于证券市场的风气可能造成负面影响，南洋股份收购天融信这样的高溢价和高业绩回报承诺必然受到证监会更严格的关注和审查，但是这次交易的过会审查非常顺利。尽管天融信的估值过高，但是从企业自身来看，天融信所处的行业是信息安全领域，自美国“斯诺登事件”爆发后，信息安全上升到了国家战略层面，受到了更广泛的重视。天融信作为国内最早进入信息安全行业的公司之一，业已形成安全产品、安全服务、安全集成三大业务主线，其产品在政府、金融、能源、电信等行业得到广泛应用，市场前景广阔，天融信行业地位突出，盈利能力强，未来的发展空间大。也就是说，即使以高价卖出，承诺了高价的回报，天融信也是撑得起这个价格，做得到回报收益的。此外，评估单位给出的评估报告提供了精准的成本预算和未来的营收估计，对估值作出了能够被市场和监管部门认同的合理解释。

（二）控制权博弈，业务双轨还是曲线借壳？

收购方南洋股份的财报显示，其资产只有31.56亿元，却要支付57亿元的交易对价。在账面资金并不宽裕的情况下，支付手段中的现金部分需要花费20.8亿元，绝对是一笔不小的开支。对于现金流吃紧的收购方，却不愿意更多地采用股份支付方式，主要是避免控制权转移问题。如果全部采取发行股份方式完成交易，按照现有13.9亿元股份对价对应13.98%的持股比例，明泰资本总计25.24亿元的对价意味着对上市公司持股比例为25%，将一下子超过南洋股份实际控制人的持股比例。从交易情况来看，也证实了明泰资本作为天融信的第一大股东，收到的现金对价比例为45%，在交易对象中是最高的。

南洋股份在控制权的把握上不愿意让步，可以印证南洋股份高层表示的收购目的是为了使上市公司成为兼具先进制造和高端信息产业并行的双主业公司。上市公司多元化发展战略初步实现，能够为广大中小股东的利益提供更多元化、更可靠的业绩保障，公司的业务双轨可以一起向前带动整体发展。

但是，这次并购也促成了天融信从新三板摘牌，成功登陆A股市场，以后能够获得更高效率的融资途径。天融信相比南洋股份，发展前景更为可观，作为具有巨大潜力的龙头老大，未来使上市公司发生主营业务和控制人变更，实现曲线借壳也是有可能的。

五、市场表现(002212)

南洋股份交易前后股票价格变动情况如图 63 所示。

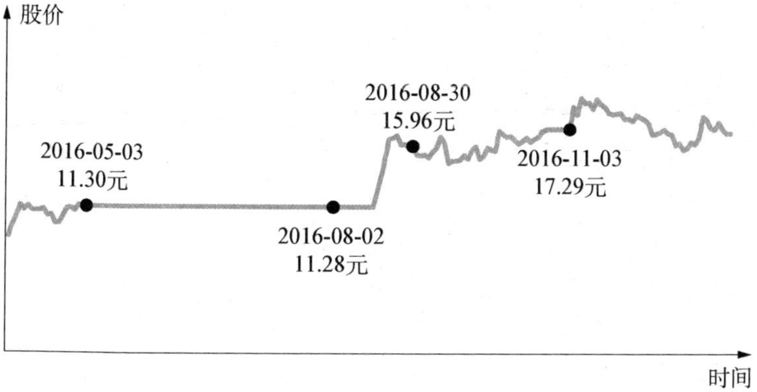

图 63　南洋股份交易前后股票价格走势

300269

联建光电：

步步为营，打造数字传播王国

一、收购相关方简介

（一）收购方：深圳市联建光电股份有限公司

联建光电成立于2003年。上市之初，联建光电是一家领先的LED显示应用产品的系统方案提供商，立足于中高端LED全彩显示屏的生产和销售。为应对LED市场增长放缓及市场竞争加剧的风险，公司积极调整发展战略，在深耕传统业务的同时，基于先进的LED显示应用产品制造技术以及与下游媒体主的业务合作关系，积极向下游广告传媒行业进行纵向渗透，为成为"数字传播集团"积极布局。

2012年联建光电全资成立了联动文化，开始涉足户外媒体行业，完成从"设备"向"媒体"跨界的第一步。联动文化主营户外LED数字大屏媒体广告业务，目前拥有户外LED大屏资源101块，覆盖全国52个中心城市。2014年公司开始发力并购，收购分时传媒100%股权。分时传媒主营户外广告代理服务，依托自有的e-TSM户外媒体资源管理系统首创"户外广告分时投放模式"。通过此次收购，上市公司实现从"媒体"向"服务"跨界的第二步。2015年联建光电完成对友拓公关和易事达100%股权的收购，在夯实领先的LED设备技术研发能力的同时打开了数字传播通道，实现从"媒体"向"公关"跨界的第三步。公司正向由数字营销、数字户外、数字设备三轮驱动的数字传播集团而迈进，努力成为软硬件一体、数字化线上线下整合传播的平台，为客户提供最优质的线上线下全新数字整合营销方案。

（二）标的公司

1. 深圳市精准分众传媒有限公司

精准分众成立于2012年，是移动营销综合服务领先的提供商之一，致力于为企业提供基于移动互联的精准传播和精准营销的解决方案。精准分众拥有自主研发的微互动移动营销平台和ADUU移动广告平台，可为企业量身定制全套的营销、广告、线上线下互动及资源数据分析的解决方案。精准分众的营销广告平台打通了APP、微信等社交媒体、WIFI、线下媒体，该平台拥有跨媒体跨屏跨平台的广告融合技术，以及多来源的数据统一分析综合处理技术优势。

2. 深圳市力码网络科技有限公司

深圳力码设立于2009年，属于互联网营销服务行业，为广大企业客户提供基于互联网搜索引擎的营销服务，为客户提供的营销服务包括搜索广告和品牌广告服务，其主要的业务模式为“广告策略＋广告技术＋广告投放”。深圳力码为客户提供的解决方案均基于奇虎360的好搜搜索平台，目前是好搜搜索广告业务深圳及周边地区独家经营总代理。深圳力码自成立至今已累计服务三万余家客户，已形成标准化的行业解决方案，形成了业务上的良性循环。

3. 山西华翰文化传播有限公司

华翰文化成立于2008年，是一家立足于太原市场的区域性户外广告媒体提供商，拥有一家全资子公司华翰兄弟。华翰文化在充分理解客户行业定位以及品牌状况的基础上，根据客户的传播需求，为客户提供户外广告投放策略、广告内容设计、广告制作和发布、户外广告发布监测、户外广告维护等服务。华翰文化的户外广告媒体资源类型广泛，主要包括LED屏、广告牌、三面翻、落地围挡、影院贴片广告等，拥有的自建媒体资源包括241个/处户外媒体资源和2个室内LED屏。

4. 上海励唐营销管理有限公司

励唐营销于2012年成立，是一家专业提供活动传播服务的企业，自设立以来一直从事活动传播的创意策划和执行管理业务。励唐营销的主营业务根据客户类型的不同在具体业务上可分为两类：一是针对直接客户的活动设计、执行一体化全案服务业务;二是针对渠道客户的活动执行服务业务。客户涵盖了汽车、快消、IT、互联网等几大行业,如奇虎360、优酷、土豆、伊利以及利星行等行业知名客户。

5. 北京远洋林格文化传媒有限公司

远洋传媒成立于2011年,从事户外广告代理业务,拥有2家全资子公司。远洋传媒主要基于自身在全国范围内整合的第三方户外媒体资源,向客户提供一站式户外广告投放解决方案,开展户外广告代理发布服务。目前,远洋传媒已整合的第三方户外媒体资源面积超过400万平方米,累计媒体发布面积超过80万平方米,媒体形式包括楼顶大牌、楼顶三面翻、墙面大牌、墙面三面翻、LED、公交车、候车厅等多种类型,在国内一、二、三、四线城市拥有超过1 200家战略合作伙伴。

6. 西安绿一传媒有限公司

西安绿一设立于2011年,是陕西地区从事户外LED全彩高清大屏幕广告运营的媒体公司龙头,已经建成并成功运营了西安市区的10块LED大屏,其户外媒体涵盖大型高清全彩LED电子屏、机场多维立体商业展位、单立柱、户外大牌、路灯灯箱、跨路桥等多种户外媒体形式。

7. 上海成光广告有限公司

上海成光于2013年成立,专注于户外媒体广告,为客户提供优质的、符合客户实际需求的一站式媒体解决方案,是上海最具成长性的户外传媒公司之一。上海成光经营50多块户外媒体资源,包括自建、租赁、代理等方式,媒体包括户外大牌、单立柱、户外LED显示屏等。上海成光媒体资源覆盖了机场、南北高架、延安高架、内环、中环、陆家嘴商圈、大拇指商圈、静安商圈、长寿路商圈、沪杭高速、沪嘉高速、申嘉湖高速及其他一些主干道,总展示面积达1.5万平方米左右。

8. 西藏泊视文化传播有限公司

西藏泊视于2014年在西藏拉萨成立,是成都市最主要的地下停车场媒体公司,主要业务为户外广告的策划、设计、制作、安装、代理、发布等。经过多年发展,西藏泊视目前在121个核心商圈、高端住宅、酒店等拥有停车场墙面、立柱灯箱2 200个,已经成为成都市拥有自有和长租停车场媒体面积最大、数量最多、具有垄断地位的停车场媒体专业户外广告公司。

9. Artixium Display Limited

Artixium是一家总部位于香港的LED显示屏制造商,于2014年成立,主要提供球场屏、演播厅屏、租赁屏等产品。Artixium 研发和销售团队的核心成员主要来自欧洲,在欧美体育领域具有丰富的客户资源。近年来,Artixium 承接了许多欧美大型体育赛事及明星演唱会显示屏的业务,其中包括向欧洲冠军杯、欧洲冠军联赛、美国西雅图和芝加哥的 ICC Tournament 国际锦标赛等各大型足球联赛提供具有虚拟显示功能的球场屏。

二、收购事件一览

- 2015 年 6 月 30 日,公司筹划重大事项停牌。
- 2015 年 11 月 23 日,披露发行股份及支付现金购买资产并募集配套资金暨关联交易报告书(草案),获董事会审议通过。
- 2015 年 12 月 12 日,临时股东大会决议通过重大资产重组事项。
- 2016 年 1 月 26 日,董事会审议通过《关于全资子公司收购深圳市精准分众传媒有限公司 71.6%股权的议案》,联建光电及其全资子公司联动投资将合计持有精准分众传媒 100%股权,无须提交股东大会审议。
- 2016 年 2 月 4 日,董事会审议通过并同意公司将所持精准分众传媒 28.4%股权转让给全资子公司联动投资。
- 2016 年 4 月 28 日,收到证监会正式批复,证监会核准发行股份购买资产并募集配套资金事项。
- 2016 年 5 月 17 日,重大资产重组标的资产过户完成。
- 2016 年 6 月 8 日,董事会审议通过《关于全资子公司收购西安绿一传媒有限公司 100%股权的议案》、《关于全资子公司向上海成光广告有限公司增资并购买剩余股权的议案》,上海成光将成为公司持股 100%的二级子公司,两起交易须提交股东大会审议。
- 2016 年 6 月 28 日,临时股东大会通过上述两起交易事项。
- 2016 年 7 月 4 日,西安绿一股权转让已经西安市工商行政管理局核准登记。
- 2016 年 7 月 18 日,上海成光股权转让已经上海市浦东新区市场监督管理局核准登记。
- 2016 年 8 月 4 日,董事会审议通过《关于全资子公司收购西藏泊视文化传播有限公司 100%股权的议案》,无须提交股东大会审议。

● 2016年9月23日，西藏泊视的股权转让已经西藏自治区工商行政管理局核准登记。

● 2016年12月15日，董事会审议通过《关于向 Artixium Display Limited 增资的议案》，无须提交股东大会审议。

三、收购方案

在“户外广告迎来新发展，媒介整合与数字化成趋势”的行业大背景下，原专注于LED显示应用产品业务的联建光电开始大力发展广告传媒业务。虽然其传媒业务起步较晚，但通过一系列大手笔并购，联建光电成功实现跨界发展。2016年，公司继续借力资本市场，横纵延伸，持续并购9家公司，涉及6起并购交易，“数字传播集团”雏形初现。

（一）收购精准分众传媒71.6%股权

本次交易前，精准分众传媒是联建光电持有28.4%股权的参股子公司。本次交易系联建光电全资子公司联动投资使用自有资金19 322万元收购精准分众传媒71.6%股权，现金分四期支付，不构成关联交易与重大资产重组。联建光电将所持28.4%的股权转让给联动投资后，精准分众传媒成为联动投资全资控股子公司。

（二）收购深圳力码88.88%股权、华翰文化100%股权、励唐营销100%股权、远洋传媒100%股权

本次交易的四家标的公司股权的合计对价为195 991.47万元，对价支付方式采用发行股份和现金支付。其中，发行股份价格为23.50元/股。

深圳力码88.88%的股权交易对价为79 991.47万元，现金支付比例为24.45%，股份支付比例为75.55%，共计发行25 715 721股；华翰文化100%的股权作价36 400万元，现金支付52%，股份支付48%，共计发行7 434 892股；励唐营销100%的股权交易对价49 600万元，现金支付比例为29.23%，股份支付比例为70.77%，共计发行14 936 168股；远洋传媒100%股权作价30 000万元，现金支付37.28%，股份支付62.72%，共计发行8 006 808股。同时，公司

发行股份募集配套资金 112 000.00 万元，其中 64 171.51 万元用于本次交易的现金对价支付，5 000 万元用于支付本次交易的中介机构费用，剩余资金用于补充流动资金。募集配套资金成功与否不影响发行股份及支付现金购买资产行为的实施。本次交易构成关联交易和重大资产重组。

（三）收购西安绿一 100% 股权

本次交易由联建光电全资子公司联动投资使用自有资金 26 333 万元购买西安绿一 100%股权，现金分两期支付，其中第一期股转价款的 50%由转让方购买联建光电股票并质押给联动投资。该笔交易不构成关联交易与重大资产重组。

（四）收购上海成光 100% 股权

此起收购方案由增资和股权收购两部分构成。联建光电全资子公司联动投资作为收购主体，先以 2 000 万元现金增资上海成光获其 10%股权，再以 18 000 万元现金收购上海成光 90%股权，股转价款分两期支付，其中第一期股转价款 11 000 万元中的 8 000 万元由转让方购买联建光电股票并质押给联建投资。上述两步完成后，上海成光成为联建光电持股 100%的二级子公司。本次交易不构成关联交易和重大资产重组。

（五）收购西藏泊视 100% 股权

本次交易收购主体为联建光电全资子公司分时传媒，由分时传媒以 13 000 万元现金购买西藏泊视 100%股权，现金来自联建光电自筹资金。分时传媒分 6 次支付本次交易对价，首期支付 2 800 万元前，西藏泊视原股东将价值 1 100 万元的现金或房产抵押给分时传媒，并在对赌期完成后解禁。本次交易不构成关联交易和重大资产重组。

（六）收购 Artixium 60% 股权

本次交易由联建光电全资子公司深圳市联建光电有限公司作为收购主体，采用增资的方式获得 Artixium 60%股权，增资款为 1 200 万美元，资金来源为公司自有资金。其中第一笔增资款 200 万美元、第二笔 400 万美元分别于获得

51%股权交割、60%股权交割时支付，剩余 600 万美元将根据 Artixium 承诺利润完成情况分期支付。

四、案例评论

从达尔文的进化论可知，生物不以其强弱决定生存几率，能因环境改变而作出调整才是生存之道。联建光电面对 LED 显示屏行业剧烈的竞争，进行自身战略规划调整，展开了"数字户外传媒集团"的战略布局。从 2014 年开始，联建光电便踏上了横纵向外延并购之路，在加速传媒产业链布局的同时建成"数字户外传媒集团"的雏形。2016 年，联建光电仿佛踩上了并购风火轮，连续收购 9 家标的公司。卡位精准的并购使联建光电的战略框架得到进一步完善，也为同行业的其他公司带来了新的转型发展模式，联建光电的并购历程可谓跨界并购的一大精彩案例。

（一）二次转型，"数字户外传媒集团"扬帆起航

从联建光电的并购历程可看出，其在深耕传统主业的同时不断并购谋求转型：一次转型进军户外传媒，二次转型试水数字营销，成功完善了"数字户外传媒集团"的战略布局。户外传媒是重要的广告媒介，因其到达率高、视觉冲击力强、千人成本低、表现形式丰富多彩等特点深受广告主青睐，已成为近几年大多数广告主主要采用的营销形式。而联建光电首次切入户外媒体行业并非临时起意。由于大部分客户均来自广告传媒业，故公司对广告传媒业非常了解，进入风险相对较低。2012 年联动文化的成立使联建光电的业务触角从 LED 显示屏伸展至户外媒体行业。纵向一体化后，公司开始发力并购户外传媒公司，从 2014 年的分时传媒，到 2016 年的华翰文化、远洋传媒、西安绿一、上海成光和西藏泊视，联建光电批量获得大量户外媒体资源，成功介入陕西、上海和四川的地方性广告市场，显著提升了公司户外传媒业务的综合竞争力。此外，由于广告业务和公关业务关系紧密，客户的公关创意需要通过广告进行传播，客户的广告投放也需要公关策划以达到更好的效果，联建光电顺理成章又开始涉足公共关系行业。从 2015 年的友拓公关到 2016 年的励唐营销，公司与各标的形成优势互补，进而为客户提供更加专业的全方位传播服务。

（二）全年持续并购，聚焦数字营销

现今是互联网信息爆炸的时代，互联网改变着广告传媒业的格局，网络广告尤其是移动广告已成为重要的广告营销形式。数字营销凭借其精准的定位营销和良好的传播效果，得到了大多数广告主的认可。基于此，联建光电重新聚焦视线于数字营销上，2016 年接连并购两家数字营销标的——精准分众和深圳力码，进一步推进线上线下整合营销的数字传播集团发展战略。同时，不忘初心的联建光电于 2016 年又以 1 200 万美元增资 Artixium，成功获取 Artixium 先进的 LED 显示屏产品研发能力和创新能力。而且联建光电借助 Artixium 产品的国际渠道和在欧美文化体育领域的影响力，为自身的国际化布局以及切入文化体育领域做好了铺垫。

“持续并购，融合发展”是联建光电的发展战略之一，公司在近年来的多次并购中屡屡有所斩获，2016 年更可谓联建光电的并购大年。量变引起质变，联建光电将众多单兵汇聚成一个集团，集团层面各子公司资源共享、优势互补、协同作战，联建光电这艘数字传媒巨舰正式起航！

五、市场表现(300269)

联建光电交易前后股价变动情况如图 64 所示。

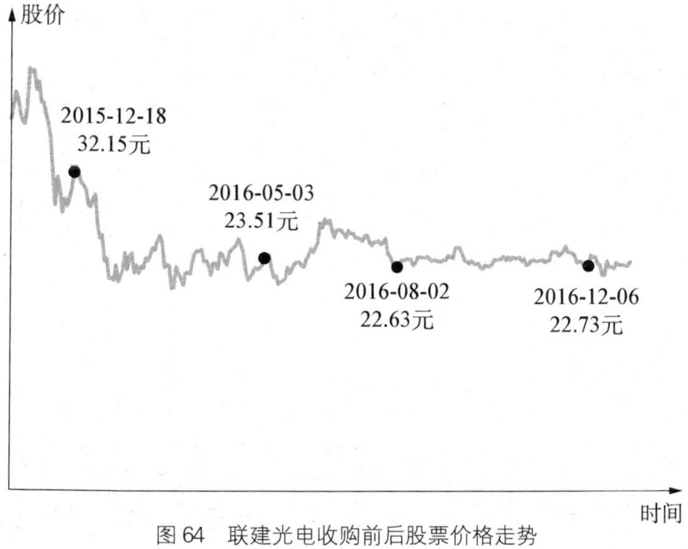

图 64　联建光电收购前后股票价格走势

600297
广汇汽车：
“互联网+ ”形势下的抱团取暖

一、收购相关方简介

（一）收购方：广汇汽车服务股份公司

广汇汽车设立于2006年6月，注册资本约为6.5亿元，其控股股东为广汇集团，实际控制人为孙广信。广汇汽车目前是中国最大的乘用车经销与汽车服务集团及最大的乘用车融资租赁服务商，主要从事整车销售、乘用车融资租赁、维修养护、佣金代理服务等汽车销售和全生命周期售后服务业务。广汇汽车自2011年起就在谋划上市，但路途多舛。2011年9月，广汇汽车完成A股上市申报工作，计划于2013年实现上市，不幸的是，到了2013年，证监会公布了IPO终止审查企业名单，广汇汽车赫然在列。随后广汇汽车转赴香港上市，然而在那两年间，港股市场表现不佳，2014年下半年A股市场回升，故重新考量后决定放弃H股上市计划重回A股上市。数月后，广汇汽车选中了壳资源美罗药业，并通过资产置换的方式实现借壳。2015年6月24日，公司的证券简称由“美罗药业”变更为“广汇汽车”，至此终于如愿登陆A股市场。在过去的6年间，广汇汽车通过不断收购兼并进行扩张，从而跻身国内大型经销商集团前三名。仅2011年至2014年期间，广汇汽车就收购了包括河南裕华汽贸、广西机电设备有限公司、安徽风之星汽车股份有限公司、重庆中汽西南汽车有限公司、山东鸿发汽车集团、四川申蓉汽车集团等在内的56家公司,共计193家经销服务网点。

(二)标的公司:宝信汽车集团有限公司(01293.HK)

宝信汽车于2010年9月6日在开曼群岛设立,注册资本为5 000万港元,本次交易前,实际控制人是杨爱华。宝信经过多年的拼搏和努力,于2011年12月14日在香港联交所股票主板市场成功上市。宝信汽车是以经营中高端、豪华品牌及超豪华品牌为主的汽车销售服务集团,是全国最大的宝马经销商、最大的捷豹路虎经销商之一。宝信汽车先后获得了"中国汽车销售服务十大企业集团"、"最具影响力的十大汽车经销集团"、"2015年度中国汽车经销商集团排行榜第十名"等一系列荣誉称号。截至2015年12月31日,宝信汽车拥有涵盖19个乘用车品牌的91家经销门店,分布于长三角、东北及华东、华北等广大东部地区,经销品牌主要集中在宝马、路虎、捷豹、法拉利、玛莎拉蒂等19个乘用车品牌。

二、收购事件一览

- 2015年9月14日,因广汇汽车正在筹划重大事项,鉴于该事项存在重大不确定性,该公司股票自即日起停牌。
- 2015年12月11日,广汇汽车第六届董事会第五次会议审议通过了《关于公司重大资产购买方案的议案》。
- 2015年12月28日,广汇汽车临时股东大会审议通过了本次收购议案。
- 2016年1月29日,国家发改委出具《项目备案通知书》,同意备案。
- 2016年2月16日,商务部反垄断局出具《不实施进一步审查通知》,决定对广汇汽车收购宝信汽车股权案不实施进一步审查,从即日起可以实施集中。
- 2016年3月23日,上海市商务委员会授权部门关于本次交易所涉境外投资事项的备案。
- 2016年5月27日,本次交易所有先决条件已全部获得满足。
- 2016年6月2日下午4:00,广汇汽车(香港)已获得合资格股东有效接受要约的股份为1 552 780 000股,占宝信集团已发行总股本的60.72%,且无购股权要约的有效接纳。

● 2016年6月21日下午4:00,要约收购结束。广汇汽车(香港)已获得合资格股东有效接受要约的股份为2 533 197 761股,占宝信集团已发行总股本的99.06%,同时获得15 450 000股购股权的有效接纳。广汇汽车(香港)将在上述有效接受要约股份中同比例收购其中的75%的股份,并注销11 662 464份获要约人接纳的购股权。

● 2016年6月27日,要约人根据部分要约所提呈接纳及承购的股份已根据香港证监会及香港联交所的相关规定登记至要约人名下。

三、收购方案

广汇汽车通过其注册在香港的间接全资子公司广汇汽车服务(香港)有限公司,以自愿性附条件现金部分要约收购的方式,向在香港联交所主板上市的宝信集团的合格股东收购最多1 917 983 571股股份(占要约公告刊发日期宝信集团已发行股份的75%),要约价格为每股5.99港元,较宝信汽车停牌前4.15港元/股的收盘价溢价约44.34%。

同时,向宝信集团的购股权持有人作出适当要约,以注销最多11 662 500股未获行使的购股权(占要约公告刊发日期宝信集团全部未行使购股权的75%),购股权要约的要约价格为每份购股权0.266港元。

本次收购总价款约为115亿港元,约合人民币95亿元。所有交易对价均以现金支付,不涉及发行股份情况。待交易完成后,宝信集团将维持在香港联交所的上市地位,但其控股股东将变更为香港广汇(广汇汽车子公司),实际控制人变为孙广信。

本次交易之后,广汇仍将保持宝信的独立运营,让宝信汽车继续在香港上市。

四、案例评论

(一)广汇进一步扩张,或创千亿元营收

2016年国内最受汽车业界瞩目的大事件,莫过于广汇汽车要约收购宝信汽车。从广汇汽车近几年的发展情况来看,收购兼并一直是广汇汽车扩张经销及

服务网络的重要手段之一。而宝信掌门人杨爱华先生之所以愿意接受此次邀约并购,主要有两个原因。首先,目前经销商行业整体处于盈利谷底,而广汇汽车给的溢价很有诱惑力,94.67亿元现金若是投资4S店业务,需要十几年才能回本。其次,更重要的是,杨爱华想专心做好由宝信主导发起的“汽车街”电商平台。

在国内汽车经销商盈利每况愈下之时,广汇汽车对宝信汽车实施要约收购的目的主要有三个:

(1) 实现品牌结构的优化,拓展高端品牌覆盖面。受限于历史原因,广汇汽车的主要业务集中在奥迪、奔驰、进口大众等中高端品牌领域,对宝马、捷豹、路虎等品牌布局相对欠缺,相关客户基础较为薄弱。通过本次收购,广汇可以进一步覆盖豪华汽车品牌,提升新车销售中的豪华品牌占比。另外,这起国内最大的汽车流通行业并购案也正在打破业内一条不成文的规定,即,目前绝大多数情况下,一个经销商集团不能同时获得奔驰和宝马的经营权,这也源自于两个品牌之间一直以来的竞争关系。但对广汇而言,本次交易完成后,将同时成为宝马和奔驰的经销商。

(2) 优化区域布局,完善经销商网络。广汇纳入宝信之后,经销及服务网点区域可以向东部延展。此前,广汇汽车经销网点的一大优势就是在中西部地区铺开,而宝信的网点更多分布在经济发达、人口稠密、市场潜力巨大的东部沿海区域。通过这次收购,可以实现区域互补,整合华东、华北等区域资源。

(3) 变身“A+H”股,融资渠道再增加。在成功收购H股上市公司宝信汽车之后,意味着广汇汽车将成为“A+H”股的上市公司,未来又多了一条融资渠道,能够为今后的收购兼并提供资本支持。

(二) 行业低谷整合,成本效益兼具优势

目前汽车经销商行业整体处于盈利谷底,数据显示,2014年底到2016年中期,经销商的亏损率已经达到70%,仅有不到三成的经销商还在盈利。而盈利谷底期是低成本整合市场的最佳时间。此前几个月,在资金和规模上占据巨大优势的广汇汽车就已经陆续开始了一系列收购优质资源计划,其中的一个代表项目就是收购北京寰宇恒通奥迪4S店。与此同时,从资本的角度来看,目前港股经销商大部分被低估,这也是A股公司收购港股汽车经销商的最佳时期。市场对这次双方的强强联合也给予了肯定,在停牌三个多月后,广汇汽车复牌首日直接“一”字

涨停。

（三）“互联网+”形势下的抱团取暖

中国汽车工业协会此前公布的数据表明，2015 年上半年，国内汽车经销商的平均负债率在 70%左右，由于负债压力大，很多规模较小的经销商都逐渐倒闭。预计未来全国 30%的经销商有可能会歇业。加上来自电商平台的冲击，经销商的抱团取暖也是预料之中的。就传统经销商业务来说，不少经销商集团实际上已经到了“内外交困，生死存亡”的边缘，广汇汽车此番向宝信汽车发出收购意向，也是对传统业务的抱团自救。除此以外，广汇汽车也是双管齐下，此前已经对互联网项目有所涉足，比如与“广联赛讯”合作，在业内率先推出基于车联网概念的“广汇汽车云服务”，并成为首批加盟阿里“互联网+汽车”战略的公司之一。

在汽车流通领域的“大浪淘沙”阶段，另辟蹊径和重振旧业哪条路更适合经销商集团，目前尚无定论。但可以肯定的是，无论是向外扩张还是对内改革，都比“原地踏步”更能有一线生机。

五、市场表现（600297）

广汇汽车交易前后股价变化情况如图 65 所示。

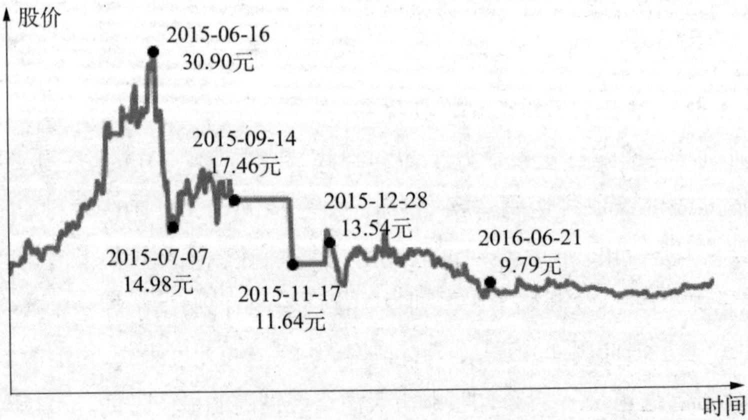

图 65　广汇汽车交易前后股票价格走势

600649

城投控股：

“合并+ 分立”，B 股转 A 股新思路

一、收购相关方简介

（一）收购方：上海城投控股股份有限公司

城投控股的前身系上海市原水供应股份有限公司，于 1992 年 9 月 9 日以募集方式设立，总股本为 66 243 万元。1993 年 5 月 18 日，原水股份公开发行的股票经批准在上交所上市交易。2007 年，上市公司向上海城投以非公开发行股票和支付现金相结合的方式购买环境集团 100%股权和置地集团 100%股权，并将公司名称变更为上海城投控股股份有限公司。

城投控股主营业务包括环境业务、房地产业务和投资业务等。本次重组完成后，城投控股下属的环境业务板块将实现独立上市，城投控股（存续方）将从单纯的房地产业务和投资业务，转型为以城市基础设施及相关领域为主要投资方向的综合性资产管理集团。

（二）收购标的：上海阳晨投资股份有限公司

阳晨 B 股前身系上海金泰股份有限公司，于 1995 年 7 月 15 日在上海注册成立。同月 27 日，金泰股份发行的人民币特种股票（B 股）8 000 万元在上交所

上市交易，股票代码为900935。2003年1月9日，上市公司名称变更为上海阳晨投资股份有限公司，主要经营生活污水处理业务，属于环保行业中的水污染治理子行业，2015年营业总收入为4.7亿元人民币。

(三) 资产承接方及分立上市主体：上海环境集团有限公司

环境集团于2004年6月24日由上海市国资委作为单一股东出资在上海市注册成立，注册资本为8亿元人民币。2008年7月11日，上海城投以1 557 201 124.65元的价格向城投控股转让其所持环境集团100%的股权。环境集团主要从事城市生活垃圾处理业务，包括城市生活垃圾焚烧发电、垃圾填埋及垃圾中转业务。环境集团将承继和承接原阳晨B股的全部资产、负债和业务、人员及其他一切权利与义务，并变更为股份有限公司(即上海环境)作为分立上市的主体。环境集团分立上市后，主要经营环保业务、承包及设计规划业务，其中环保业务包括城市生活污水处理业务和城市生活垃圾处理业务。

(四) 收购关联方：上海城投(集团)有限公司

上海城投是1992年7月21日于上海市注册成立的国有独资公司，截至目前，注册资本为500亿元人民币。城投控股、阳晨B股的控股股东均为上海城投，实际控制人均为上海市国资委。

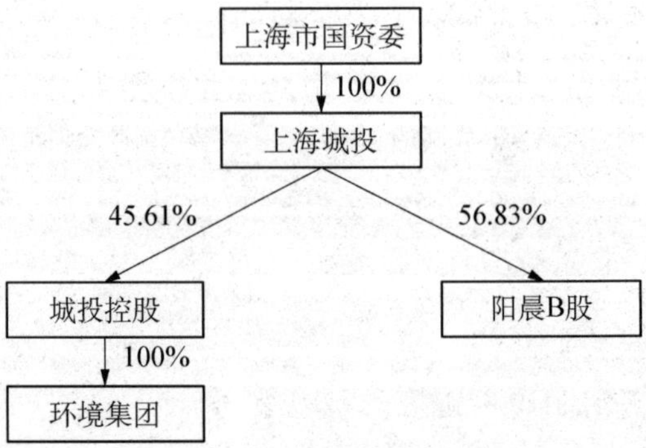

图66 交易相关方控股关系

二、收购事件一览

● 2014 年 11 月 3 日，城投控股股东上海城投正在筹划与上市公司相关的重大事项，公司股票开始停牌。

● 2015 年 6 月 18 日，城投控股第八届董事会第十四次会议和阳晨 B 股第六届董事会第三十四次会议分别审议通过本次重组预案及其他相关议案。

● 2015 年 8 月 24 日，城投控股第八届董事会第十七次会议和阳晨 B 股第六届董事会第三十五次会议分别审议通过本次重组草案及其他相关议案。

● 2015 年 8 月 24 日，环境集团召开董事会会议，同意环境集团参与本次交易的有关安排等事项。同日，上海城投执行董事作出决定，原则同意城投控股与阳晨 B 股本次重组及相关事项。

● 2015 年 9 月 15 日，本次重组方案获得国务院国资委批准。

● 2015 年 9 月 22 日，城投控股和阳晨 B 股分别召开股东大会，审议通过本次重组相关议案。

● 2015 年 12 月 17 日，本次重组方案获得商务部的原则批复。

● 2016 年 10 月 18 日，城投控股收到中国证监会《关于核准上海城投控股股份有限公司吸收合并上海阳晨投资股份有限公司并分立上市的批复》(证监许可〔2016〕2368 号)核准。

● 2016 年 11 月 30 日，本次重组方案涉及外管事项已获得国家外汇管理局上海市 2 分局批复。

● 2016 年 12 月 16 日，阳晨 B 股已取得上海证券交易所自律监管决定书〔2016〕309 号《关于上海阳晨投资股份有限公司股票终止上市的决定》，并终止股票上市交易。

● 2016 年 12 月 23 日，本次合并涉及的换股程序已经完成，城投控股因本次合并发行的股份上市流通日为 2016 年 12 月 30 日(上市流通日不同于城投控股 A 股股票复牌交易日)。

● 2017 年 1 月 17 日，城投控股第一次现金选择权及阳晨投资现金选择权均已完成申报工作，没有投资者申报行使现金选择权；城投控股已完成本次合并的工商变更程序并换领新的营业执照，注册资本由 298 752.351 8 万元增加至 323 211.951 8 万元。

三、收购方案

本次交易方案包括城投控股以换股方式吸收合并阳晨B股,以及阳晨B股全部资产、负债和业务、人员及其他一切权利与义务的承接方环境集团分立上市两部分。合并、分立系本次交易的整体安排,互为条件、不可分割及分步实施。

(一)换股合并

城投控股向阳晨B股全体股东发行A股股份,以换股方式吸收合并阳晨B股。作为本次合并的存续方,城投控股安排其下属全资子公司环境集团承继及承接阳晨B股的全部资产、负债、业务、人员及其他一切权利与义务,作为合并对价发行的A股股份申请在上交所上市;作为本次合并的被合并方,阳晨B股将终止上市并注销法人资格。

本次换股合并中,城投控股于定价基准日前20个交易日的股票交易均价为7.16元/股。综合考虑历史股价、经营业绩、市值规模以及可比公司股价等因素,经公平协商,最终确定城投控股的换股价格为15.50元/股(已扣除2014年度现金红利)。阳晨B股于定价基准日前20个交易日的股票交易均价为1.160美元/股。综合考虑历史股价、经营业绩、市值规模以及可比公司股价等因素,经公平协商,最终确定阳晨B股的换股价格为2.522美元/股;按照阳晨B股停牌前一交易日,即2014年10月31日中国人民银行公布的人民币兑美元汇率中间价6.1461,折合为人民币15.50元/股(已扣除2014年度现金红利)。

根据上述换股价格,阳晨B股与城投控股的换股比例为1∶1,即1股阳晨B股股票可以换得1股城投控股A股股票。计算公式为:换股比例=阳晨B股的换股价格/城投控股的换股价格。城投控股因本次合并将发行244 596 000股A股股票,全部用于换股吸收合并阳晨B股。本次合并实施后,城投控股总股本将由2 987 523 518股增加至3 232 119 518股。

为充分保护阳晨B股全体股东的利益,上海城投向阳晨B股的全体股东提供现金选择权。阳晨B股的异议股东的现金选择权行使价格为1.627美元/股(已扣除2014年度现金红利,且根据阳晨B股停牌前一交易日,即2014年10

月31日央行公布的人民币兑美元汇率中间价6.1461折算为人民币10.00元/股)。较定价基准日前20个交易日股票交易均价1.160美元/股溢价40.26%。

为充分保护城投控股全体股东的利益,上海城投及/或国盛集团担任城投控股第一次现金选择权的提供方。城投控股第一次现金选择权行使价格为10.00元/股(已扣除2014年度现金红利)。该现金选择权价格较定价基准日前20个交易日的股票交易均价7.16元/股溢价39.66%。

城投控股、阳晨B股换股合并前后股东的情况如表26所示。

表26 换股合并前后股东的情况一览

股东	城投控股		阳晨B股		合并后存续的城投控股	
	数量(股)	比例	数量(股)	比例	数量(股)	比例
上海城投	1 362 745 675	45.61%	138 996 000	56.83%	1 501 741 675	46.46%
A股公众股东	1 624 777 843	45.61%	—	—	1 624 777 843	50.27%
B股公众股东	—	—	105 600 000	43.17%	105 600 000	3.27%
合计	2 987 523 518	100.00%	244 596 000	100.00%	3 232 119 518	100.00%

(二)分立上市

紧随合并生效实施后,城投控股将环境集团(包括因本次合并安排由环境集团承继和承接的原阳晨B股全部资产、负债和业务、人员及其他一切权利与义务等)以存续分立的方式实施分立。城投控股(存续方)继续运营房地产资产和业务以及其他股权投资业务;环境集团(分立主体)全部股权由城投控股于分立实施股权登记日登记在册的全体股东按持股比例取得,并变更为股份有限公司(即上海环境),申请其股份在上交所上市。

本次分立将基于分立前城投控股(合并后的存续主体)市值与分立后存续方、上海环境市值之和相等的原则,确定城投控股(存续方)和上海环境的复牌交易价格和发行价格。由于本次分立按0.782637和0.217363的比例(保留六位小数)将本次合并完成后存续的城投控股总股本分为存续方股本和上海环境股本(相应地,投资者在本次合并完成后持有的城投控股股份也将按相同比例分为存续方股份和上海环境股份),因此,于分立上市日,上海环境的发行价格以及城投控股(存续方)的复牌交易价格,将与本次分立实施前最后一个交易日城投控股的收盘价格一致。

为充分保护城投控股全体股东(包括因本次合并而成为城投控股A股股东的原阳晨B股股东,下同)的利益,在本次合并实施后且本次分立实施前,由上海城投及/或国盛集团作为现金选择权提供方,向城投控股全体股东提供第二次现金选择权。城投控股第二次现金选择权价格与其第一次现金选择权价格一致,均为10.00元/股。

城投控股分立前后股东的情况如表27所示。

表27 城投控股分立前后股东的情况一览

股东	合并后存续方		城投控股		上海环境(分立方)	
	数量(股)	比例	数量(股)	比例	数量(股)	比例
上海城投	1 501 741 675	46.46%	1 175 318 279	46.46%	326 423 396	46.46%
A股公众股东	1 624 777 843	50.27%	1 271 610 910	50.27%	353 166 933	50.27%
B股公众股东	105 600 000	3.27%	82 646 445	3.27%	22 953 555	3.27%
合计	3 232 119 518	100.00%	2 529 575 634	100.00%	702 543 884	100.00%

四、案例评论

(一)"合并+分立",B股"拆迁"新思路

随着B股市场逐步边缘化,B股市场不仅丧失了融资的功能,而且市场相对封闭,市值小,估值低。国务院在2014年5月出台的"新国九条"中提及"稳步探索B股市场改革",但并没有给出改革方向。在此情况下,B股市场的改革主要是B股上市公司自下而上的尝试,"B转H"和"B转A"是两种主要的改革方式。中集B股、万科B股和丽珠B股逐步实现了"B转H",但这种方式只适合于深圳B股和大型绩优B股公司,即两者都采用港元交易,且符合H股上市对业绩、股本规模的要求。而城投控股吸收合并阳晨B股是继浙能电力(600023.SH)整合东电B股、新城控股(601155.SH)吸收合并新城B股和招商蛇口(001979.SZ)重组上市后又一个成功的"B转A"案例,因此本次重大重组一直备受资本市场和中小投资者的关注。

可以看出,城投控股吸收合并阳晨B股并分立上市成功实现须满足一个条

件，即收购方旗下有资产与B股公司存在同业竞争，但两者的主业不同，通过换股吸收合并和分立上市的方式，实现集团副业资产A股上市，现有B股也顺利转成A股。虽然该方案实施的条件十分严格，即存在具有IPO资格的合适发行主体，但作为沪深两市首例同一控股股东旗下的A股公司先吸收合并，再分立上市的“B转A”，该方案为B股“拆迁”和国企改革提供了新思路，为未来B股上市公司在现有的法律法规框架下，不断探索B股退出的新路径提供了借鉴意义。

（二）避免同业竞争，疏通融资渠道

城投控股下属环境集团从事的业务与阳晨B股主营业务同属环保行业。尽管这些业务彼此独立运营，互相关联性较小，但由于两者的控股股东均为上海城投，为避免同业竞争，两家上市公司在制定运营决策和战略目标方面均受到了一定限制。与此同时，城投控股还主营房地产开发业务，近年来由于房地产行业调控导致城投控股的融资渠道不畅，对其下属环境集团的发展也产生了较大影响。

由于历史原因，阳晨B股未能发行流通A股，而B股市场在中国实际上已逐渐失去正常的融资功能，使得B股股票的交易价格难以体现公司的实际价值，对阳晨B股的业务经营与未来发展形成了一定瓶颈。

通过本次重组，城投控股一方面合并阳晨B股经营的城市污水处理业务，彻底解决了其与阳晨B股之间的潜在同业竞争，实现了城投控股在环境业务领域的整合；另一方面有效解决阳晨投资遗留已久的B股问题，实现了B股股票的价值回归。此外，以此次分立为契机，城投控股下属的环境业务板块(包括阳晨B股经营的城市污水处理业务)实现整体独立上市，解决了融资渠道不畅对环境业务板块发展的限制，并使B股股东也能持有存续方和上海环境两家上市公司的A股股份，分享两家上市公司的发展红利。同时城投控股(存续方)将转型为以城市基础设施及相关领域为主要投资方向的综合性资产管理集团，有利于发挥资本市场的资源配置功能，实现相关业务的价值发现，兼顾了A股和B股中小股东的全体利益。

（三）两次现金选择权，既保护中小投资者利益，又推动重组顺利完成

为了推动此次重组的顺利进行，保护异议股东的权益，城投控股和阳晨B

股的控股股东上海城投一共提供了两次现金选择权，分别为城投控股和阳晨B股的股东提供了就上述两家公司吸收合并事项和环境集团分立上市事项的现金选择权。此举为中小投资者保护自己的利益提供了方式。而结果显示，没有股东选择现金选择权，这表明了中小投资者对此次吸收合并、分立上市的交易方案表示认可，且对上市公司未来的发展抱以信心，使此次重组成功落下帷幕。

五、市场表现(600649)

城投控股交易前后股票价格变动情况如图67所示。

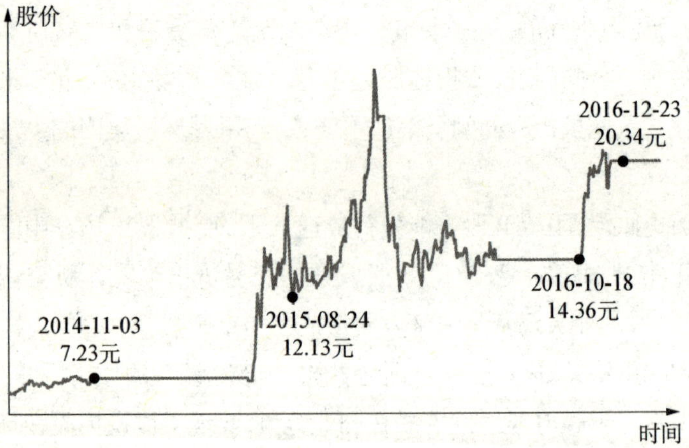

图67　城投控股交易前后股票价格走势